동아시아
전쟁기억의 국제정치

한 · 중 · 일 전쟁기념관을 가다!

동아시아
전쟁기억의 국제정치

한 · 중 · 일 전쟁기념관을 가다!

여문환 지음

한국학술정보㈜

책|머|리|에

　이 책은 한국, 중국, 일본의 전쟁기억에 대한 연구로서 특별히 전쟁기념관이라는 '공간'을 중심으로 살펴본 것입니다.

　어릴 적 6월이면 '무찌르자 공산당', '잊지 말자 6·25'라는 표어를 교실에 써 붙이고 뿔 달린 공산당을 주먹으로 쳐부수는 반공 그림을 그렸던 기억이 납니다. 형, 누나들을 따라서 가슴에 검정 리본을 달고 흑석동 국립묘지를 방문하여 휴지도 줍고 알지 못하는 비석 앞에서 묵념을 하였습니다. 중학생이 되어서는 시험이 끝나면 극장에 가서 '성웅 이순신'을 보면서 일본에 대한 적개심과 애국심을 키웠습니다. 소위 고3 학력고사를 끝내고 단체로 <지저스 크라이스트 슈퍼스타>와 <유관순> 등의 뮤지컬을 관람하였습니다. 텔레비전에서 한 주도 빼놓지 않고 엄마와 투쟁하며 <컴뱃>이라는 제2차 세계대전을 배경으로 한 미국 드라마에 몰입하였습니다. 냉전체제와 반공 이데올로기는 자연스럽게 내면화되었습니다.

　성인이 되어 영국으로, 그것도 '전쟁학'과로 유학을 감으로써 저의 모든 관심은 자의 반 타의 반 전쟁에 초점이 맞추어졌습니다. 영국 사람들은 11월이면 빨간색 퍼피(puppy, 양귀비꽃)를 달고 제1차 세계대전을 기념하였습니다. 우리가 6월이면 검정 리본을 달고 원호의 달이라고 기억하는 것과 비슷하였습니다. 영국은 제2차 세계대전보다도 제1차 세계대전을 더 기념하는구나! 호주와 뉴질랜드는 제1차 세계대전을 기억하면서도 1915년 4월 25일 터키 해변 갈리폴리(Gallipoli)에서 있었던 희생을 더 중요시하여 영국의 전쟁기억 전통과는 달리 4월에 ANZAC Day라는 전쟁기념일을 만들었습니다.

한편 미국은 그들이 직접 참여하여 세계사의 방향을 바꾼 1, 2차 세계대전을 기념하는 것이 아니라 5월 마지막 월요일 남북전쟁을 현충일로 기념하고 있습니다. 동일한 전쟁이라도 나라별로 다르게 기억되며 다른 의미를 지닌다는 것을 알게 되었습니다.

인류가 경험했던 일들 중 전쟁은 모든 국면에 있어서 가장 치명적인 영향을 미쳤습니다. 전쟁은 사람들에게 아픔과 상처를 주었으며 빨리 망각하고 싶은 대상이었습니다. 현대 국민국가의 모습을 갖추는 데 전쟁의 경험은 국가가 존재하는 이유와 정당성을 설명하는 데 가장 필요한 '과거'였습니다. 즉 전쟁은 '국가정체성'을 부여하는 중요한 '정치적 도구'였습니다. 전쟁에서 죽은 사람들이 왜 죽어야 했는지를 살아남은 국민들에게 설명을 했어야 했습니다. 국가는 공식적으로 전쟁을 기념하게 되었으며 수많은 기억들 중 '정치적 필요'에 따라 '선택'을 하게 됩니다. 기억의 선택과정의 중심에는 항상 '전쟁영웅'이 존재합니다. 이렇듯 전쟁의 기억은 '영웅'에 대한 이야기와 상처와 아픔이라는 '슬픈' 이야기로 대별됩니다.

전쟁의 기억은 시간과 공간을 통하여 우리의 일상생활 속에서 주기적으로 반복되고 문화적으로 재현되고 있습니다. 동시에 정치적 권력을 반영한 산물이기도 합니다. 3·1절, 6·25, 8·15 광복절, 10·1 국군의 날이 대표적 기념일입니다. 아마 한두 번쯤 서울에 있는 전쟁기념관이나 천안 독립기념관을 가 보았을 것입니다. 기념관을 둘러본 아이들은 어떤 교훈을 얻었을까요? 애국심이 높아졌을까요? 그럼 동일한 역사적 경험에 대하여 일본과 중국은 어떻게 전시를 하고 있을까요? 다르다면 왜 3국은 다르게 기억하며 그것은 무슨 의미를 지닐까요? 우리는 아시아 침략에 대한 일본의 우익교과서 문제와 고구려사 왜곡에 대한 중국 역사기술 문제를 통하여 이미 동아시아 역사적 갈등을 잘 알고 있습니다. 이와 같은 문제의식하에 이 책은 동아시아 3국인 한국, 중국, 일본의 전쟁기념관을 살펴봄으로써 그 역사적 의미와 교훈을 찾아보려고 합니다.

20세기에 경험했던 중일전쟁, 태평양전쟁, 한국전쟁에 대한 전쟁기억을 어떻게 재현하며, 그 과정에서 국가정체성의 역할과 기능은 무엇이며, 나아가 동아시아 국제관계와 전쟁기억이 어떻게 상호작용을 하고 있는가 하는 문제에 대한 해답을 구하는 것이 이 책의 목적입니다. 한·중·일 3국의 전쟁기념관의 생성, 확장 그리고 변화를 추적한 결과, 전쟁기념관이 단지 과거의 보존을 위한 정체된 역사·문화적 산물로 다음 세대들을 위한 교육의 장소로서만 기능하는 것이 아니라 국내외 정치 환경의 변화에 따라 새로운 국가정체성을 반영하는 민감한 기억의 정치가 재현되는 정치적 공간임을 규명하였습니다. 한·중·일 3국의 전쟁기념관은 대표적인 개별국가의 국가정체성의 표상으로서 타 국가와의 관계성을 노출시키고 있습니다. 또한 그것은 불규칙적으로 '적대'와 '우호' 패턴을 보여줌으로써 동아시아 국제질서의 갈등과 불안정을 야기합니다.

동아시아는 전쟁기억에 대한 '기억의 전쟁' 중에 있습니다. 각국의 역사적 기억의 현장인 전쟁기념관 및 평화박물관을 살펴보는 것은 한·중·일 3국의 과거에 대한 현재적 재현을 직시하여 그 차이를 밝히는 작업입니다. 동시에 이는 평화를 구축하기 위한 출발이라고 생각합니다. 서로 기억의 차이를 극복하여 공유할 수 있는 기억의 창출과 그것의 재현이야말로 어쩌면 동아시아 평화공동체 형성을 향한 첫걸음일 수 있습니다. 단지 이 책에서는 전쟁기억의 차이를 기념관이라는 공간을 통하여 규명하는 연구에 만족하기로 하며 한·중·일 3국이 어떻게 평화공동체를 만들 것이며, 나아가 공동의 평화 혹은 전쟁박물관의 건립에 대해 어떻게 시작할 것인가에 대한 문제는 다음으로 미루기로 하겠습니다. 앞으로 중요하게 다루어져야 할 또 다른 측면은 기념관의 '운영상' 문제점들입니다. 즉 여기에는 재정 및 기부전략,

운영 주체 및 전문 큐레이터, 서적 및 영상 자료, 도서관, 체험 프로그램, 국제교류 그리고 기념품제작 및 홍보문제 등 중요하고도 시급한 문제를 포함합니다. 그러나 저의 학문적 미력함으로 인해 다른 지면을 통하여 검토하여야겠습니다.

이 책은 저의 박사학위 논문을 책이라는 모양으로 다시 세상에 내놓게 된 것입니다. 이 과정에서 경제가 어려운 시기에 흔쾌히 출판을 허락해 주신 한국학술정보(주)와 겨울 내내 종종걸음을 하며 교정과 감수를 도와주신 편집부 여러분들에게 감사드립니다.

끝으로 겨울방학 동안 실컷 놀자던 약속을 뒤로 미루어야 했던 딸 나경과 아내 혜진에게 미안한 마음과 함께 고마움을 전합니다. 두 여인의 적극적인 협조와 사랑이 없었으면 이기적인 나만의 작업과 결실은 불가능했을 것입니다.

2009년 3월
여문환

차│례

책머리에   5

제1장 ▌ 문제제기   3

Ⅰ. 왜 전쟁기념관인가?   3

Ⅱ. 어떻게 접근할 것인가?   7

제2장 ▌ 전쟁기념관과 기억의 정치   13

Ⅰ. 전쟁, 기억, 전쟁기념관   3
  1. 전쟁기억과 기념관   3
  2. 전쟁기억의 유형과 구성   8

Ⅱ. 동아시아 국제관계와 역사적 특수성   04
  1. 동아시아 개념 설정의 문제   24
  2. 공간적 딜레마와 '발전'의 편차   74
  3. 냉전과 탈냉전의 중첩   5

Ⅲ. 탈냉전과 '동아시아지역기억복합체'   25

제3장 ▌ 한국의 전쟁기억과 국가정체성　　　　　　　　　75

Ⅰ. 역사적 배경: 반일과 반공주의 공고화　　　　　　　75
　　1. 해방부터 한국전쟁까지　　　　　　　　　　　　75
　　　　1) 3·1절 기억의 정치　　　　　　　　　　　　95
　　　　2) 8·15 해방, 독립 그리고 분단　　　　　　　16
　　2. 한국전쟁 이후 민주화까지　　　　　　　　　　36
　　　　1) 이승만 정권기　　　　　　　　　　　　　　35
　　　　2) 박정희 정권부터 노태우 정권까지　　　　　66
　　3. 탈냉전시대　　　　　　　　　　　　　　　　　6

Ⅱ. 한국의 전쟁기념관과 기억의 정치　　　　　　　　07
　　1. 일제식민 관련 기념관　　　　　　　　　　　　07
　　　　1) 독립기념관: 국난 극복의 기억과잉　　　　07
　　　　2) 서대문형무소역사관: 한국과 일본＝선과 악　47
　　　　3) 일본군 위안부 역사관: 탈민족 기억의 공유　77
　　2. 한국전쟁 관련 기념관　　　　　　　　　　　　38
　　　　1) 전쟁기념관: 반공민족주의 기억　　　　　38
　　　　2) 거창사건기념관: 기억의 복원　　　　　　88
　　　　3) 제주 4·3평화기념관: 탈민족 기억의 출발　39

Ⅲ. 반일·반공 민족주의와 기억의 충돌　　　　　　　0

제4장 ▌ 중국의 전쟁기억과 국가정체성   ⑩

Ⅰ. 역사적 배경: 개방·개혁과 신민족주의의 부활   ⑬
   1. 마오쩌둥 시대의 전쟁기억   ⑬
   2. 마오쩌둥 이후 시대의 전쟁기억   ⑯
     1) 신민족주의 대두와 애국주의교육의 강화   ⑥1
     2) 항일전쟁의 재인식과 피해의식의 부활   21

Ⅱ. 중국의 전쟁기념관과 기억의 정치   ④
   1. 중국인민항일전쟁기념관: '위대한 승리'   ④
   2. 난징대학살기념관: 평화의 시작   ⑫
   3. 9·18역사박물관: 치욕의 출발   ⑯
   4. 항미원조(抗美援朝)기념관: 반미와 기억의 충돌   ⑱1

Ⅲ. 중화민족주의와 기억의 과잉   ⑭

제5장 ▌ 일본의 전쟁기억과 국가정체성   ⑤

Ⅰ. 역사적 배경: '피해와 가해' 딜레마의 시작   ⑤
   1. 딜레마의 시작: 1945년에서 1955년까지   ⑤
   2. 이익집단과 전쟁기억: 1950년대에서 1970년대까지   ⑭
   3. 전쟁기억의 세계화: 1980년대   ⑭
   4. 경쟁적 기억과 정치화: 1990년대   ⑮

Ⅱ. 일본의 전쟁기념관과 기억의 정치 &

   1. 야스쿠니(靖國神社) 신사와 유슈칸(遊就館): 보수기억의 원천   841

   2. 히로시마 평화기념자료관: 원폭 민족주의   S

   3. 기타 평화기념관들: 대항기억(counter memory)   461

      1) 오키나와 평화기념자료관   164

      2) 오사카 국제평화센터   9

      3) 교토 리츠메이칸 대학 국제평화뮤지엄   7

Ⅲ. 원폭 민족주의와 기억의 경합   4

제6장 ▌ 기억의 전쟁을 넘어   9

참고문헌   185

제1장	문제제기

Ⅰ. 왜 전쟁기념관인가?

　탈냉전시대 동아시아 3국의 국제관계는 사회문화적 교류의 증가와 경제적 상호 의존의 확대 등으로 인하여 외견상으로 안정적인 듯이 보인다. 그러나 3국의 상호 불신의 장벽은 매우 높은 것으로 나타났다. 2006년 한국일보사와 일본 요미우리(讀賣) 신문사의 공동조사에 의하면[1] 한・일 관계에 대하여 '좋다'고 평가한 양국 국민은 12.1%에 불과한 반면, '나쁘다'는 답변은 87.2%에 달했다. 한・일 양국의 관심분야에 대해서는 한국 조사자들의 88%가 '독도문제'로 답하였으나 역사 공동연구(32.5%)와 야스쿠니신사 참배 문제(42.8%)도 높은 비중을 차지하였다. 2007년에 실시한 한・중 관계를 묻는 베이징과 상하이의 한반도 및 국제문제 전문가 38명을 대상으로 한 조사에 의하면 "한국과 중국 관계의 큰 장애물이 무엇인가?"라는 질문에 대하여 최대 걸림돌이 '역사문제'(58%)라고 조사됐다.[2] 한국과 중국은 1992년 수교 이후 급격한 경제적 상호 의존관계의 발전에도 불구하고 역사 문제가 양국

---

1) '양국 관계 좋다: 일본 60%→36%, 한국 11%→12%', 한국일보, 2006년 6월 8일, [http://news.hankooki.com](2008년 6월 1일 검색)

2) '차이나 워치', 중앙일보, 2008년 5월 9일.

관계의 방해 요인이 되고 있다. 중국학자들이 2004년 동북공정(東北工程)을 통해 한국의 고구려사를 중국의 지방사의 하나로 결론짓는 역사왜곡을 시도하여 양국의 긴장관계가 고조되고 있다. 한편 중국은 아직도 한국전쟁을 '항미원조(抗美援朝)'의 전쟁으로 기억하며 핵문제를 포함하여 북한에 가장 영향력을 깊게 행사할 수 있는 주변 강대국이다. 중·일 관계 또한 일본의 역사교과서 문제 및 수상의 야스쿠니 방문 문제가 야기될 때마다 극단적인 반일 민족주의 정서로 인하여 정상적인 외교관계를 유지하지 못하고 있다. 중국의 후진타오(胡錦濤) 주석은 2008년 10년 만에 처음으로 일본을 방문하여 정상회담을 개최하는 외교적 지체 현상을 야기하였다. 적어도 1, 2차 세계대전을 겪은 유럽의 국가들은 과거 역사적 문제로 인하여 동아시아 3국처럼 국제관계 차원에서 외교적 마찰을 반복하지 않는다.

이러한 한·중·일 3국의 불안정한 국제관계를 현실주의자들은 안보문제가 동아시아 국제관계를 제한하는 결정적인 요소이며 힘에 기초한 세력균형에 초점을 맞추어 설명한다. 자유주의자들은 무역과 투자의 지속적인 증가가 유럽과 같은 지역통합으로 이어져 3국 간의 역사적 불신을 해소할 것이라고 설명한다. 현실주의(realism)와 자유주의이론(liberalism)은 동아시아 3국이 단순히 군사력과 경제력이 아니라 행위자들의 역사적이며 사회적으로 존재하는 상호 구성적인 속성 즉 국가 간의 역사적 관계성 속에서 국가정체성과 국가이익을 결정하고 있다는 점을 포착하지 못하고 있다. 이러한 국제정치질서에 대한 존재론적 의미 부여는 결국 '역사' 즉 과거에 대한 이해가 국제관계의 구성에 영향을 준다는 구성주의 주장으로 귀결된다. 구성주의(constructivism)는 역사성을 배제한 무정부 상태의 권력배분에 의한 국제질서만이 존재한다는 현실주의 이론을 넘어선다. 즉 현실주의적 힘(power) 이외에 국가 간 존재하는 '우호'와 '적대' 패턴의 역사적 동학이 힘의 분포보다 지속적이며 동아시아 지역 내에서 더욱 강하게 표출된다.3)

---

3) 국제정치학 내에서 이론적 분류 및 각 이론에 대한 상세설명은 아래 책들을 참조.
존 베일리스·스티브 스미스 편저, 하영선 외 옮김, 『세계정치론』(서울: 을유문화사, 2007); 우철구·박건영 편, 『현대 국제관계이론과 한국』(서울: 사회평론, 2004); 김우상 외 편역, 『국제관계론강

한·중·일 3국의 전쟁기념관은 대표적 국가정체성의 상징적 표상으로서 타 국가와의 관계성을 노출시키고 있으며, 그것은 '적대'와 '우호' 패턴을 모순적으로 보여 준다. 이러한 모순은 외교적 쟁점이 야기될 때마다 불규칙적으로 재현되어 동아시아 '지역기억복합체(regional memory complex)'를 형성한다. 동아시아 지역기억복합체는 3국의 기념관들이 '우호'와 '적대' 패턴의 모순을 보여 주는 국가정체성을 생산하여 대외적으로 기억의 충돌을 야기한다. 따라서 동아시아 국제관계를 파악하기 위하여 3국이 전쟁기억을 어떻게 재현하고 있는가를 설명하는 작업이 필수불가결하다.

근대 국민국가의 성립과정에서 전쟁을 기억하는 기념일의 제정과 상징적 기념물 및 장소 그리고 박물관의 설립은 민족주의에 기반을 둔 국가정체성 확립이라는 점에서 매우 중요한 국가행사였다. 이러한 전쟁기억의 국가적 재현 행위는 다른 시공간에 따라 다른 의미를 부여하며 변화하여 왔다. 동아시아 3국 또한 전쟁기념관을 통하여 또 다른 기억의 '전쟁'을 하고 있다.

한국은 국난 극복사의 입장에서 독립기념관(1987)을 건설하였으며, 이후 식민지 경험과 독립을 재현하기 위한 서대문역사박물관(1998)과 일본군위안부역사관(1998) 등을 지속적으로 조성, 확장하고 있다. 또한 반공 민족주의에 기초한 한국전쟁에 대한 기억공간으로 용산전쟁기념관(1994)을 비롯하여 거창사건기념관(2004) 및 제주 4·3평화기념관(2008)을 개관하였다. 앞으로 한국현대사박물관, 노근리기념관, 전쟁 및 여성인권박물관 그리고 각종 평화공원 및 기념관을 설립할 예정이거나 또는 논의 중이다.

중국은 개혁과 개방시대를 맞이하여 국민통합과 정치적 안정을 위하여 애국주의 교육의 현장으로서 난징대학살기념관(1985), 베이징 항일전쟁기념관(1987), 선양 9·18역사박물관(1991), 단동 항미원조기념관(1992)을 건설하였으며, 주요 기념해마다 이를 확장하였다. 2004년부터 교사를 동반한 학생들의 입장을 무료화했고,[4] 2015년까지 전국에 3,000개의 박물관을 지을

1, 2』(서울: 한울아카데미, 1997).

4) Edward Vickers, "Museum and nationalism in contemporary China", *Compare: A journal of comparative education*, Vol.37, No.3(2007), p.366.

것이라고 발표하면서 가히 박물관 건설의 광풍을 일으키고 있다.

일본은 가해와 피해의 딜레마 속에서 다양한 전쟁기억들이 경합하고 있다. 우선 일본의 아시아 침략사실을 정당화하는 보수민족주의 기억재현의 원천인 야스쿠니신사의 전쟁박물관인 유슈칸(遊就館)이 가장 먼저 1882년에 건립되었고 2002년 대규모로 확장되었다. 또한 원자폭탄에 대한 피해사실에만 초점을 둔 히로시마평화자료기념관(1954)이 건설되었다. 그 이후로 일본의 가해사실을 인정하는 기억을 재현한 오키나와 평화기념관(1975), 오사카 국제평화센터(1991), 리츠메이칸 국제평화뮤지엄(1992)이 개관하였다. 그 외에도 나가사키 평화기념관과 도쿄 쇼와칸(昭和館) 등 나라 전체가 '전쟁기념의 박물관'이라고 할 정도로 많은 전쟁기념관들이 있으며, 이를 통하여 다양한 스펙트럼의 전쟁기억을 생산해 내고 있다.

한 · 중 · 일 3국을 핵심국가로 하는 동아시아는 전후 국제질서에 있어서 유럽연합과 함께 가장 중요한 지역으로 떠올랐으며 경제, 사회, 문화 등 활발한 교류로 '개별국가들의 모임'으로 동아시아가 아닌, 공동의 정체성을 공유하는 '지역'으로서 동아시아를 만들기 위하여 노력하고 있다. 그럼에도 불구하고 왜 한국, 중국 그리고 일본은 여전히 상호 신뢰가 낮으며 역사적 과거에 대한 합의를 돌출하지 못하고 있는가? 더욱이 20세기를 거치면서 직 · 간접적으로 중일전쟁, 태평양전쟁, 한국전쟁을 함께 경험하였음에도 불구하고 3국은 다양한 전쟁기념관을 통하여 왜 상이하게 기억하는가? 각 국가들은 '누구'에 의하여 '무엇'을 기억하며, 그 과정에서 어떤 부분들을 '선택' 혹은 '배제'하는가? 어떠한 전쟁기억들이 기억의 정치에 의하여 '경합'하며 '충돌'하고 '재현'되는가? 나아가 전쟁기억의 형성과 변화가 국가정체성 및 동아시아기억복합체에 어떠한 영향을 주는가?

이러한 문제의식을 바탕으로 이 책은 한국, 중국, 일본의 전쟁기념관의 생성과 변화과정을 살펴봄으로써 전쟁기억의 재현, 경합 그리고 충돌이 야기하는 동아시아 국제관계의 특수성을 규명하려고 한다.

Ⅱ. 어떻게 접근할 것인가?

　동아시아 국제관계를 전쟁기억의 차원에서 규명하는 단일한 이론적 틀을 찾기란 쉽지 않다. 우선 전통적 국제정치이론 내에서 동아시아 국제관계를 어떻게 해석하며 전쟁기억과 국제관계를 연결할 수 있는 이론적 단초를 찾아보려고 한다. 나아가 전통적 국제정치이론이 가지고 있는 문제점을 지적하며 학제 간 연구를 살펴봄으로써 절충주의적 입장을 모색하기로 한다.

　현실주의(realism)는 민족국가를 단위로 하여 국가이익을 최대화하기 위하여 국가 간의 안보문제와 군사력에 그 우선순위를 두며 이를 동아시아에 적용하여 탈냉전 이후 중국과 일본 그리고 미국 사이의 세력관계에 초점을 두어 분석한다. 특히 중국의 경제력과 군사력의 확대가 동아시아 국제관계에 있어서 기존 미국의 헤게모니에 어떠한 영향을 줄 것인가에 대한 문제의식에 중심을 두어 연구한다.5) 또한 그들은 동아시아에 있어 중국과 대만문제, 북한 핵문제, 일본과 중국의 영토문제 등이 여전히 지역안보에 불안정적인 요소로 작용하고 있다고 본다. 이러한 국가 간 권력투쟁을 핵심으로 하는 현실주의적 설명은 역내 국가 간 활발한 경제적 상호 의존 상태 및 그에 따른 인식의 변화를 설명하지 못하는 약점이 있다.

　반면, 자유주의(liberalism)는 국제체제의 행위가 단지 민족국가에 의하여 이루어지지 않으며 국가 간의 명시적이며 암묵적인 규범과 제도의 영향을 받으며 안보문제보다도 경제적 영역에 초점을 둔다.6) 자유주의 접근은 분쟁해결에 있어서도 현실주의적 해결책과는 달리 경제적 이익의 조화 및 상호의존에 의하여 해결될 수 있다고 가정한다. 따라서 동아시아에 있어 탈냉전 이후 경제성장과 상호 물적 교류의 증대는 안보 불안을 해소할 수 있으

---

5) 전성흥, 「중국 자본주의의 발전과 세계정치에서의 위상: 중국의 부상을 둘러싼 논쟁과 시각」, 『사회과학연구』 제13집 2호(2005), pp.284–313; 한석희, 「중국의 부상과 책임대국론: 서구와 중국의 인식적 차이를 중심으로」, 『국제정치논총』 제44집 1호(2004), pp.191–209.

6) Robert Keohane and Joseph Nye, *Power and Interdependence*(2nd ed. Boston: Scott, Foresmand, 1989), pp.12–14.

며 나아가 지역기구 및 제도의 활성화를 통하여 강대국 사이의 세력균형을 다자적 통치구조로 변화할 수 있다고 주장한다. 하지만 자유주의 이론 및 경제 중심의 이론들 또한 역내 정치적 경쟁과 안보적 불안을 명확히 분석하고 있지는 못하다.

이러한 현실주의와 자유주의 시각이 가지고 있는 문제의식의 공통점은 첫째, 중국의 강대국으로 빠른 성장을 어떻게 할 것인가? 둘째, 다자간 안보문제를 구체적 역내기구로 어떻게 발전시킬 것인가? 셋째, 역내 군사-안보문제를 보완할 수 있는 역내 지역 경제 협력을 어떻게 제도화할 것인가로 요약할 수 있다.[7] 이러한 논의들은 개별국가들이 급변하는 탈냉전기 동아시아 국제질서 속에서 타 국가와의 관계설정을 하기 위하여 스스로를 어떻게 규정하여야 하며 또한 국가이익을 어떻게 인식하며 실현해야 하는가 하는 즉 국가정체성의 중요성을 간과하고 있다.

국제관계가 단순히 군사력과 경제력이 아니라 국제체제를 형성하는 주체와 구조 사이에 존재하는 상호 구성적인 속성에 주목할 필요가 있으며 나아가 국가 간의 관계성에 의하여 규정되는 국가정체성에 주목하는 이론이 구성주의이다. '국가정체성(national identity)'이란 공통된 핵심 가치와 규범을 공유하는 사회적 정체성의 특별한 형태라고 정의할 수 있으며 그것은 다른 국가와의 관계 속에서 형성된다. 하지만 하나의 개념으로 정체성을 설명하기 어렵다.[8] 정체성은 군사, 경제, 문화, 정치적 선택과 이데올로기의

---

7) Barry Buzan, "Security architecture in Asia: the interplay of regional and global levels", *The Pacific Review*, Vol.16, No.2(2003), p.160.

8) 국가정체성과 민족정체성이란 용어는 한국 학계에서 합의된 개념정의 없이 혼용되어 사용된다. 김동성은 국가정체성을 영어로 national identity라고 규정하였으며, 김태현은 nation-state를 '국민국가'로 부르는 것이 매우 온당하다고 역설하며 마찬가지로 national identity라는 용어 또한 '국민' 정체성으로 표현하는 것도 무리가 없다고 주장한다. 전재호는 '국민정체성'이라고 번역할 것을 주장한다. 이 책에서 내셔널 아이덴티티(national identity)를 근대 국민국가의 정체성을 함축하며 특히 정치적 정체성을 포괄하는 의미로 '국가정체성'이라고 번역하여 사용하며 민족의 개념을 부각할 때는 작은따옴표를 붙여서 사용하도록 하였다. Roger Tooze, "Prologue: States, Nationalisms, and Identities-Thinking in IR Theory", Jill Krause and Neil Renwick, *Identities in International Relations*(Oxford: Macmillan Press, 1996), pp.xv-xx; 김동성, 「한·중·일의 신국가정체성과 동북아 안보」, 『전략연구』 5권 2호(1998), pp.6-63; 전재호, 「세계화 시대 한국정체성의 변화: 국민정체성의 법적 규정과 관련 정책을 중심으로」, 『신아세아』 제12권 1호(2005년 봄), p.139.

성향 그리고 과거 경험과 학습과정 및 미래에 대한 기대의 복합적 산물이다. 즉 국가도 인간과 마찬가지로 행위를 통해 그들이 존재하는 체제를 재생산하고 변화시키는 의도적인 행위자이며, 국제체제는 이러한 행위자들의 상호 작용에 구조적인 영향을 미치는 사회적인 관계로 이루어졌다.9) 이러한 국제정치질서에 대한 존재론적 의미 부여는 결국 '역사' 즉 과거에 대한 이해가 국제관계의 구성에 영향을 준다는 주장으로 귀결된다. 구성주의는 역사성을 배제한 '무정부상태'의 민족국가를 합리적 행위자로 규정하며 이들에 의한 권력배분이 곧 국제질서라는 현실주의 이론을 극복하게 된다.10)

구성주의자들은 국가 정체성의 사회적 구성의 측면에 관심을 두고 있는데, 이는 한 단위체의 안과 밖에서 동시에 진행되는 과정이다. 주권의 개념이 바로 하나의 예인데, 주권에 대한 서로 다른 해석을 갖고 있는 국가들은 그들의 국가이익이 무엇인가에 대해서도 각기 다른 생각을 하게 된다고 본다. 현실주의와 자유주의 이론 모두가 외생적으로 주어진 이기적 행위자들의 상호 작용으로 국제정치를 파악하고 있는 것에 반해서 체제적인 수준에서 국가들 간의 집합적 정체성(collective identity)이 '내재적'으로 형성될 수 있다고 본다.11) 즉 현실주의는 권력의 상관관계에 따라 국가 간의 위계를 규정하지만 구성주의 시각에서 국가정체성이 각국의 친구와 적을 정의하게 된다.

따라서 동아시아 국제관계를 기억의 정치차원에서 설명하는 데 구성주의 접근방법은 유효한 이론적 출발점을 제공한다. 예컨대 일본은 안보적으로 미국에 편승하여 왔으며 북한의 위협에서도 미국과 같은 진영 내에서 대응한다는 측면에서 한국과 전통적 우호관계에 놓여 있다. 하지만 한국은 역사적으로 일본의 우경화 및 보통국가에 대한 노력을 하나의 '위협'이라고 인

---

9) Alexander Wendt, "Anarchy is What States Make of It: The Social Construction of Power Politics", *International Organization*, Vol.46, No.2(1992), pp.391–425; Ronald L. Jepperson, Alexander Wendt and Peter J. Katzenstein, "Norms, Identity, and Culture in National Security", in Katzenstein, ed., *The Culture of National Security*(New York: Columbia University Press, 1996), pp.37–75.

10) 이삼성, 「동아시아 국제질서의 성격에 관한 일고: '대분단체제'로 본 동아시아」, 『한국과 국제정치』 제22권 4호(2006년 겨울), pp.44–52.

11) Wendt(1992), p.391; Katzenstein(1996), pp.37–75.

식하며 중국과 함께 대응하는 모습은 힘과 군사력에 의한 세력균형(balance of power)이 아닌 '정체성의 균형(balance of identity)'이라는 측면을 보여 준다.[12] 따라서 동아시아 관계의 특수한 국제질서를 포착하는 데 경험적 연구가 진행된다면 현실주의와 구성주의의 만남은 더욱 의미가 있을 것이다.[13]

그러나 현재까지 전통적 국제정치이론 틀 내에서 전쟁기억과 국가정체성 문제는 연구의 우선순위에서 중요하지 않게 취급되었다. 그것은 정책 중심적인 이론화 경향과 학문적 경계의 배타성 때문이다. 특히 한국 정치학계 내의 연구실적 또한 미진하여 <한국국제정치학보>와 <한국정치학회보>를 통하여 구체적 전쟁기억을 다룬 논문은 거의 찾아볼 수 없다.[14] 한편 역사학, 사회학 그리고 문화학 분야에서 전쟁기억에 대하여 정치학보다 다양한 연구를 생산하고 있다. 특히 이 분야에서 전쟁기억 연구는 현실주의, 자유주의, 구성주의와 같은 국제체제 및 지역단위의 구조적 설명은 부족하지만 전쟁기억에 대한 구체적인 서사(narrative)[15]를 보여 주는 장점이 있다.

전쟁기억은 기본적으로 과거 역사 문제인 만큼 역사학계 내에서 상대적으로 다양한 연구결과물이 나왔으며, 분석단위의 측면에서 개인과 사회가 경험한 전쟁기억의 설명에 초점을 둔 사회학적 연구가 생산되었다. 또 한편으로 전쟁기억에 대한 비국가적 담론의 주체인 문학, 영화, 미디어 등에 초

---

12) Gilbert Rozman, "Northeast Asia: The Halting Path toward Regional Integration", 5th Europe Northeast Asia Forum, Berlin, 15 December 2005, p.5; Gilbert Rozman, 이신화 공역, 『동북아시아 지역주의』(서울: 박영사, 2007), pp.9–30; Henry Nau, "Identity and the Balance of Power in Asia", Ikenberry and Mastanduno, ed., *International Relations Theory and the Asia –Pacific*(New York: Columbia University Press, 2003), pp.213–241; Barry Buzan, *The United States and the Great Powers: World Politics in Twenty–First Century*(Cambridge: Polity Press, 2004), p.20.

13) 이근, 전재성, 「안보론에 있어 구성주의와 현실주의의 만남」, 『한국과 국제정치』 Vol.21, No.1(2001), pp.193–195; Samuel S. Kim, *The Two Koreas and the Great Powers*(Cambridge: Cambridge University Press, 2006), pp.27–38; Christopher Hemmer and Peter J. Katzenstein, "Why is There No NATO in Asia? Collective Identity, Regionalism, and the Origins of Multilateralism", *International Organization*, Vol.56, No.3(Summer 2002), pp.575–607.

14) 김상준, 「기억의 정치학: 야스쿠니 vs 히로시마」, 『한국정치학회보』 제39집 5호 (2005). 단 1편의 논문이 게재됨.

15) 여기서 서사(narrative)란 본래 설화, 소설, 악극 등 모든 종류의 '이야기' 형식을 의미한다. 이는 인간사의 다양한 경험과 기대가 특정한 정치적, 사회적, 문화적 가치를 담은 언어형식을 통해 재현된다. 전진성, 『역사가 기억을 말하다』(서울: 휴머니스트, 2005), p.106.

점을 둔 문화학 내지는 미디어연구 분야에서 중점적으로 전쟁기억의 문제를 다루었다.

미국과 유럽에서는 홀로코스트와 제2차 세계대전에 대한 기억의 문제를 다룬 학문적 논의가 풍성하게 진행되었다.[16] 한국에서는 전쟁과 관련되어 역사와 기억이라는 주제를 가지고 서울대학교 '인문학연구소'와 한양대학교 '비교문화연구소'에서 연구 활동을 진행해 왔다. 서울대학교 인문학연구소에서는 2002년부터 '역사와 기억: 과거청산과 문화정체성 문제에 대한 국가별 사례연구'라는 프로젝트를 통하여 독일, 프랑스, 러시아, 스페인, 남아프리카 공화국, 구 프랑스 식민지에서의 과거사 청산문제를 중심으로 역사적 기억 문제를 연구 정리하여 발표하였다.[17] 이 프로젝트는 유럽의 사례 중심으로 진행되어 유럽의 전쟁기억 연구가 동아시아 경험을 분석하는 데 어떠한 적실성을 보여 주는가는 문제는 여전히 과제로 남았다.

한편 한양대학교 비교역사문화연구소에서 3년 계획으로 2005년도부터 시작한 '역사와 기억'이라는 프로젝트가 보다 더 '전쟁기억'이라는 이 책의 주제에 근접한다. 이 프로젝트는 전쟁기념 문화에 대한 비교사적 연구를 통하여 민족 감정이나 국가 간의 내셔널 히스토리의 경계를 넘어서서 '역사', '유물', '기억', '기념'의 문제를 합리적으로 소통할 수 있는 이론적이고 성찰적인 문제제기를 이끌어 내어 학문적으로 기념문화 연구에 대한 새로운 패러다임을 제기할 뿐 아니라 사회적으로 '기념'을 둘러싼 담론 지형을 새롭게 주조하여 민족 감정과 '상처'를 넘어서 보다 합리적인 담론 공동체를 구성하는 데 기여하는 것을 목적으로 한다.[18] 아울러 이러한 공동연구는 20

---

16) Jay Winter and Emmanuel Sivan, ed., *War and Remembrance in the Twentieth Century*(Cambridge: Cambridge University Press, 1999); Daniel J. Walkowitz, and Lisa Maya Kanuer, eds., *Memory and the Impact of Political Transformation in Public Space*(Durham: Duke University Press, 2004); John R. Gillis, ed., *Commemorations*: The Politics of National Identity(Princeton: Princeton University Press, 1994); Martin Evans and Ken Lunn, *War and Memory in the Twentieth* Century(Oxford: Berg, 1997); Timothy Ashplant, Graham Dawson, Michael Roper, eds., *Commemorating War: The Politics of Memory*(New Brunswick: Transaction Publishers, 2006); 제프리 K 올릭 엮음, 최호근 외 옮김, 『국가와 기억』(서울: 민주화운동기념사업회, 2006).

17) 서울대 인문학연구소, [http://past.snu.ac.kr](2008년 5월 1일 검색)

세기에 등장한 다양한 전쟁기념의 사례들 속에서 대안적 기념문화를 모색하고 이에 대한 이론적 기반을 구축함으로써 향후 한국 사회의 기념사업에 실천적 대안을 찾는 데 기여하고자 하였다. 이 공동연구는 20세기 전쟁기념 문화를 비판적으로 검토하면서, 다른 한편으로는 새로운 가능성을 타진해 보는 복합적 성격을 지녔다.19) 2006년도에는 '전쟁기념담론의 구성과 성격'이라는 주제로 전쟁기념문화의 이론적 구성에서부터 프랑스, 일본, 한국, 영국의 전쟁기억의 문제를 다루었으며 2007년에는 '기념비적 공간의 비교문화사: 박물관에서 매스미디어까지'라는 주제로 독일, 프랑스, 일본, 한국과 미국의 전쟁기념시설과 관련된 영화를 분석하였다. 2008년에는 '기념되는 전쟁과 잊힌 전쟁: 대안적 기념문화의 모색'이라는 주제로 제3차 학술대회를 개최하였다.20) 이를 통하여 기억의 소유문제 즉 국가적 점유로 인한 피해, 기억의 형태 및 서사의 상품화 문제, 기억의 주체 문제를 개별국가별로 특히 한국을 중심으로 3년간 논의하였다. 특히 한국전쟁과 관련하여서는 거창사건, 4·3제주사건, 반공포로문제, 용산전쟁기념관 등 그동안 국가의 공식기억 속에서 배제되었던 전쟁기억들을 복원했다는 점에서 의미 있는 프로젝트였다. 그러나 중국의 전쟁기념에 대하여서는 단 한 편의 연구논문도 없었으며 국가로부터의 피해의식만을 지나치게 부각시킨 측면이 있다. 아울러 이러한 공동연구는 전쟁기억 연구가 미진한 한국에서 그 출발점을 모색하였다는 측면에서 긍정적이라고 할 수 있겠으나 지나친 사례 중심과 미시적인 접근 방법으로 종합적인 분석틀을 제공하지 못하였다.

NGO 차원에서 '아시아평화와 역사교육연대'는 2002년부터 '역사인식과 동아시아 평화포럼' 주제로 제1회 난징대회, 제2회 도쿄대회, 제3회 서울대회를 개최하였다. 그 결과물로서 한·중·일 역사교과서와 난징대학살 그리고 태평양전쟁에 대한 기억을 비교 연구하는 성과물을 발간하였다.21)

---

18) 한양대 비교문화연구소, [http://richmaster.byus.net/wp_project/?page_id=5](2008년 5월 1일 검색)

19) 한양대 비교문화연구소, [http://richmaster.byus.net/wp_project/?page_id=5](2008년 5월 2일 검색)

20) 한양대 비교문화연구소, 『20세기 전쟁기념의 비교문화사: 대안적 기억문화의 모색』, 제3차 학술대회, 2008년 5월 17일.

국가적 차원에서 2001년 창설된 '민주화기념사업회'는 다른 나라와 한국의 기념시설에 대한 연구 사업을 진행하였다. 세계 각국에 건립되어 있는 주요 역사기념시설의 조성목적과 운영상황을 살펴보며 각국의 사례를 비교해 보면서 우리의 기념관이 나아가야 할 길을 모색하고자 2006년『세계의 역사기념시설』을 출판하였다.[22] 이 책은 유럽, 이스라엘, 미국의 홀로코스트 기념관 그리고 일본의 히로시마평화자료기념관, 오키나와평화기념관 그리고 난징대학살기념관을 소개한다. 다음으로 한국의 기념시설에 대한 연구이다. 독립기념관, 한국전쟁 관련 기념관, 민주화 기념관 그리고 5·18민중항쟁 기념사업 및 기념관 건립에 대하여 사회학적으로 설명한『한국의 역사기념서설』[23]이 출판되었다. 이 연구서는 개론적 입장에서 이론적으로 깊이 있는 논의가 이루어지지 않았지만 유일하게 한국의 전쟁기념 시설에 대한 연구라는 점에서 의미가 있다. 다음으로 프랑스, 이태리, 일본, 중국, 미국, 이스라엘, 스페인, 호주 등의 전쟁기억에 대한 연구논문들을 모아 놓은 미국 제프리 K. 올릭(Jeffrey K. Olick) 교수의『국가와 기억』을 번역 출판하였다.[24]

정부 차원의 기억과 역사문제를 다루는 연구기관으로서는 2006년 '동북아역사재단'이 설립되어 일본, 중국 등 주변 국가들의 역사 왜곡, 영유권 주장 등에 대응하기 위해 연구 작업을 시작하였으며 특히 국내외 역사문제를 다루는 62개 NGO들과 협력하여 '역사NGO세계대회'를 2007년부터 개최해 오고 있다.[25] 또한 이 재단은 동아시아 평화벨트와 평화공동체 형성을 위한 다양한 프로젝트를 진행 중이다.[26]

위에서 지적한 국내외 전쟁기억 연구 성과들은 불모지와 같은 전쟁기

---

21) 일본교과서바로잡기운동본부 편,『한·중·일 역사인식과 일본교과서』(서울: 역사비평사, 2002).

22) 민주화운동기념사업회 엮음,『세계의 역사기념시설』(서울: 오름, 2006).

23) 정호기,『한국의 역사기념서설』(서울: 민주화운동기념사업회, 2007).

24) 올릭(2006)

25) 역사NGO세계대회
   [http://www.historyngo.org/board/rg4_board/view.php?&bbs_code=press&bd_num=99]
   (2008년 4월 30일 검색)

26)「한·중·일의 전쟁유적을 평화의 초석으로」, 동북아평화벨트 국제학술대회, 2008년 12월 22일.

억 연구의 관심을 촉발하는 차원에서 매우 큰 의미를 가지고 있으나 학문적 기여라고 하기에는 부족하다.

한편 해외의 연구사례로는 미국 조지 워싱턴 대학 내 부설 시거 아시아 연구 센터(The Sigur Center for Asian Studies)에서 2003년 '아시아 태평양 기억과 화해 프로그램'(Memory and Reconciliation in the Asia – Pacific)을 개설하였다.27) 이 프로그램은 태평양전쟁 강제 징용자, 전쟁포로, 군 위안부, 원폭피해, 무기, 박물관과 기념시설, 대중문화, 역사교과서문제로 하위 연구 주제로 나누어져 있다. 또한 각국의 관련 연구 센터 및 NGO, 연구단체 그리고 현재 진행 중인 관련 행사 및 사건들에 대한 자료를 모으고 있다. 개별국가 차원에서 전쟁기억과 관련 있는 연구 센터로는 일본의 히로시마 시립대학교 소속으로 되어 있는 1998년에 히로시마 시에서 설립한 '히로시마 평화연구소'가 있으며28) 1993년 민간차원에서 '일본전쟁책임자료센터'가 도쿄에 설립되었다.29)

개별적인 국가차원 혹은 구체적 주제를 중심으로 한 연구는 매우 다양하며 풍부하나 종합적으로 동아시아 역사 기억을 검토하려는 노력은 미국 국제전략문제연구소(The Center for Strategic and International Studies)의 게릿 공(Gerrit Gong) 박사에 의하여 처음으로 시도되었으며,30) 최근 미국의 실라 제이거(Sheila Miyoshi Jager) 교수와 영국의 미터(Rana Mitter) 교수 그리고 역사학자들을 중심으로 중국의 2차 세계대전에 대한 재해석문제, 한국에 일고 있는 반일감정, 수정주의 시각에서 바라본 한국전쟁에 대한 기억의 문제 등을 공동 연구하였다.31) 또한 마크 갈리치오(Marc Gallicchio)가 편저하

27) 아시아 태평양 기억과 화해 프로그램, [www.gwu.edu/~memory](2008년 3월 1일 검색)

28) 히로시마평화연구소, [http://serv.peace.hiroshima – cu.ac.jp/English/](2008년 4월 30일 검색)

29) 일본전쟁책임자료센터, [http://space.geocities.jp/japanwarres/center/english/Center.htm] (2008년 5월 1일 검색)

30) Gerrit W. Gong, ed., *Remembering and Forgetting: The Legacy of War and Peace in East Asia*(The Center for Strategic and International Studies: Washington D. C., 1996); Gerrit W. Gong, ed., *Memory and History in East and Southeast Asia: Issues of Identity in International Relations*(The Center for Strategic and International Studies: Washington D. C., 2002).

31) Sheila Miyoshi Jager and Rana Mitter, eds., *Ruptured Histories: War, Memory, and the Post*

고 역사학자들이 참여하여 동아시아와 미국의 관계 속의 아시아 태평양전쟁에 대한 기억들을 분석하였다.[32] 이 연구는 중국, 일본, 그리고 미국이 태평양전쟁과 관련된 기억을 어떻게 생산해 내고 있는가를 설명하였다. 한편 앞서 소개한 히로시마 평화연구소가 주축이 되고 츄오시 하세가와(Tsuyoshi Hasegawa) 교수와 전직 일본 외교관이며 러시아 전문가인 카주히코 토고(Kazuhiko Togo) 교수가 편저한 동아시아 역사기억과 민족주의의 부활에 대한 공동연구 작업이 나왔다.[33] 이 연구서는 왜 그리고 어떻게 최근 역사적 기억의 문제가 동아시아 국제관계의 협력을 방해하고 있는가 하는 문제의식하에 한국, 미국, 일본, 중국 그리고 미국의 역사학자 및 국제정치학자들이 참여하여 작업한 공동결과물이다. 이 연구에서는 역사교과서, 군위안부, 야스쿠니신사, 한·중·일 민족주의 그리고 미국과 러시아의 입장을 분석하였다.

이상에서 전통적 국제정치이론의 시각이 아닌 역사학과 사회학 그리고 문화연구 분야에서 이루어지고 있는 전쟁기억연구를 살펴보았다. 국제정치이론은 국내적으로 전쟁기억이 공식적 기념관으로 탈바꿈할 때 국가권력이 지배적으로 개입하며 이러한 개별국가 단위의 행위들이 동아시아 지역과 국제체제 내에서 어떻게 작동하는지를 보여준다. 한편 학제 간 접근 방법은 전쟁기억의 생성과 소멸 그리고 충돌과 관련된 담론 및 서사구조를 '두껍게 묘사'해 줌으로써 중요한 1차적 자료를 제공한다.

이 책에서는 학문적 경계에 지나치게 의존하지 않고 절충주의적 입장에서 전쟁기억에 관한 연구들 중 특히 기념관에 대한 연구 성과물을 중심으로 살펴볼 것이다.

이 책의 1차적 분석대상은 <표 1-1>에서와 같이 한국, 중국, 일본의

-Cold War in Asia(Cambridge: Harvard University Press, 2007).

32) Marc Gallicchio, eds., The Unpredictability of the Past: Memories of the Asia-Pacific War in U. S-East Asian Relations(Durham: Duke University Press, 2007).

33) Tsuyoshi Hasegawa and Kazuhiko Togo, eds., East Asia's Haunted Present: Historical Memories and the Resurgence of Nationalism(West Port, Conn.: Praeger Security International, 2008).

전쟁 관련 기념관 및 박물관들이다. 한·중·일은 고대로부터 수많은 전쟁을 치러 왔지만 이 책에서는 3국이 20세기 전반에 걸쳐 직·간접적으로 경험한 중일전쟁, 태평양전쟁 그리고 한국전쟁과 관련된 전쟁기념관들을 분석대상으로 하였다. 3국에서는 목적과 기능에 따라 '전쟁', '역사', '평화'와 '박물관', '기념관', 그리고 '자료관'을 조합하여 사용한다. 이를 크게 둘로 나누면 '평화기념관'과 '전쟁기념관'으로 분류할 수 있다. 이 책에서는 평화박물관도 전쟁의 경험을 토대로 한 기억의 재현이기 때문에 연구 대상에 포함시켰다. 기념관 설립 배경 및 목적과 관련된 담론과 그 내부에 설치된 기념물과 전시물 그리고 전시 내용과 그 변화를 분석대상으로 한다. 아울러 전쟁기념관과 관련하여 생성이 되는 공식담론들 즉 기념사, 연설문, 추념사들 또한 1차 자료에 속할 것이다. 이러한 1차 자료를 토대로 전쟁기념관 설립의 정치·사회적 배경을 설명하며, 누가, 무엇을, 왜 기억하려고 했는가를 검토할 것이다. 또한 시대적 변화에 따라 전쟁기념관이 새로이 조성되거나, 기존 전쟁기념관의 전시내용이 신설, 확장, 혹은 폐기되는 부분을 추적하려고 한다. 이 과정에서 비공식 즉 정부가 아닌 민간부분에서 생성된 기억들 특히 문학, 영화, 공연, 사진 등을 통하여 제공되는 전쟁기억은 분석대상에서 제외하였다.

<표 1-1> 한·중·일 전쟁 관련 기념관

국가	명칭	설립	장소	소유
한국	전쟁기념관	1994	용산	정부
	거창사건기념관	2004	거창	지역/정부
	제주 4·3평화기념관	2008	제주	지역/정부
	독립기념관	1987	목천	정부
	서대문형무소역사관	1998	서울	지역/정부
	일본군위안부역사관	1998	경기	민간
중국	난징대학살기념관	1985	난징	정부
	항일인민전쟁기념관	1987	베이징	정부
	9·18역사박물관	1991	선양	정부
	항미원조기념관	1992	단동	정부

	유슈칸(遊就館)	1882	도쿄	민간
일본	히로시마평화기념자료관	1954	히로시마	지역
	국립히로시마원폭사망자추도 기념관	2002	히로시마	지역/정부
	리츠메이칸평화뮤지엄	1992	교토	민간
	오키나와평화뮤지엄	1975	오키나와	지역
	오사카국제평화센타	1991	오사카	지역

　전쟁기념관을 통해 드러난 전쟁기억의 재현과 충돌이 동아시아 국제관계에 미치는 영향을 <그림 1-1>과 <그림 1-2>와 같이 요약해 보았다.

　<그림 1-1>은 국가정체성의 상징적 재현의 일부인 전쟁기념관이 생산해 내는 기억의 서사구조를 생산 주체에 따라 분석한다. '공식기억(official memory)' 혹은 '지배기억(dominant memory)'이란 국가에 의하여 주도적으로 만들어진 기억이며, '대중기억(popular memory)'은 일반 국민 또는 대중들, 즉 비국가 기관이 생산하는 기억이다. 대중기억은 그 성격이 국가가 생산해 내는 공식기억과 다르며, 특히 기존 국가헤게모니에 저항하는 성격을 내포할 때 '대항기억(counter memory)'이라고 한다.[34] 대중기억이 국가의 지배이데올로기에 순응하는 경우도 있지만 이에 저항하여 전복(顚覆) 또는 이론(異論)의 전략들을 구사하는 대항기억을 생산하기도 한다. 한편 '탈국가' 혹은 '탈민족 기억(transnational memory)'은 특정 전쟁에 대한 기억이 한 국가에만 존재하는 것이 아니라 자국의 기억을 타 국가와 공유하는 경우이다. 대부분 전쟁기념관들은 전쟁기억을 국가의례를 통하여 국가기념사업의 일환으로 진행함으로써 국가정체성의 영향을 받는다고 전제한다. 아울러 국가정체성의 정치적 도구로서 전쟁기념관이 조성되는 경우가 지배적이지만 전쟁기념관으로부터 생산되는 기억의 서사가 반대로 국가정체성의 변화에 영향을 주기도 한다. 즉 전쟁기념관이 기억의 서사를 만들어 내는 동시에 전쟁기념관 자체가 국가정체성의 서사이기도 하다. 국내정치적 도구로서 전쟁기념관은 기억을 배타적 선택함으로써 특정부분만을 '재현'하고 다른 부분

---

34) 전진성(2005), pp.193-194.

은 '망각'한다. 따라서 망각된 부분의 주체 즉 기억에서 배제된 세력은 이에 저항하고, 결국 기억은 '충돌'과 '경합'을 반복한다.

<그림 1 - 1>

다음으로 <그림 1-2>는 개별국가의 전쟁기념관의 기억패턴이 어떠한 역할을 하는가를 규명하기 위하여 '지역기억복합체(regional memory complex)'라는 개념을 도입한다. '지역기억복합체'란 각국의 전쟁기념관이 재현하는 전쟁기억들이 충돌하고 경합하는 장(場)이다. 전쟁기념관을 통하여 재현된 3국의 전쟁기억은 외교적 쟁점에 따라 상대국에 대해 '적대'와 '우호'를 불규칙적으로 표출함으로써 동아시아만의 독특한 '지역기억복합체'를 창출한다. 결국 이 책은 각국의 전쟁기념관이 재현하고 있는 전쟁기억의 경합과 충돌의 장인 지역기억복합체가 불안정한 동아시아 국제질서의 주요한 원인 중 하나라고 전제한다.

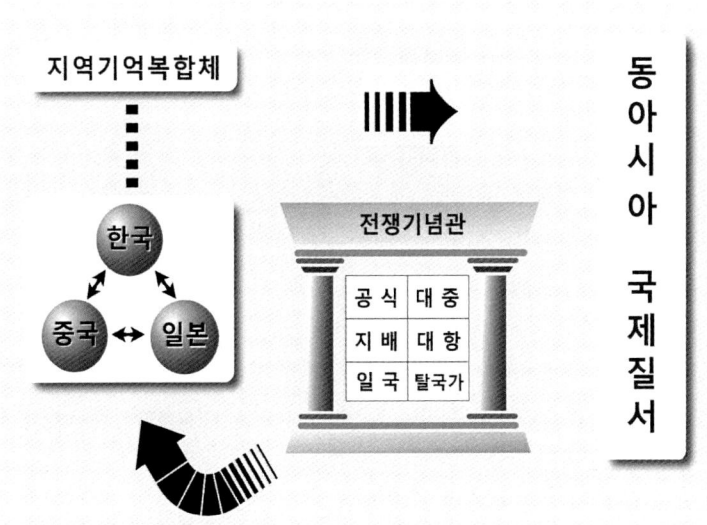

<그림 1-2>

지역기억복합체

동아시아 국제질서

한국

중국 ↔ 일본

전쟁기념관

공식	대중
지배	대항
일국	탈국가

　끝으로 이 책은 총 6개장으로 구성되어 있으며 제1장은 문제제기, 제2장에서는 왜 역사적 과거 특히 전쟁기억이 동아시아 3국의 국제관계를 형성하는 데 중요한 요소로 작동하는가를 역사적 특수성이라는 맥락에서 분석한다. 제3장에서는 한국의 전쟁기억과 국가정체성을 설명한다. 이 장에서는 우선 태평양전쟁의 경험이 반일민족주의의 과잉생산이라는 측면에서 독립기념관과 서대문역사박물관을 살펴보며, 국내 유일하게 민간에 의하여 망각된 기억이 복원된 기념관으로서 군위안부역사박물관을 검토할 것이다. 다음으로 반공민족주의의 전형으로서 용산전쟁기념관과 전쟁 중 국가폭력으로 인한 민간인들의 희생에 대한 기억을 재현한 거창사건기념관 그리고 탈민족 기억의 재현 공간으로서 제주 4·3평화기념관을 중심으로 추적해 볼 것이다. 제4장은 중국의 경우로 개혁과 개방 이후 강화된 애국주의교육에 기초한 민족주의적 전쟁기억의 변화를 항일인민전쟁기념관, 난징대학살기념관

및 9·18역사박물관을 통하여 검토하기로 한다. 아울러 한국전쟁과 관련하여 첨예하게 대립된 기억을 재현하고 있다는 점에서 그 중요성이 부각되는 항미원조기념관을 살펴볼 것이다. 제5장에서는 일본의 보수적 전쟁기억의 원천으로서 야스쿠니신사와 유슈칸과 피해자의 기억을 재현한 히로시마평화자료관35) 그리고 대항기억으로서 가해자의 입장을 복원한 오키나와, 오사카, 리츠메이칸 평화기념관들을 차례로 고찰하려고 한다. 제6장은 결론부분으로 3국의 전쟁기념관의 변화과정을 추적하여 나온 연구결과를 중심으로 요약하고 전쟁기념관의 연구가 갖는 동아시아 국제정치적 함의를 정리해볼 것이다.

---

35) 민간인들 가운데 어린이와 여성들의 피해에 초점을 둔 '쇼와칸(昭和館)'이라는 전쟁기념관이 유족회에 의하여 1999년 설립되었다. 이 책에서는 쇼와칸 또한 원폭과 미국의 본토 폭격에 대한 피해자의 기억만을 재현하여 히로시마적 기억에 속한다고 판단하였다. 따라서 별도 지면을 할애하여 분석을 하지 않았음을 밝혀 둔다.

제2장　전쟁기념관과 기억의 정치

Ⅰ. 전쟁, 기억, 전쟁기념관

1. 전쟁기억과 기념관

　전쟁은 근대 국민국가의 형성과정에서 가장 중요한 영향을 미쳤다. 또한 전쟁은 인간이 할 수 있는 경험 중에서 가장 잔인하며 잊을 수 없는 상처를 개인들에게 남겼을 뿐만 아니라 사회 모든 측면에 영향을 주었으며 인간에 대한 궁극적이며 도덕적 질문을 던지게 하였다.[36] 나아가 전쟁의 경험과 기억은 현재 국가 및 개별 국민들의 존재성을 규정하기도 한다.

　전쟁을 기념하는 행위는 전쟁만큼이나 오래되었으나 국가가 공식적으로 반복적인 의례를 통하여 국가기념일을 정하고 기념 공간, 기념물, 기념관 혹은 박물관을 조성하게 된 것은 근대 국민국가의 생성과 밀접하게 관련되어 있다. 이에 대하여 베네딕트 앤더슨(Benedict Anderson)은 다음과 같이 설명한다.

---

36) Lawrence Freedman, *On War*(Oxford: Oxford University Press, 1994), p.3.

"근대 민족주의 문화의 상징으로 무명용사의 기념비나 무덤보다 더 인상적인 것은 없다. 일부러 비워 놓았거나 누가 그 안에 누워 있는지를 모른다는 바로 그 이유 때문에 무명용사의 기념비와 무덤에 공식적으로 의례적 경의를 표한다는 것은 일찍이 그 전례가 없었던 일이다. 이 근대성의 힘을 실감하기 위해서는 무명용사의 이름을 발견하거나 기념비를 진짜 유골로 채우기를 주장하는 참견하기 좋아하는 사람들에 대해 일반의 반응이 어떨 것인가를 상상해 보면 된다. 괴이한 근대적 신성모독이 될 것이다! 그 안에 신원이 밝혀진 유골이나 불멸의 영혼은 없어도 이 무덤들은 기괴한 민족주의 상상물들로 가득 차 있다."[37]

   역사적으로 근대 국민국가 체제는 20세기 두 차례 세계대전을 겪으면서 전 세계적 정치제도로 발전하였다. 근대 국민국가 체제는 우발적인 것이 아니라 근대국가 체제가 시작한 15 – 16세기까지 유럽사회의 독특한 전통 속에서 발견되는 역사적 특성들과 인과관계를 맺으면서 생성되었다. 특히 1500년을 기준으로 하여 독립적 정치체는 500개가 넘었으나 그 후 400년간 현저히 줄어 1900년을 기준을 할 때 20개를 약간 상회하였다. 이러한 수의 감소는 자연스럽게 이루어진 것이 아니라 폭력을 수반하는 갈등, 즉 전쟁과정을 통해 이루어진 것이다. 최근 연구를 보면 16세기 전쟁이 없었던 해는 단 5년, 17세기의 경우 16년, 18세기의 경우는 22년에 불과하다.[38] 또한 이러한 전쟁은 전쟁을 하기 위한 재정정책, 무기개발을 위한 과학기술 발전, 인적 자원 동원을 위한 상비군 제도 확충과 국민 통합노력, 이를 총괄하기 위한 관료제도의 발달을 가져오게 되었다. 따라서 지난 4 – 5세기 동안 전쟁과 전쟁 준비과정이 곧 근대 국민국가의 완성 과정이었다고 하여도 과언이 아니다. 아울러 전쟁은 국내정치뿐만 아니라 국제질서를 변화시키는 거의 유일한 방법이었다. 즉 30년 전쟁과 웨스트팔리아 조약(the Treaty of Westphalia), 나폴레옹 전쟁과 빈회의(the Congress of Vienna), 1차 대전과 베르사유 조약(the Treaty of Versailles), 2차 대전과 얄타 협정(the Yalta Agreement) 등이 가장 대표적인 예들이다.[39]

---

37) 베네딕트 앤더슨, 윤형숙 역, 『상상의 공동체: 민족주의의 기원과 전파에 대한 성찰』(서울: 나남, 2002), p.29.
38) 박상섭, 『근대국가와 전쟁: 근대국가의 군사적 기초, 1500 – 1900』(서울: 나남, 1996), p.21.
39) 박상섭(1996), pp.22 – 23.

다음으로 전쟁 경험은 잊을 수 없는 상처 즉, 트라우마(trauma)를 남긴다. 프랑스 혁명 이후 최초로 국민개병제가 실시되어 직업군인과 일반 국민의 구분이 없어지게 되었으며[40] 1차 세계대전을 거치면서 전쟁은 단순히 직업 군인이나 혹은 왕조들 사이의 싸움이 아니라 국민 모두가 참여하는 '총력 전(total war)'으로 발전한다.[41] 이러한 총력전 형태의 전쟁은 사람의 인지적 수용을 넘어서는 충격적이고 잊을 수 없는 체험과 상처를 남기게 되어 끊임없는 고통을 가한다. 이와 같은 양상을 트라우마(trauma)라고 하며, 이는 원래 정신 분석하에서 개인의 병리적 현상을 설명하기 위하여 도입된 용어이다. 즉 전쟁이나 재앙, 사고 등과 같이 극단적 충격을 낳음으로써 정상적인 의식에 편입되지 못하고 이탈(dissociation)하여 무의식에 억압(repression)되어 있으면서 끊임없이 환각, 악몽, 플래시백(flashback) 등의 형태로 돌발적으로 재귀하는 체험의 양상을 가리킨다.[42] 이러한 개인적 트라우마는 개인적 차원을 넘어 역사적 트라우마로 거론될 수 있으며 20세기 이후 전쟁기억은 고귀한 희생의 의미를 되새기는 성스럽고 화려한 담론에도 불구하고 인간의 온전하지 않은 소외된 혹은 훼손된 자아와 정체성의 회복을 게을리하고 있다. 따라서 전쟁기억은 과거이지만 현재의 존재성을 규정한다.

기억은 과거의 경험을 회상하는 것이다. 인간의 경험은 직접적이든지 간접적이든지 기억을 통해 여러 가지 형태로 표출된다. 그렇게 자리한 기억이 과거와 현재를 이어 주는 교량역할을 한다. 수많은 개인적 기억들(private memory) 중에서 어떤 것은 일정한 선택과정을 통하여 사회적 의미를 부여

---

40) Anja V. Hartmann and Beatrice Heuser, ed., War, *Peace and World* Ordres *in European History*(London: Routledge, 2001), p.239.

41) Hans Speier, "Ludendorff: The German Concept of Total War", Edward Mead Earle, ed., *Makers of Modern Strategy: Military Thought from Machiavelli to Hitler*(Princeton: Princeton University Press, 1973), p.315. 총력전의 개념은 1차 세계대전 당시 독일의 참모장이었던 에리히 루덴도르프(Erich Ludendorff)에 의하여 처음으로 소개되었다. 그에 의하면 총력전이란 첫째, 전쟁의 지리적 전장(戰場)의 개념이 없어져 적국의 모든 영토로 확장되었으며, 둘째, 전쟁을 위하여 모든 경제체제가 전시체제로 전환되어 모든 국민이 참여하게 되었으며, 셋째, 이로 인하여 군인과 민간인의 개념이 없어졌으며, 넷째, 실제로 전투가 일어나지 않는 곳에서도 대중선전을 통하여 국민들이 전시체제로 동원되는 새로운 전쟁이다.

42) 전진성, 「전쟁기념문화의 이론적 구성: 트라우마, 네러티브, 정체성」, 20세기 전쟁기념의 비교문화사 제1차 국제학술대회, 한양대비교역사문화연구소, 2006년 5월 30일, pp.82-83.

받아 집단기억(collective memory)으로 발전하게 된다. 집단기억의 개념을 처음 소개한 모리스 알바시(Maurice Halbawachs)는 기억을 사회적 현상으로 설명하면서 기억이라는 것은 개인적인 경험이 아니라 기억을 하는 사람이 속해 있는 크고 작은 집단에 의해 영향을 받는다고 한다. 개인기억마저 사회적으로 구성되기 때문에 집단기억과 상호 의존하고 있다고 볼 수 있다.[43] 집단기억은 그 본성상 그들 스스로의 정체성을 규정하도록 강요한다. 또한 역사적 사건들과 과거의 전쟁 등으로 이루어진 집단기억은 그것을 공유하는 역사적 사실들의 정확성과 그것의 옳고 그름을 규명하는 작업이다.[44] 따라서 과거에 대한 고통을 잊지 않으려는 정치인들은 정치적 목적이 살아 있는 한 그 기억을 지속하고 싶어 할 것이다. 그들은 구체적 목적을 위하여 과거의 죄의식을 일깨우려 할 것이며 시간이 지나도 사람들을 동원하여 정치적 기억을 계속 생산한다.[45] 이렇듯 역사적 사건에 대한 기억이 사건의 종결과 함께 정지 고착되는 것이 아니라, 주체들에 대한 다양한 기억들 가운데 어떤 기억들은 수용되고 다른 기억들은 배제 혹은 가공되면서 공식기억으로 편입되거나 소멸된다.[46]

이 부분에서 집단기억은 정치와 만나 기억의 정치로 작동하게 되며 단순한 기억에서 기념(commemoration)으로 발전한다. 기념(commemoration)은 어떤 특정한 인물이나 사건 등을 생각나게 하며, 기억을 새롭게 하는 모든 행위이다. 기념행위는 근대 국민국가가 출현하면서 적극적으로 개발되고 활용되었다. 국민국가는 다양한 기념을 통하여 국가와 민족에 대한 정체성과 동화를 창조하거나 혹은 강화하였다.

---

43) Maurice Halbwachs, *On Collective Memory*(Chicago: The University of Chicago Press, 1992).

44) Consuelo Cruz, "Identity and Persuasion: How Nations Remember Their Pasts and Make Their Futures", *World Politics*, Vol.52(April 2000), p.276.

45) Volker Stanzel, "Remembering and Forgetting: But Will the Past Forget about US?" in Gerrit W. Gong, ed., *Memory and History in East and Southeast Asia: Issues of Identity in International Relations*(The Center for Strategic and International Studies: Washington D. C., 2002), pp.3-16.

46) 김영범, 「집합기억의 사회적 지평과 동학」, 지승종 편, 『사회사연구의 이론과 실제 』(서울: 정신문화연구원, p.1998), pp.157-211.

구체적으로 전쟁기념을 형성하는 중요한 방법은 다음 네 가지로 분류해볼 수 있다. 첫째, '기념일'과 '기념행사'를 통해서이다. 예컨대, 태평양전쟁의 종식을 기념하는 아시아 국가들을 살펴보면, 남한, 북한, 싱가포르 등은 천황이 항복을 선언한 8월 15일을 국경일로 기념하고 있다. 중국의 경우, 정부는 공식적으로 일본이 연합국에게 항복문서를 제출한 다음날인 9월 3일을 '항일전쟁 승리의 날'로 기념하지만 민간에서는 8월 15일을 기념하고 있다. 필리핀은 4월 9일을 '대일전 희생자 추모'로, 홍콩은 8월 29일을 '해방기념일'로 한다. 이와 같이 일본의 식민 혹은 침략 경험을 기념하는 날과 일본의 패망을 해석하는 관점에도 차이가 있으며 희생자의 넋을 기리는 것은 철저히 현실 정치적 맥락에서 행하여진다. 비록 모든 전쟁 기념식은 전쟁 영웅들과 세월에 따라 지나온 과거의 의미를 되새기는 것으로 채워지지만 그 전쟁은 정부와 국가의 목표에 정당성을 부여하도록 항상 재현되었다.[47] 둘째, 세대 간 전쟁기억의 전달과 계승을 위한 교육체계의 핵심적 구성물은 '교과서'이다. 사회주의 국가인 중국의 경우, 개방 및 개혁정책 이후 애국주의 및 항일 투쟁을 강조하는 방향으로 나아가고 있다. 남한 역시 항일투쟁을 강조하지만 임시정부와 광복군의 역할 등에 정통성을 부여하였다.[48] 일본의 경우는 전후 우익 정치세력 및 사회집단의 영향하에 만들어진 역사교과서가 현재 논란의 중심에 있기도 하다. 셋째, 전쟁기억과 기념은 근대 국민국가의 형성과정에서 필수적 요소로서 '보훈'과 '상훈정책'과 밀접하게 연관되어 있다. 국가를 위해 헌신적으로 공헌한 것에 대한 보답의 행정적 지원이라는 의미의 보훈제도는 시대와 장소를 불문하고 고대국가로 현대국가에 이르기까지 다양한 형태로 존재로 해왔다. 특히 전몰 및 전상군경을 비롯한 국가유공자의 공헌과 희생에 대한 상훈과 보상은 국민통합과 국가의 정체성 확립과도 밀접하게 발전되어 왔다. 아울러 국가정체성의 변

---

47) Hiroko Okuda, *Memorializing World War II: Rhetoric of Japan's Public Memory, 1945–1995*, Ph. D., Dissertation, Northwestern University, 2001, p.3.

48) 신주백, 「동아시아 근현대사에서 전쟁과 평화에 대한 기억의 차이, 그리고 역사교육–동아시아 5개국의 중고교용 자국사 및 세계사 교과서를 중심으로–」, 『역사교육』 제82집(2001); 윤휘탁, 「중국의 애국주의와 역사교육」, 『중국사연구』 Vol.18(2002), pp.269–302.

화에 따른 서훈 취소 및 새로운 포상 대상의 선정 등 전쟁기억이 첨예하게 충돌하는 부분이기도 하다.[49]

끝으로 '기념공간'이다. 과거의 집단적 기억과 관련되어 있는 묘역, 전투 장소, 기념비, 혹은 상징물 그리고 박물관 및 기념관 등이다. 기념은 유형적인 것과 무형적인 것으로 구분되며, 궁극적인 목적은 '과거에 대한 기억의 전승', 즉 교육과 학습에 있다. 초기에는 언어와 문자가 주요 이용되었는데, 청각과 언설에 의존한 기념방법은 충분한 효과를 거둘 수 없었다. 즉, 시각적 수단이 동반되어야 효과를 얻을 수 있었다. 국민 스스로가 시각적 체험을 통해 지배체제의 이데올로기와 이념을 자연스럽게 받아들일 수 있도록 기념 공간 및 기념물의 조성과 의례행위를 필요로 하였다.

기념관이란 '어떤 뜻깊은 사적이나 인물 그리고 사건 등을 기념하기 위하여 지은 공간'을 뜻한다. 기념관은 박물관이나 미술관 혹은 역사관 등과 기능 및 역할이 중복되는 측면이 있으나, 특정한 역사적 인물이나 사건 등을 그 대상으로 한다는 점에서 다소 차이를 갖는다. 일반적으로 박물관은 유물의 수집, 전시, 보존, 관리, 학술연구의 주요 기능이라고 할 수 있는 교육의 기관 역할도 수행하므로 기념관과 구분하는 것이 쉽지 않다.[50] 기념관들은 목적에 따라 '전쟁', '역사', '평화'와 '박물관', '기념관', 그리고 '자료관'을 조합하여 사용한다. 크게 둘로 나누면 '평화기념관'과 '전쟁기념관' 정도로 나눌 수 있다.

이러한 전쟁기념관들의 생성과 소멸은 우선 전쟁 및 식민지배 기간 동안에 파손된 건축물의 복귀와 그에 대한 의미를 부여와 반대로 그 기간에 세워진 건물의 파괴 즉 기억의 복원과 망각의 동원을 통하여 동시적으로 이루어진다. 예컨대, 한국의 경우, 경복궁 복원과 일본 식민시대의 총독부 철거가 대표적 사례라고 할 수 있다. 전쟁기념관은 기억의 생산뿐만 아니라 사회적으로 전쟁으로 인하여 희생당한 전몰자들의 죽음에 대한 의미를 후

---

49) 김강녕, 「국가 상훈법과 보훈정책」, 『군사논단』 제46호(2006년 여름), pp.80-105.
50) 정호기, 『한국의 역사기념서설』(서울: 민주화운동기념사업회, 2007), pp.205-206.

세들에게 전달하는 중요한 교육적 기능을 포함함으로써 다른 종류의 기념관과 박물관들과 구별된다. 기념관과 박물관들은 생산자의 여러 기획 또는 의도에 따라서 전시물의 선택, 분류, 배치, 설명 등의 다양한 전시 방법을 통해 하나의 이야기(narrative)를 구성하는 장소임과 동시에 문화적 재현 행위(representation)를 통하여 국가정체성을 일상적으로 생산하며 공유하는 장소이다.51)

　따라서 전쟁기념관의 건립은 단지 전승지의 문화적 보존 및 전쟁 사망자의 넋을 기리는 종교적 차원을 넘어서 근대 국민국가를 완성해 가는 데 핵심적인 국가가 해야 할 일 중에 하나로서 국가정체성 확립의 중심적 기념공간이 되었다. 전쟁의 경험과 그 기억의 공식적 혹은 비공식적 재현을 통하여 경험의 주체들은 스스로 경계를 정하며 공통된 사회문화적 소속감과 일체감을 만들어 감으로써 일정한 공동체를 형성한다. 이는 근대 국민국가 형성기를 통하여 국제체제 속의 관계 속에서 발전하게 되며 따라서 스스로를 타자와의 관계성 속에서 규정짓게 된다. 그러므로 전쟁기념관은 국내적으로 기억해야 할 수많은 것들 중에서 선택을 해야 하며, 결국 국가의 헤게모니와 국내정치권력에 의하여 전시내용과 전시물의 선택과 배제가 결정된다. 또한 전쟁기념관은 국외적으로 다른 국가와의 관계를 규정하는 국가정체성의 상징으로서 적과 우방의 구별을 표현하는 공간이다.52)

　탈냉전시대 이후 전쟁기념은 사회 및 국가적 이데올로기와 상관없이 세계적으로 활발하게 대량생산되었으며, 기념대상은 국민 개개인으로까지 확장되었다. 따라서 과거의 기억은 박제된 상태로 멈춰 있는 것이 아니라 현재의 존재를 규정하는 정치적 목적에 따라 변화하며 국가정체성의 형성에 기여한다.

---

51) John R. Gillis, "Memory and Identity: The History of a Relationship", John R. Gillis, ed., *Commemorations: the politics of national identity*(Princeton: Princeton University Press, 1994), pp.9–11.

52) Buzan(2004), p.20.

2. 전쟁기억의 유형과 구성53)

개인의 기억은 기념이라는 공동체의 사회·문화적 재현행위를 통하여 집단기억을 형성한다. 전쟁기억의 목적은 기억하려고 하는 사람들이 속한 공동체의 가치와 신념 그리고 태도를 표현하는 것이며54) 이러한 기억은 정치적으로 권력 주체와의 상관관계 속에서 정체성을 규정하는 데 영향을 주며 특별한 의미를 부여한 시공간의 형태로 나타난다.

전쟁기억의 유형은 <표 2-1>와 같이 종교적인 성(聖, sacred)과 속(俗, profane)의 기준55)과 효용성(utility)이라는 기준으로 분류할 수 있다. 첫째, 전몰자에 대한 제사와 존경을 표시하는 종교적 제의(shrines)와 기념의식(commemorative rituals) 부분인데 이것은 전쟁기념의 효용성보다는 성스러움에 초점을 둔 전쟁기억들이다. 둘째, 공공의식(public service)으로서 성스러움과 효용성이 모두 높은 것으로 주로 국가가 주관하여 전쟁기념 행사를 진행하는 것을 뜻한다. 셋째, 종교적 색채 즉 성스러운 의식은 아니나 세속적으로 효용성이 높은 유형인데 이것은 전쟁기념을 관광산업 등과 연계하여 기념품을 판매하거나 상업용 영화를 제작하는 행위 등이다. 넷째, 매우 개인적 차원에서 전쟁 관련 기념품을 수집하거나 전시하는 행위 등이다.

<표 2-1> 전쟁기억의 유형56)

이용도 (utility)	성스러움(sacred)	세속적임(profane)
높음	공공의식(public service)	관광지/기념품
낮음	제의행위(shrine)/ 기념의식 (commemorative ritual)	전쟁 관련 수집/레크리에이션

---

53) Carol Gluck, "Operations of Memory: Comfort Women and the World", in Sheila Miyosh Jager and Rana Mitter, eds., *Ruptured Histories: War, Memory and the Post-Cold War in Asia*(Cambridge: Harvard University Press, 2007), pp.47-77; James M. Mayo, "War Memorials as Political Memory", *Geographical Review*, Vol.78, No.1(Jan., 1988), pp.62-75.

54) Bernard Barber, "Place, Symbol, and Utilitarian Function in War Memorials", *Social Forces*, Vol.28, No.1(Oct., 1949), p.65.

55) 성과 속의 종교학적 이해에 대하여는 M. 엘리아데, 이은봉 옮김, 『성과 속』(서울: 한길사, 1998), 참조.

    또한 전쟁기억의 목적을 <표 2-2>와 같이 네 가지로 나누어 분류해
볼 수 있는데 첫째, 모든 전쟁기억들이 정체성과 관련되어 있다는 점이다.
전쟁기억은 단순히 오락과 즐거움을 위한 타 기념행사와 달리 국가로부터
절차와 내용을 규제받으며 국민적 소속감과 국가정체성을 창출하려는 목적
을 가지고 있다. 둘째, 전쟁기억은 하나의 기념행위(service)로서 전쟁의 배
경과 원인 그리고 결과를 다음 세대들에게 진달하려는 교육적 목적을 가지
고 있다. 셋째, 전쟁기억은 국가와 민족을 위하여 희생당한 사람과 가족들
에게 명예(honor)를 부여하려는 목적이 있다. 넷째, 전쟁기억의 인도주의
(humanitarianism)적 목적이다. 이는 전쟁기념관을 통하여 표상할 수 있는
가장 높은 수위의 가치이며 보편적인 목적이라고 할 수 있다. 특히 평화기
념관인 경우 국가 혹은 해당 지역이 경험한 특수한 전쟁경험에 대하여 재
발 방지차원에서 평화를 추구함과 동시에 해당 지역의 특수성을 넘어서 인
류 전체가 보편적으로 공유할 수 있는 평화교육의 확산을 요구하고 있다.
이때 평화기념관은 여성, 인권, 아동, 마약, 성매매, 질병 및 환경문제까지
도 포괄하는 폭넓은 의미를 인도주의적 역할을 하게 된다.

<표 2-2> 전쟁기억의 목적57)

목 적	성스러움(sacred)		세속적임(profane)	
	제의행위	공공기념	비즈니스/ 전쟁기념물	무기전시/ 레크리에이션
인도주의 (humanitarianism)	●			
명예 (honor)	●	●		
기념/추념 (service)	●	●	●	
정체성 (identity)	●	●	●	●

---

56) Mayo(1988), p.64.

57) Mayo(1988), p.65.

한편 <표 2-1>과 <표 2-2>의 분류가 전쟁기념관을 이해하는 데 매우 유용함에도 불구하고 간과하고 있는 점은 전쟁기억의 정치성이다. 프랑스 혁명 이후 국가 간의 전쟁양상은 전 국민이 동원되는 총력전 형태로 발전한다. 따라서 전쟁기억은 국민의 통합과 동원 그리고 전몰자의 희생에 대한 기억으로 매우 중요한 행위가 되었다. 국가는 현재 국민과 국가의 존재 이유를 전몰자의 희생에 기반하며 그들을 영웅시하고 나아가 참여하였던 전쟁을 정당화시킨다. 따라서 전쟁기억은 배타적인 집단기억을 형성하며 기억의 주체에 따른 권력투쟁을 야기하기도 한다.

집단적 기억은 역사적 진실에 의하여 생성되는 것이 아니다. 대부분의 경우 대중들의 위장된 합의에 의하여 만들어진다. 따라서 역사적 사실에 대한 정확성보다 역사 사건에 대한 대중의 태도와 경향이 만들어지는 정치권력이 더 중요하다. 특히 정부와 사회 이익집단들은 국민적 통합과 그들의 정치적 목적을 위하여 국가의 과거에 대한 국민의 기억을 지배하려고 한다. 많은 경우 국민들은 전혀 그들의 기억이 지배당했거나 당하고 있다고 인식하지 못한다. 예컨대 오늘날 중국에서 그들이 중국정부로 하여금 그들의 역사적 기억을 지배당하고 있다고 극히 소수만이 그렇게 생각할 것이다.[58] 역사적 기억이 현재와 관련이 있을 때 국민들은 그것에 정치적 의미를 부여한다. 따라서 역사적 기억의 문제는 한·중·일 3국에게 매우 중요한 '정치적 자본(political capital)'이 되었다.

II. 동아시아 국제관계와 역사적 특수성

동아시아 3국의 전쟁기억을 살펴보기 위하여 왜 동아시아에서 특이하게 전쟁기억의 문제가 서구 유럽과 달리 국제관계를 규정하는 데 중요한 변수로

---

58) Jin Qui, "The Politics of History and Historical Memory in China-Japan Relations", *Journal of Chinese Political Science*, Vol.11, No.1(Spring 2006), pp.35-37.

작동하는가 하는 질문에 대한 검토가 우선되어야 할 것이다. 따라서 본 절에서는 한국, 중국, 일본의 개별국가 차원에서 전쟁기억의 동학을 살펴보기 전에 동아시아 국제체제의 역사적 변용과 그 특수성을 논의해 보기로 한다.

동아시아59) 지역의 국가들은 19세기와 20세기를 거치면서 각기 상이한 경험을 통해 서구적 근대 국제질서에 편입하였다. 한국은 일본의 식민지로 전락하여 '외삽적' 근대화과정을60) 겪었으며, 중국은 반식민지 상태로 1949년 중국공산당이 만들어질 때까지 치욕의 역사를 보냈다. 한편 메이지 유신을 통하여 빠르게 서구 근대문물을 수용한 일본은 1894년 청일전쟁과 1904년 러일전쟁을 승리로 이끌면서 제국 열강의 반열에 올라섰다. 그 후 일본은 1931년 만주사변과 1937년 중일전쟁 그리고 1941년 태평양전쟁을 야기하면서 아시아 지역의 무력 침략을 지속하였으나 결국 미국의 원자폭탄 투하로 인하여 1945년 항복한다. 1945년은 중국과 한국에서 일본의 침략과 지배로부터 벗어나 '승리'와 '해방'을 기념하는 해로 기억되지만 동시에 정치적 신념이 다른 두 개 분단국가가 시작되는 해이기도 하다.

이후 1950년 한국전쟁의 발발로 동아시아 냉전체제는 공고화되었으며 한국, 중국 그리고 일본은 태평양전쟁의 이전 시기와 다른 현대 국민국가와 국가정체성을 성립하게 된다. 분단국으로서 한국은 국민통합과 취약한 정치적 정통성의 확보를 위하여 반공주의와 민족주의 입장에서 전쟁기억의 국가 독점시대를 겪는다. 이 시기 중국은 전쟁기억에 대한 집착보다는 계급주의에 입각한 공산주의 이데올로기의 강화로 인하여 전쟁기억의 문제를 소홀히 했다. 일본은 전쟁 패배 이후 1945년부터 1951년 동안 의도하지 않았던 미국에 의하여 통치됨으로써 전쟁에 대한 자유로운 담론이 허용되지 않

---

59) 극동, 동북아시아, 동아시아 등 이 지역을 표현하는 통일된 지리적 개념은 없으나 단지 저자는 이러한 개념들이 가지고 있는 오리엔탈리즘의 요소와 냉전시기 미국의 지역학 분류의 보편화 속에서 한국에서도 유럽중심주의적인 심상지리적 개념을 보편적으로 수용했다는 것을 인정한다. 김희교, 「극동, 동아시아, 동북아시아의 함의」, 『역사비평』(2005년 겨울호); pp.109-118. 신윤환, 「동아시아의 지역협력: 탈동북아주의적 관점」, 삼성경제연구소, 2004년 5월 29일 발표문.

60) 외삽적 근대화란 서구와는 달리 아시아에서 자본주의가 자체적으로 발전하지 못하고 서구의 가치와 제도가 외삽적으로 수용되어 이루어진 근대화를 뜻한다. 진덕규, 『한국현대정치사서설』(서울: 지식산업사, 2000), pp.108-138.

은 채 억압된 기억만이 존재하였으며, 특히 1950년대 및 1960년대에는 전쟁책임론과 원폭피해를 중심으로 한 보수적 피해담론이 강화되었다. 1979년부터 시작된 중국의 개방정책과 1990년대 독일통일 그리고 구소련의 붕괴로 이어지는 탈냉전시대를 맞이하여 동아시아 3국은 새로운 국가정체성을 모색하고 있다.[61]

동아시아 국제체제의 역사성과 특수성을 설명하는 데 있어 몇 가지 중요한 쟁점을 다음과 같이 정리할 수 있다. 첫째, 용어의 문제이다. 동아시아, 아시아, 아시아태평양, 동북아시아를 어떻게 규정하는가 하는 점이다. 둘째, 국제정치의 구조적 제약과 국내적 수용 및 저항 과정의 독특성에 대한 시공간적 규명이다. 시간적 측면에서 동아시아 한국과 중국 그리고 일본은 식민지 경험, 근대화, 국가형성 그리고 민주화의 속도 및 시차가 다르다는 점이다. 아울러 동아시아의 공간적 배열은 실제 지리적으로는 포함되어 있지는 않으나 그 영향력이 현재까지 미치고 있는 미국을 포함하는 독특한 구조를 가지고 있다. 따라서 본 절에서는 동아시아 국제관계의 역사적 특수성에 대하여 검토하고자 한다.

1. 동아시아 개념 설정의 문제

한국을 포함한 아시아의 동쪽지역을 일컫는 말은 다양하지만 그중에 대표적인 것은 극동, 동아시아, 동북아시아로 볼 수 있다. 그러나 이러한 지역구분은 단순히 지리적 구분으로 규정된 것이 아니라 가변적으로 사회문화적 권력관계에 의하여 만들어졌다.

동아시아라는 명칭은 서구 유럽의 동쪽에 있다는 유럽 중심적 사고를 반영한다. 역사적으로 동아시아는 해당 국가들인 한국, 중국, 일본에게는 새로운 개념이며 그들 스스로 세계의 일부로 아시아를 인식한 것이 아니라 바

---

61) 박인휘(2003), p.199.

로 그들이 스스로 세상의 전부라고 이해하였다.[62] 따라서 아시아라는 지역 정의는 이 지역 주민들이 스스로를 대변하면서 형성된 개념이 아니라 유럽인에 의해 표상된 개념이다.

유럽인들의 인식 속에는 동양과 아시아는 역사발전의 초보단계에 머물러 있으며 자기 힘으로 문명화될 수 없으므로 식민지 통치와 기독교 선교에 의하여 구제를 요구하는 미개사회로 표상되었다. 몽테스키외는 자유와 이성으로 충만한 유럽과 달리 "아시아는 예속의 정신이 지배하고 있다.[63] 이 정신은 일찍이 아시아를 떠난 적이 없다."라고 하였으며, 마르크스는 목가적 공동체가 "언제나 동양 전제 정치의 공고한 기초가 되었다. 인간정신을 미신의 저항 없는 도구로 만들고 전통적인 규칙의 노예로 삼아 왔다."고 지적한다.[64] 이러한 '동양적 전제', '아시아적 공동체', '아시아적 정체'와 같은 유럽 중심적 관념체제는 역설적으로 유럽이 박애와 문명의 옹호자로서 자기 정체성을 부여하고 강화하기 위하여 야만의 아시아 지역의 형성이 필요했던 것이다.

이는 19세기와 20세기 초를 지나면서 하나의 지역으로 서서히 받아들여지게 된다. 그 이전에는 조공체계에 기반을 둔 중국 중심의 유교문화권을 형성하였다. 역사적으로 동아시아는 네 가지 질서가 존재하였다고 할 수 있다.[65] 첫째, 전근대에서 동아시아는 '중화세계질서'의 형태로 존재했으며 이는 고대 동아시아가 하나의 국제관계를 형성했다는 점에서 비롯한다. 당시 '동아시아'는 단순히 지리적 범주를 가리키며 현재 우리가 이해하고 있듯이 세계의 동쪽을 지칭하며 세계의 일부로 존재한 것이 아니라 '전 세계'로 인식되었다고 한다.[66] 따라서 동아시아는 정치·문화적으로 하나의 완결된

---

62) 김한규, 「전통시대 중국 중심의 동아시아 세계질서」, 『역사비평』 50호(2000, 봄호), pp.283-299.

63) 야마무로 신이찌, 임성모 옮김, 『여럿이 하나인 아시아』(서울: 창비, 2003), p.33.

64) 야마무로 신이찌(2003); Chung-in Moon and Seung-won Suh, "Burdens of the past: Overcoming History, the Politics of Identity and Nationalism in Asia", *Global Asia*, Vol.2, No.1(Spring 2007), pp.34-39.

65) 김기봉, 「동아시아의 가능성과 불가능성」, 『역사학보』 제186호(2005), pp.278-279.

66) 김한규, 「전통시대 중국 중심의 동아시아 세계질서」, 『역사비평』 50호(2000, 봄호), p.284.

세계를 이루고 있었던 역사적 범주를 의미한다. 이러한 중국 중심 질서의 운영체제가 바로 '책봉체제(冊封體制)'와 '조공관계(朝貢關係)'이다. '책봉체제'는 중국국가의 군주가 그 주변 국가의 군장들을 '책봉'함으로써 중국 국가와 그 주변 국가들이 하나의 유기적 세계를 구성할 수 있었다는 것이고 '조공관계'는 주변 국가의 군장들이 중국 국가의 군주에게 '조공'하고 반대급부로 '회사(回賜)'를 받음으로써 공동의 경제·문화적 권역을 형성할 수 있었다.67) 물론 책봉하는 쪽과 책봉 받는 쪽은 일정한 차등한 관계가 형성되지만 그렇다고 해서 국가의 독립성이 훼손되는 것은 아니었다. 즉 책봉과 조공을 교환한다고 해서 두 주체가 하나의 국가로 통합되거나 일방의 주권이 소멸되지 않았다는 뜻이다. 중국은 한(漢)대 이후 주변 국가들과 책봉과 조공을 교환하는 책봉－조공관계를 통해 차등적이나 독립적인 관계를 가졌다. 한국과 베트남은 사회경제적 조건과 문화적 배경이 중국과 매우 유사하였기 때문에 전형적인 조공관계를 유지하였으나 그 정치사회적 발전 속도와 문화적 창조력이 중국과 근사하여 중국 국가로 편입된 적은 거의 없었다.68) 바다로 격리된 일본은 그 특수한 지리적 위치 때문에 당(唐)대 이후 책봉 없는 조공만 유지하는 특수한 존재로 남아 있었다. 18세기까지 이러한 중국 중심질서는 물론 간헐적인 도전을 받기도 하였지만 상대적으로 평화로운 기간이었다. 이후 이러한 중화세계질서는 19세기 서구 제국주의로 인한 강제적 해체가 시작되기 전까지 지속되었다.69)

둘째, 근대적인 동아시아는 중화질서의 해체와 함께 등장했다. 이는 동아시아 혹은 동양의 지리적 인식은 중화질서가 해체되는 근대 즉 19세기를 접어들면서 시작되었다. '동양'은 원래 중국의 동쪽인 일본을 가리키는 중국어였다고 하며 이 말을 일본인이 자국의 경계를 넘어서 자신의 지역적 정체성을 가리키는 말로 전유함으로써 서구가 아닌 일본에 의한 동아시아의 대상

67) 김한규(2000), p.283－284.
68) 김한규(2000), p.297.
69) 김한규(2000), p.299.

화가 시작되었다.70) 특히 일본은 중국을 대신해서 이 지역의 패권을 차지하려는 제국주의적 욕망을 서양문명에 대항해서 동양문명을 수호한다는 명분으로 위장함으로써 대동아공영권의 형태를 띤 동아시아 공동체를 펼쳤다.

셋째, 일본의 패망과 함께 이 지역은 국민국가의 시대를 맞이함으로써, 동아시아 공동체는 잊혀졌다. 단지 전후 현대에서 동아시아란 냉전질서에 편입된 하나의 하위지역으로서의 의미만을 가졌다. 동서 냉전이데올로기에 의해 분할된 동아시아는 독자적인 정체성을 가질 수 없었다. 이는 냉전체제 속에서 미국이 생산한 지리적 담론체제의 수용과 그것의 재생산 때문이었다. 미국은 1940년대 초반 전쟁 수행뿐만 아니라 이후 세계 경영과 밀접한 관계가 있을 것으로 판단하고 지역정보 수집과 지역 전문가 양성을 위해 국립연구협의회(The National Research Council), 미국학술단체협의회(The American Council of Learned Societies), 사회과학연구협의회(The Social Science Research Council), 스미소니언(The Smithonian Institution)의 네 개 기관이 협력하여 '민속지리국(Ethno Geographic Board)'을 설치하게 된다. 새로운 지역학의 분류 속에서 유럽, 아시아, 근·중동 그리고 극동이 규정되었으며, 극동은 후에 남아시아, 동남아시아, 동아시아로 세분되었다.71)

넷째, 탈냉전과 함께 동아시아는 자신의 지역 정체성을 되찾을 수 있는 기회를 획득했다. 냉전기간 동안 특히 1970년대 이후 동북아 신흥공업국가의 성공적인 고도성장으로 인하여 이른바 '동아시아 발전모형'의 존재와 타당성 여부가 논쟁의 대상으로 등장하였으며 이러한 논의는 동아시아 국가들 스스로가 공동의 지역정체성에 대한 소속감을 확인하는 계기가 되었다.72) 냉전 종식 이후 1999년 동아시아지역에서 역사상 최초로 한·중·일 3국 정상이 비공식 회담을 가진 후, 3국 정상회담은 정례화되었고 지난 2003년 인도네시아 발리에서 열린 아세안지역포럼(ASEAN Regional Forum:

---

70) 김기봉(2005), p.271.
71) 김희교(2005), p.112.
72) 신윤환(2004), p.8.

ARF) 제7차 회담에서는 최초로 한·중·일 3국 정상이 합의한 공동성명을 발표하기에 이르렀다.[73]

극동, 동북아시아, 동아시아 등 이 지역을 표현하는 통일된 지리적 개념은 없으나 이러한 개념들이 가지고 있는 오리엔탈리즘의 요소와 냉전시기 미국의 지역학 분류의 보편화 속에서 한국에서도 서구 중심주의적 심상지리(心象地理) 개념을 수용했다.[74] 가장 통상적으로 쓰이고 있는 동아시아에 개념은 한국과 중국 그리고 일본의 3국을 뜻하고 있으나 이러한 규정에 대하여 여러 가지 문제를 제기하고 있다. 동북아 중심적인 동아시아의 이해를 벗어나 탈동북아 중심주의적 관점을 강조하며 동남아시아를 포괄하는 개념으로 발전해야 한다는 주장과[75] 이와 같은 느슨한 포괄적 동아시아 개념에도 문제가 있으며 이는 하나의 동일한 문화적 공통점보다도 구체적 실체가 없이 정확하게 범주를 설정하지 않고 동아시아라는 개념을 사용한다면 또하나의 심상지리에 불과할 가능성이 매우 높다고 지적된다. 아울러 지역 정체성과 관련하여 아시아에는 결코 유럽과 같은 통일된 정치문화와 상대적으로 평등한 경제적 수준이 존재하지 않는다는 점에서 공동의 정체성(common identity)을 찾는 데 어려움이 있으며 동아시아 개념이 선험적으로 존재하는 것은 아니며 동아시아란 만들어져 가는 것이라는 점에서 '시론(試論)'으로서의 동아시아 개념을 찾기도 한다.[76] 위 논의들이 간과하고 있는 부분은 동아시아에서 냉전 이후 미국의 역할이다. 동아시아의 지리적 범주만을 가지고 판단할 수 없으며 그 이유는 지역 내 미국의 역할이 기능적으로 매우 높기 때문이다.[77] 따라서 동아시아를 논의할 때 그 범주는 지리적 개념에서 넘어서 기능적 범주로의 확대를 주장하며 동아시아라는 용어보다 '아시아 태평양'이라는 용어를 선호하기도 한다.[78]

---

73) Rozman(2007), p.551.

74) 김희교(2005), pp.267-289.

75) 신윤환(2004), 참조.

76) 김경일, 「동아시아의 지식인과 동아시아론」, 『창작과 비평』 제122호(2003년 겨울호), pp.343-359.

77) Kim(2006): Kim(2004), 참조.

위에서 살펴본 바와 같이 동아시아의 개념은 시간과 공간을 축으로 변화해 오고 있다. 역사적으로 이 개념은 식민주의적이면서 반식민주의적이기도 하며 동시에 보수적이기도 하고 혁명적이기도 하다. 국민국가 문제와 밀접한 관련이 있으면서 제국시각과 상호 중첩되기도 한다. 유럽과 상대적인 문명개념이면서 지정학적 정치관계 속에 수립된 지리적 범주이기도 하다. 이 책에서 동아시아라는 용어를 한국과 중국 그리고 일본 세 나라로 국한하여 쓰기로 한다. 그것은 역사적 유교문화권이라는 공통점 이외에 탈냉전 이후 아시아 역내 국가 들 가운데 정치, 사회, 문화, 경제적 상호 의존성과 민감성이 가장 높기 때문이다.[79]

2. 공간적 딜레마와 '발전'의 편차

동아시아 국제체제는 강대국의 국경이 접하고 있는 지리적 특수성과 근대 국민국가 진입과정 및 이후 발전단계의 편차에 의하여 영향을 받아 왔다. 지리적 위치는 그 지역질서를 규정하는 불변의 변수이다. 특히 동아시아는 다른 국제체제의 하위 지역질서 공간과는 달리 중국, 일본, 러시아라는 3개의 강대국이 지리적으로 국경을 닿고 있다. 미국은 태평양전쟁과 한국전쟁에 참여함으로써 지리적으로는 떨어져 있지만 기능적으로 강력한 영향력을 행사하는 강대국으로 자리 잡았다.

19세기 말부터 20세기 전반기 중국에게 한국은 지정학적으로 일본의 대륙침략을 막아 주는 역할을 해 주는 중요한 지역이었으며, 부동항을 찾아 전통적으로 남하정책을 펴온 러시아에게 한국은 전략적 고려 대상이었다. 일본은 한국을 대륙침략의 요충지로서뿐 아니라 일본의 산업화를 위한 농

---

78) Barry Buzan, "The Asia–Pacific: what sort of region in what sort of world?" Anthony McGrew and Christopher Brook, *Asia–Pacific in the New World Order*(London: The Open University, 1998); Barry Buzan and Ole Waever, *Regions and Powers: The Structure of International Security*(Cambridge: Cambridge University Press, 2003).

79) 다카하라 모토아키, 정호석 옮김, 『한중일 인터넷세대가 서로 미워하는 진짜 이유』(서울: 삼인, 2007).

업 생산품의 공급처로 식민지화하였다. 또한 역사적으로 일본은 한국의 지리적 형세를 일본을 향한 '단도(短刀)'에 비유하여 항상 위협으로 인식하였다.[80] 미국은 태평양전쟁 당시 일본을 패망시키는 것이 1차적 관심의 대상이었으며 한국은 부차적 관심의 대상이었다. 하지만 한국전쟁의 개입으로 냉전이 공고화되면서 한국은 공산주의의 팽창을 막아 주는 미국의 전략적 전초기지가 되었다.

동아시아는 지역적으로 중국, 러시아, 한국, 일본을 지칭하지만 단순히 지리적 인접성으로 그것을 규정할 수 없다. 그것은 기능적으로 미국의 영향력이 매우 크기 때문이다. 아시아 태평양에 파견된 미군의 80% 이상이 일본과 한국에 집중되어 있는 사실만 보아도 동아시아에서 미국의 전략적 위치를 가늠할 수 있다.[81] 또한 이 지역은 세계에서 가장 군사력과 경제력이 집중되어 있다. 미국, 러시아, 중국이라는 핵보유국, 준핵보유국이라고 할 수 있는 북한, 언제든지 핵무장이 가능한 능력을 갖춘 일본, 한국 그리고 대만이 공존한다. 그리고 구매력 기준으로 세계에서 가장 경제력이 큰 미국, 중국, 일본, 아시아에서 가장 경제력이 큰 일본, 중국 그리고 한국이 함께 있다.

따라서 동아시아는 강대국의 경제와 함께 정치적 역동성이 중첩되어 있는 곳이다. 유엔 안전보장이사회 상임이사국 중 3개국의 전략적 거점지역이며 역내 국가인 한국, 중국, 일본이 <표 2 - 3>에서와 같이 세계 총생산의 17%를 차지한다. 특히 중국은 외환보유고가 1조 7천억 달러를 돌파하면서 세계최고이며[82] 일본은 유엔의 두 번째 재정후원자이다.[83] 따라서 단순히 일국적 차원에서 비롯한 각국의 외교적 행위는 동시적으로 지역적 차원과 국제체제에 커다란 영향을 미치게 된다. 그 예로써 최근 중국의 부상과 그

---

80) Kim(2006), p.7.

81) Kim(2006), pp.9 - 10.

82) 「중 외환보유고 1조 7천억 달러 돌파」, 매일경제신문, 2008년 6월 6일.

83) 2006년 자료에 따르면 UN 예산 분담률은 미국이 $423,464,855(22%), 일본 $374,727,900(19%), 중국은 $35,036,460(2%)이다. United Nations Association of the United States of America, *Fact Sheet on the United Nations Budget(June 2006)* [http://www.unausa.org/site/pp.asp?c= fvKRI8MPJpF&b=1813833](2008년 6월 7일 검색)

것에 따른 국제정치적 논란의 파장이 큰 것을 보아도 알 수 있다.

<표 2 - 3> 한·중·일 인구, GDP, 군사력 비교[84]

	한국	중국	일본	세계	비중
인구	49,232,842명	1,330,044,605명	127,288,419명	6,677,563,921명	22%
GDP	981.9백만 달러	3.249조 달러	5.103조 달러	53.64조 달러	17%
1인당 GNP	20,633달러	2,574달러	34,804달러		
군사력	219억 달러	495억 달러	437억 달러	1조 2,040억 달러	9.5%

　다음으로 동아시아 국제관계의 또 다른 특징으로 '발전'의 편차에 대하여 검토하려고 한다. 발전편차는 19세기 서구 문물의 유입에 대한 3국의 수용 방법의 차이에서 비롯하였다고 볼 수 있다. 한국은 일본에 의하여 식민지화 됨으로써 외압적 근대화라는 발전경로를 겪게 되었으며 한국전쟁으로 인하여 남북한이 분단된 채로 발전하였다. 중국은 반식민지 상태로 독립하여 국공내전을 겪으며, 한국과 마찬가지로 이념적으로 상이한 중화민국(타이완)과 중화인민공화국으로 각각 발전하였다. 이와는 상이하게 식민경험이 없는 일본은 19세기 말 서구적 근대화에 성공하였으며, 비록 군국주의적 성향으로 인하여 아시아 국가의 침략과 태평양전쟁을 야기하였으나, 패전 이후 미국의 점령정책과 안보우산 속에서 성공적인 민주주의 정착과 경제발전을 하였다. 이미 일본은 1956년에 '전후가 아니다'라고 경제적 복원을 선언하였으며 1965년 도쿄 올림픽을 개최함으로써 선진국 대열에 진입하였다. 이에 반하여 한국은 한국전쟁 이후 경제발전, 민주화, 분단관리라는 어려운 문제들을 극복하면서 수출지향형 산업화전략의 채택으로 경제발전의 계기를 마련하였다. 중국은 사회주의체제로서 개혁·개방 이후 시장사회주의를 시행하면서 경제발전과 개방 면에서 괄목할 만한 성과를 보이고 있다. 즉 동아

---

84) 인구와 GDP(명목)부분, *CIA Fact Book 2008*, [http://www.cia.gov/library/publications/the - world - factbook/geos/ch.html]; 군사비 부분은 *The SIPRI Military Expenditure Database*, [http://first.sipri.org/non_first/milex.php]를 참고함(2008년 6월 6일 검색).

시아 3국은 상이한 근대화의 과정을 통하여 지구적 시장경제체제를 수용하였으며 '통상국가'라는 공통점을 가지고 있음에도 불구하고 여전히 <표 2－3>의 1인당 GNP 차이에서 볼 수 있듯이 경제적 '발전'의 격차는 심각하다.

한편 3국의 정치적 발전의 수준차도 매우 큰 것으로 나타났다. 미국 프리덤 하우스(Freedom House)가 조사한 '민주화 지표'에 의하면, 가장 자유로운 국가를 1로 하였을 때 중국이 7이며, 한국과 일본은 각각 1로 크게 상이한 것으로 나타났다. 반면에 독일, 영국, 프랑스, 이태리 등 유럽 국가들은 모두 1로서 이는 그들 국가들 사이에 이념적 편차가 없으며 공동의 가치와 신념체계를 공유하고 있는 것으로 밝혀졌다.[85]

이와 같이 동아시아 3국의 식민지 경험의 유무, 근대화 및 국가형성의 과정 그리고 경제발전 및 민주화의 속도에 있어서 차이는 공간적 딜레마와 함께 동아시아 국제체제의 특수성을 형성하는 요소로 자리 잡고 있다.

3. 냉전과 탈냉전의 중첩

동아시아의 안보체제는 유럽보다 복잡하다. 냉전시대 유럽은 소련이라는 공동의 위협에 대하여 미국 주도로 이루어진 북대서양조약기구(North Atlantic Treaty Organization: NATO)를 중심으로 분명한 양극체제가 형성되었다. 탈냉전 이후 양극체제는 붕괴되어 유럽연합(European Union: EU)을 중심으로 한 경제통합을 유지하면서 동시에 북대서양조약기구를 존치시킴으로써 테러, 환경, 마약, 불법, 이민 등 종합적인 지구안보 차원에 대비하고 있다.

동아시아는 유럽과 달리 첫째, 집단안보체제가 없었으며 냉전기간 동안 미국은 일본을 대신하여 소련의 위협에 대응하였다. 냉전의 붕괴 이후 1994년 아세안 국가들을 중심으로 결성된 동아시아지역포럼(ASEAN Regional

---

85) 「각국 민주화 지표」, 조선일보, 2004년 8월 25일.
   [http://www.chosun.com/w21data/html/news/200408/200408250404.html]
   (2008년 9월 7일 검색)

Forum: ARF)에 일본과, 중국, 남북한이 참여하게 되었고 1989년에 결정된 아시아태평양경제협력체(Asia – Pacific Economic Cooperation: APEC)에서도 안보문제가 다루어지기 시작했다. 그러나 이러한 협의체는 구속력의 이행과 제도적 공고화 단계로 발전하지 못하였으며 동아시아 지역의 특수성으로 인하여 다양한 안보갈등이 노정되었다.[86] 둘째, 식민제국주의로부터 독립하기 위하여 토착적으로 생성된 사회주의를 기반으로 한 중국, 북한, 베트남은 상이한 국가발전 과정을 겪었다. 이로 인하여 중국과 한국은 여전히 이데올로기적으로 분단국가라는 냉전적 상황과 탈냉전이라는 이중적 딜레마에 놓여 있다. 셋째, 탈냉전 이후에도 국가들 사이에 민주화의 공고화 정도의 차이가 심하다.[87] 한국은 1990년대 이후 민주화를 이루어 내었으나 중국은 여전히 인권 문제 등 민주화 정도가 매우 미흡하다.[88] 넷째, 한·중·일 동아시아 3국은 기존 냉전적 안보이슈와 함께 영토, 주권, 역사 문제 등의 탈냉전적 '비전통적 안보(nontraditional security)'[89] 문제로 인한 복합적이며 중첩적 갈등양상을 보이고 있다. 주권분쟁은 한반도의 남북관계와 중국의 양안관계를 중심으로 일어나고 있으며 이는 근대로의 이행기에 해결되지 못한 국가건설 및 민족건설의 과제와 맞물려 있다. 영토분쟁은 한·일 간의 독도문제, 중·일 간의 조어도 문제 그리고 러·일 간의 북방도서 문제 등이다. 이것은 물론 경제적 이해관계에 얽혀 있기는 하지만 기본적으로 근대적 국경개념의 영토 확정이 매듭지어지지 않았기 때문에 생긴 분쟁들이다. 따라서 역사 문제와 집단기억 그리고 새로운 국가정체성의 문제는

86) 이수형·전재성(2005), pp.84 – 86.

87) Thomas Berger, "The Construction of Antagonism: The History Problem in Japan's Foreign Relations", John Ikenberry and Takashi Inoguchi, ed., *Reinventing the Alliance: U. S. – Japan Security Partnership in an Era of Change*(New York: Palgrave Macmillan, 2003), pp.63 – 88.

88) Thomas Berger(2003), p.69.

89) 탈냉전 이후 민족국가를 경계한 전통적 안보개념에 대한 도전으로 안보주체와 영역의 변화를 가져왔다. 국가 중심의 전통적 안보에 대항하는 세계안보, 국제안보, 공동안보, 협력안보, 인간안보, 포괄안보 현상과 군사 중심의 전통적 안보에 대항하는 환경안보, 경제안보, 문화안보, 사회안보, 식량안보, 자원안보 등의 안보 유개념이 등장하였으며 이를 비전통적 안보라고 한다. 남궁곤, 『전통적 안보와 비전통적 안보』(서울: 한국전략문제연구소, 2002), p.43.

근대 이행과정에서 제국-식민지의 대립적 정체성과, 근대세계 속에서의 상호적인 주권국가적 정체성, 그리고 향후에 일어날 수도 있는 지역패권을 둘러싼 패권적 정체성이 혼합되어 일어나는 현상이다. 일본이 과거 제국주의의 역사를 왜곡하는 것은 단지 과거의 문제가 아니며, 근대적 정체성이 뿌리박지 못한 동아시아의 경우, 미래의 문제로 여겨지기 때문이다.[90] 그러나 일본은 총리의 야스쿠니 참배, 군 위안부 사실 불인정, 교과서 문제 그리고 중국은 동북공정을 통한 고구려사 왜곡, 신세대들의 반일감정 고조[91] 또한 한국의 친북 반미 등으로 인한 한미갈등이 보여 주는바, 3국의 불편한 국제관계는 이와 같이 끊임없는 전쟁기억의 재현과 국가정체성의 문제와 맞물려 있다.

III. 탈냉전과 '동아시아지역기억복합체'

탈냉전시대 한·중·일 3국의 국제관계를 설명하거나 규정지을 때 정치, 안보, 경제 문제 등과 함께 기억의 문제가 대두되기 시작했다. 일본을 중심으로 태평양전쟁에 대한 기억의 재현 문제, 즉 교과서 기술, 전쟁에 대한 사과, 보상 그리고 책임의 문제가 항상 일본과 중국 그리고 일본과 한국의 외교적 갈등을 반복한다.

동아시아라는 지역의 국가와 국제체제 간의 관계를 매개하는 특징을 제대로 이해하기 위하여 지역 하부 체제에서 '우호'와 '적대'의 패턴을 파악하는 것이 필요하다. 주로 안보관심사가 서로 밀접하게 연계되어 일국의 국가안보를 다른 국가의 안보와 구분하여 생각할 수 없는 일군의 국가군(國家群)을 '지역안보복합체(regional security complex)'라고 한다.[92] 이러한 지

---

90) 이수형·전재성(2005), pp.90-91.

91) 유석진, 「한국의 신세대와 한중일 인터넷 민족주의」, 신아시아질서연구소 세미나 발표논문, 2007년 6월 20일.

역안보복합체는 힘(power) 이외에 국가 간 존재하는 우호와 적대 패턴이 중요한 요소인데 '우호'란 순수한 우정 혹은 보호나 지지에 대한 기대 등의 관계를 의미하며, '적대'란 의구심과 두려움에 의해 설정되는 관계를 뜻한다. 세력균형 이론에 의하면 우호와 적대의 패턴이란 세력균형의 산물이며 힘의 분포에 따라 바뀌는 것이라고 주장한다.[93] 그러나 우호와 적대의 역사적 동학은 세력균형과는 부분적인 관계를 가지고 있을 뿐 힘의 분포보다 월등히 지속적이며 동아시아 지역 내에서 탈냉전 이후 더욱 강화되었다. 따라서 동아시아 특히 한·중·일의 국제관계는 힘의 균형과 함께 '기억의 균형(balance of memory)'이 작동하는 '지역기억복합체(regional memory complex)'로 존재한다. 지역기억복합체는 한·중·일 3국이 공유할 수 있는 기억 창출의 실패로 인하여 적대와 우호 패턴이 모순적이며 불규칙적으로 일어나며, 이슈영역에 따라 서로 경합과 충돌을 하거나 보완하는 복잡한 관계를 형성한다.

지역기억복합체는 개별국가차원과 동아시아 지역차원에서 일어나는 국내외적 기억들이 경합하고 충돌하는 장(場)이다. 국내적 기억의 경합은 국가에 의한 지배기억에 저항하는 대항기억 사이에 존재하며, 이것은 개별 국가의 민주화 정도에 따라 상이하게 나타난다. 예컨대 민주주의가 일찍 정착한 일본에서는 다양한 사회단체 및 이익집단들이 보수적 야스쿠니 기억을 대변하는 유슈칸 전쟁기념관에 저항하여 많은 평화기념관들이 건설되었다. 한편 민간단체의 정치적 활동을 제약하고 있는 중국은 국가가 전쟁기억을 독점하고 있어 일본과 같은 대항기억을 재현하는 기념관은 없으며, 한국은 대부분 기념관들이 국가에 의하여 운영되고 있기는 하지만 민주화 이후 대항기억을 국가차원에서 수용하여 기념관에 반영한 경우가 생겼다. 일본의 지배기억과 대항기억 사이의 기억 경합과 충돌은 국내적 차원을 넘어서 한국과 중국의 기념관과 연대하여 지배기억에 함께 대응하기도 한다. 따라서 국

92) 부잔, 김태현 역, 『세계화시대의 국가안보』(서울: 나남출판, 1991), p.223.

93) 김우상, 「세력전이와 동아시아 안보질서에 관한 경험적 연구」, 『한국정치학회보』 제35집 4 (2001), pp.377~394.

내적 기억의 경합이 단지 국내에 머무르지 않고 외교적 쟁점에 따라서 국제적 기억의 연대를 통하여 지역기억복합체를 형성하는 동아시아 지역만의 독특한 현상을 야기한다.

다음으로 지역적 차원에서 기억의 경합은 국가의 공식적 국가정체성 및 비공식적 국가정체성의 대립과 갈등에서 비롯한다. 공식적 국가정체성을 보여 주는 대표적인 사례는 국가 간의 체결하는 군사적 동맹이라고 할 수 있다. 예컨대, 한국과 일본은 안보적으로 미국과 동맹관계를 동시에 맺고 있으므로 공식적 국가정체성 차원에서 본다면 자유민주주의 국가로서 같은 진영 내에서 북한을 공동의 '위협'으로 인식하며 함께 대응한다고 볼 수 있다. 하지만 한국은 전쟁기억에 대한 일본의 보수적 시각 및 잘못된 역사 해석 문제 등을 하나의 위협이라고 인식하며 나아가 반일감정에 기초한 '적대감'을 표현한다. 이러한 반일정서는 일본의 천황이 아직까지 한국을 방문하지 못하는 근본적인 원인이기도 하다. 즉 일본은 한국에 대하여 공식적으로는 우호국가이나 비공식적으로는 적대국가의 모습을 띠는 모순적 국가관계에 놓여 있다. 중국의 경우는 비공식적 차원에서 일본의 역사문제에 대한 한국과 중국 사이에 공동연대 및 우호패턴을 창출하고 있지만, 북한 문제를 놓고 볼 때 여전히 '항미원조기념관'에서 재현되고 있듯이 미국과 한국을 위협으로 인식하는 적대 패턴을 내포하고 있으며, 이는 한국의 용산전쟁기념관이 생산하는 친미반북의 국가정체성과 충돌한다. 따라서 중국도 또한 한국에 대하여 '우호'와 '적대' 패턴의 경향을 동시에 보여 주는 모순의 지역기억복합체를 형성하고 있다.

그렇다면 탈냉전 이후 동아시아 지역기억복합체가 더욱 강화되어 작동하는 이유는 무엇인가?

첫째, 1945년 이전에 전쟁을 경험한 세대가 서서히 사망하며 전쟁을 경험하지 않은 세대가 전체 인구에서 많아지기 시작하므로 이전 세대들은 그들의 다양한 형태의 경험을 펼쳐 보이고자 했다. 전쟁의 아픔을 경험한 사람들은 전쟁이 바로 끝난 직후 그 상처의 트라우마 때문에 그것을 기념하는 것을 의도적으로 외면하여 빠른 속도로 망각하려는 경향이 있다.

둘째, 동아시아 3국은 국제정치적으로 냉전이 붕괴됨으로써 새로운 국가 정체성 및 국민 통합의 기제가 필요하였다. 그들은 국내적 정치적 상황에 따라 민족주의 정서를 기반으로 과거 전쟁에 대한 새로운 의미부여와 재해석을 시작했다. 즉 새롭게 다가오는 미래를 예측하기 위하여 어떻게 국가와 사회가 개인들의 이야기 즉 기억에 관심을 가지고 있으며 특히 집단적 기억을 어떻게 만들어 가야 할지 관심이 증가하게 된 것이다.

셋째, 다양한 전쟁기억의 국제화가 일어났다. 중국 난징대학살의 기억은 오랫동안 망각되었다가 중국계 미국인의 소설의 출판을 계기로 국제적으로 널리 알려지기 시작하였으며,[94] 군 위안부 문제 또한 한국과 일본의 시민단체들의 연대를 통하여 문제를 국제화시키면서 세계적 관심을 야기했다. 이는 전쟁기억의 국가독점시대를 넘어서 다양한 비정부기구 등장과 그들 사이에 활발한 교류 그리고 인터넷이라는 커뮤니케이션과 정보교환 기술의 급격한 발달로 인하여 가능했다. 넷째, 정치와 경제적 환경의 변화이다. 전후 일본은 중국과 한국보다 훨씬 경제적으로 앞서 있었으며 그들 자신의 피해를 돌보느라 상대적으로 중국과 한국에 대한 사죄 및 보상의 문제를 등한시했다. 그러나 1990년대의 중국은 개방과 개혁정책의 성과로 경제대국으로 급부상했으며 한국 또한 성공적인 민주화와 경제발전을 성공적으로 이룩하였다. 결과적으로 냉전 시대와 비교하여 한국과 중국은 역내 일본과 경쟁할 수 있을 만큼 급성장한 것이다. 따라서 이는 그동안 무관심했던 전쟁기억의 재현을 통하여 국력(national power)을 표현하고자 하는 경향이 뚜렷해졌다.[95]

그러나 동아시아 3국은 2차 세계대전에 대한 유럽 국가의 공통된 기억 혹은 1차 세계대전에 대한 영국, 호주, 뉴질랜드, 캐나다 등이 공유하는 안정적인 기억을 만들어 내지 못했다. 예컨대 영국이 2차 세계대전 동안 많은

94) 아이리스 창, 김은령 역, 『난징대학살』(서울: 끌레오, 1999).
95) Gluck(2007), pp.47-77.

독일의 폭격을 경험하였지만 영국의 작은 소도시 주민들이 과거의 전쟁기억 문제 때문에 독일에게 심하게 민족주의적 감정을 드러내지는 않는다.[96] 적어도 유럽 국가들에게 있어서 양차 세계대전의 기억문제는 정치적 자원으로서 가치가 없으며 따라서 이 문제로 인한 외교적 마찰이 발생하지 않는다. 홀로코스트가 유럽 전쟁기억의 중심에 놓여 있지만 유럽인들에게 '수치(shame)'는 중요한 기억의 요소가 아니다. 즉 홀로코스트의 생존자들이 독일인들로부터 '치욕(humiliate)'당했다고 생각하지 않는다. 따라서 동아시아 기억 문제의 중심에는 유럽과 달리 명예와 수치의 문화가 자리 잡고 있어 유럽보다 훨씬 더 복잡한 전쟁기억의 정치가 요구된다.

동아시아 3국은 근대 국민국가 형성과 발전의 시차성과 내부적 정치동학의 차이에 의하여 동아시아 국제체제의 독특한 '지역기억복합체'를 형성하였다. 3국의 개별국가차원에서 전쟁기억의 생성과 경합은 국외적으로 우호패턴과 적대패턴을 불규칙적으로 재현함으로써 때로는 '경쟁적'[97]이고 혹은 '뒤엉켜진' 기억정치의 복잡한 모습을 보여 준다.[98]

---

96) Tom Harrison, *Living Through the Blitz*(London: Collins, 1976), p.300.
97) Philip Seaton, *Japan's Contested War Memories: The 'Memory Rifts' in Historical Consciousness of World War II*(London: Routledge 2006), pp.10–20.
98) Sebastian Conrad, "Entangled Memories: Versions of the Past in Germany and Japan, 1945–2001", *Journal of Contemporary History*, Vol.38, No.1(2003), p.86.

제3장 한국의 전쟁기억과 국가정체성

Ⅰ. 역사적 배경: 반일과 반공주의 공고화

1. 해방부터 한국전쟁까지

이 장에서는 1945년 해방 이후부터 현재까지 한국의 전쟁기억에 대한 배경을 시기별로 구분하여 살펴보며 나아가 구체적으로 어떻게 전쟁기념관을 통하여 전쟁기억들이 재현되며 경합하고 있는지를 검토할 것이다. 시기별 구분은 첫 번째, 해방에서 1950년 한국전쟁까지, 두 번째, 한국전쟁 이후부터 노태우 정권까지를 포함하는 민주화 시기까지, 세 번째, 그 이후부터 현재까지를 탈냉전시대로 나누어 검토하며 논의의 대상은 일본 식민경험에 초점을 둔 기념관들과 한국전쟁의 기억을 재현한 기념 공간들로 한다.

일본 식민지배로부터 해방과 남북한 분단으로 인한 개별정부의 수립은 현대 한국의 전쟁기억을 형성하는 데 중요한 역사적 근간을 제공하였다. 특히 정부는 건국과정에서 정권창출과 국민통합 그리고 정당성 확보를 위하여 일본 식민경험에 대한 기억을 적극 활용하였고 정치적 입장이 다른 제 단체들도 기억의 경합에 참여하였다.

해방 직후 한국의 일차적 과제는 서로 다른 정치적 지형과 이해관계의 상충을 넘어서 민족의 통합 위에 새로운 국민국가를 구성하는 일이었다. 당연히 새로운 국가 건설을 주도할 정치적 세력의 성격과 그들의 정당성 확보가 매우 중요하였는데 이 과정에서 과거에 대한 해석 즉 기억의 정치가 동원되었다. 독립운동을 전개했던 세력과 그렇지 못한 세력, 식민지 지배를 묵인하거나 지지했던 세력과 그에 저항했던 세력 간 기억의 재현과 정당성의 동원에는 차이가 있었다.

근대 국민국가를 수립하는 시점에서 독립을 지향했던 민족주의적 사상과 운동이 정치적 정당성의 근거가 되는 것은 자연스러운 과정이다.99) 해방정국에서 3·1운동과 해외 독립운동이 지속적으로 논의되고 재해석된 이유도 그를 통해 장차 건립할 국민국가의 자기 모습을 확인할 수 있기 때문이다. 3·1운동은 한국 민족의 근대적인 자기 인식이라는 상징성에 있어서 해방 후 공유할 수 있는 가장 좋은 역사적 경험이었고 따라서 그 기념행사는 좌우를 막론하고 매우 성대하게 거행되었다. 또한 임시정부를 비롯하여 해외에서 독립운동을 한 애국자들에 대한 기념행위도 중요한 정치적 의미를 가졌다.

좌파와 우파는 스스로 정당성을 확보하기 위하여 특정한 사건 혹은 인물들을 강조하는데, 우선 모든 한국인들이 동의하는 역사적 사건을 기념하는 데 있어 자신들이 그 사건의 진정한 계승자라는 점을 부각시키기 위해 첨예한 투쟁을 벌였다. 1947년 3·1절 행사와 8·15 광복절 기념행사가 그 대표적인 예이다. 다음으로 별다른 갈등은 없었지만 한 사건을 배타적으로 강조하여 그것을 자신들의 상징 자원으로 삼는 경우이다. 좌파에서는 조선공산당 창립일(4월 17일), 메이데이(5월 1일), 5·8 전승일, 소련 개전기념일(6월 22일), 러시아 혁명기념일(11월 17일)을 기념하였다. 이와는 달리 우파는 임시정부수립기념일(4월 13일), 순국선열의 날(11월 17일), 독립문 건립기념일(11월 16일)을 기념하였는데 이는 이데올로기적 지형에 따라 기억을 배타적으로 동원한 상징적 사례들이다.100)

---

99) 박명규, 「역사적 경험의 재해석과 상징화」, 『사회와 역사』 51호(1997), pp.51 – 52.

해방 후 한국은 태평양전쟁으로 인하여 발생한 사상(死傷)에 대하여 침묵하였다. 즉 전시강제동원으로 전쟁에 참여한 사람들, 히로시마와 나가사키 원폭 피해자들 그리고 군 위안부들의 죽음과 희생에 대하여 기억에서 배제하였다. 태평양 전쟁은 단지 일본의 식민경험으로만 기억했다. 그 원인으로 우선, 전장(戰場)이 한반도가 아니었다는 점이다. 다음으로, 전쟁의 참여 주체가 아니었다. 하나의 주체적 정치체로서 또 다른 정치적 적국과 전쟁을 치른 것이 아니었으며 식민 모국에 소속된 간접 경험이었다. 끝으로 전쟁의 승리로 인한 독립이 아니라 반대로 식민 모국의 전쟁 패배의 부산물로써 독립이 주어졌기 때문에 기억보다는 망각을 선택했다. 즉 자주적 독립전쟁에 의한 해방이 아니라 연합국의 승전에 의한 해방이었다. 물론 독립투쟁과 청산리 전투 및 봉오동 전투 등을 비롯한 항일 전투가 있었음을 간과하는 것은 아니나 그것은 해방과 독립을 가져오는 데 결정적인 역할을 하지 않았다.

이러한 태평양전쟁을 전쟁 경험 자체보다도 일본 식민지배 경험으로 기억함으로써 전쟁기억을 국난 극복사로 환원하였다. 즉 개별적 전쟁참여에 대한 경험의 차이보다는 집단적 경험의 공통성을 생산함으로써 일본 식민경험을 민족의 수난시기로 규정하여 그것을 민족 전체가 극복하였다는 긍정적인 측면을 부각시킨 국난 극복사로 재구성한다. 이러한 선택적 기억은 히로시마와 나가사키 원폭피해자 및 일제 강제 징용에 의한 참전 피해자 그리고 군 위안부 문제가 오랜 세월 망각된 채 기억의 복원을 기다릴 수밖에 없도록 만들었다.

1) 3·1절 기억의 정치

3·1절은 한국 민족으로서 소속감과 정체성을 각성시키는 국민통합 기제로 당연히 해방 이후 전 민족적으로 기억해야만 하는 가장 중요한 날이었

---

100) 김민환, 「한국의 국가기념일 성립에 관한 연구」, 서울대학교 대학원 사회학과 석사학위 논문(2000), pp.41-45.

다. 그러나 당시 3·1절 기념행사는 어김없이 기념일을 둘러싸고 좌우익 간의 충돌로 기념 자체의 의미보다는 정치적 목적에 의하여 도구화되었다.

해방 이후 이념적 대립은 1945년 12월 28일 모스크바 삼상회의에서 미·소·영·중 4대국이 한국을 5년 동안 신탁통치 아래 두기로 합의했다는 발표로 인하여 시작되었다.[101] 신탁통치의 발표는 한국인의 즉각적인 반발을 야기하였다. 1946년 1월 2일 조선공산당중앙당위원회는 모스크바협정을 지지할 것이라고 발표함으로써 급속히 좌우익 정당 간의 대립은 시작되었으며 3·1운동이라는 역사적 정당성을 확보하기 위한 정치적 충돌을 야기하게 되었다.

1946년 해방 후 최초로 맞이한 3·1절 행사와 관련하여 우익에서는 1946년 1월 25일에 먼저 '기미독립선언기념 전국대회준비위원회'를 결성하였고, 좌익은 곧이어 '3·1기념 투쟁위원회'를 조직하였다. 좌익은 남산공원에서, 우익은 서울운동장에서 각각 대규모 기념식을 갖는다. 첫 번째, 3·1절 기념행사는 좌우익이 공동행사에는 실패하였으나 비교적 조용히 진행되었다. 그러나 1947년 3·1절 행사는 양상이 달랐다.[102]

1947년의 3·1절 기념행사를 우익 측은 서울운동장에서 좌익 측은 남산에서 가졌다. 그런데 좌익 측의 남산행사가 있은 후 우익 측이 도발하여 남대문 사건이 발생한다. 즉 우익 측 시위대와 좌익 측 군중이 남대문에서 충돌하여 경찰 발포로 많은 수의 사상자를 내었다. 지방에서도 비슷한 양상이 발생했는데 부산, 제주, 정읍 등 세 곳에서 좌우익이 충돌하여 사망 16명, 부상 22명, 도합 38명의 희생자를 내었다. 이처럼 1947년의 3·1절 기념행사는 3·1운동의 기억을 독점하려는 정치세력 사이의 격렬한 정체성 대결의 장이 되었다.[103]

1948년의 3·1절 기념행사는 더 이상 좌우익 사이의 갈등을 찾아볼 수

101) 김정원, 『분단한국사』(서울: 동녘, 1985), pp.81 – 85.
102) 김민환(2000), pp.27 – 28.
103) 김민환(2000), pp.32 – 33.

없었다. 서서히 우익에 의한 기억의 독점이 이루어진 것이다. 즉 남한 단독 정부에 의한 우익세력이 정치적 승리를 거둔 채 분단이라는 또 다른 기억의 정치로 본격적으로 진입한다.

2) 8·15 해방, 독립 그리고 분단

태평양전쟁의 종결을 알리는 역사적 사건으로서 8·15는 한·중·일 3국이 각각 상이하게 기억한다. 한국은 물리적으로 1945년 8월 15일 해방을 맞이하였다. 중국은 이날을 '승전기념일'로 기억하며,[104] 일본은 종전보다 '패전기념일'로 기억한다.[105] 한국의 8·15는 단순히 '해방'으로 끝나지 않고 좌우익의 대립과 한국전쟁을 거치면서 '분단'이라는 또 다른 기억의 층위를 부담하게 된다. 따라서 역사적 흐름에 따라 8·15와 관련된 기억의 정치는 공동의 기억을 공유하기보다는 기억의 경합과 선택적 망각의 부침을 거듭한다.

1948년 남북한 정부가 수립되기 이전에 광복절 행사는 1946년, 1947년 두 번 있었다. 광복절 행사 역시 3·1절 행사와 마찬가지로 각각 정치세력들이 자신들의 정당성을 확보하기 위하여 경합을 벌인 정치적 장이었다. 1946년과 1947년의 광복절 행사의 구체적인 모습을 살펴보면, 이날 행사가 3·1절 행사와 비슷한 양상을 보임을 알 수 있다.[106]

1946년 광복절 행사는 8·15가 태평양전쟁 종전 기념일로 미 군정청에서도 의미 있게 생각하여 미 군정청이 주도적으로 좌우익 모두 참석시키는

---

104) 리종위엔, 「8·15와 중국의 항일전쟁기념관」, 아시아평화와 역사교육연대 편 『한중일 3국의 8·15 기억』(서울: 역사비평사, 2005), pp.149–156. 중국의 항일전쟁 승리 법정 기념일은 9월 3일이다. 그것은 1945년 9월 2일은 일본이 동맹국과 항복서를 체결한 날이기 때문에 9월 3일을 항일전쟁의 승리날로 정했다. 다른 하나는 민간에서 지정한 8월 15일이다. 시간의 흐름에 따라 민간에서 8·15 가 중국 항일전쟁 승리의 날이라고 여겨지고 법정 항일전쟁 승리의 날인 9월 3일은 점차 잊혀 가고 있다.

105) 마츠다 토시히코, 「일본인의 전쟁인식과 8·15 이미지」, 정근식·신주백 외, 『8·15의 기억과 동아 시아적 지평』(서울: 선인, 2006), pp.219–239. 피해자 의식에 사로잡혀 전쟁책임을 외면한 채 패전 에 대한 기념을 넘어서 피폭의식과 평화의식을 중심으로 한 평화기념으로 전환하였다.

106) 김민환(2000), p.37.

통일된 8·15기념식을 준비하였으나 좌익 세력은 불참하였다. 1947년의 8·15 행사는 미군정과 우파가 좌파에 대해 대대적인 공격을 실시하는 시기와 맞물려 있어서 좌파는 공식적인 기념행사를 거행하지 못했다.[107]

그 후 남한에서 1948년 8월 15일 단독 독립정부가 수립되면서, 1945년 식민지로부터의 해방이 바로 독립으로 이어지지 못하면서 '해방'과 '독립'의 간극이 발생하였다. 1949년 5월 24일 국무회의는 8월 15일을 '독립기념일'로 지정하여, 8월 15일을 '대한민국 독립 1주년 기념일'로 치렀다. 그러나 1949년 9월 21일 국회 본회의는 정부가 제출했던 '독립기념일'을 1945년 8월 15일 해방의 의미를 포함하는 '광복절'로 수정하였다. 이로써 광복절은 '해방'을 의미하는 1945년 8·15와, '독립'을 의미하는 1948년 8·15를 모두 포괄하는 기념일이 되었다.[108] 시간적 기념일로서 8·15는 '광복절'이지만, 공간적 기념관들은 '독립'이라는 개념에 더 큰 비중을 두고 있다. 그러나 8·15에 대한 대중적 인식은 '해방'에 더 친숙하였다.[109] 남한에서 8·15는 한국전쟁을 거치면서 관제 기념행사의 하나로 되풀이되었고, 그 과정에서 일제하 국권쟁취를 위한 민족운동 역시 반쪽 역사로 기억되어 사회주의 계열의 독립운동은 민주화 이후 복원되었다.[110]

기억과 기념으로서 8·15는 국가정체성과 관련하여 세 가지 특징을 지녔다.[111] 첫째, 반일주의이다. 식민지로부터의 해방을 의미하는 8·15는 당연히 제국주의에 대한 적대감인 '반일(反日)' 성격을 가지고 있으며 그것은 역사적 상황에 따라 부침하게 된다. 대표적으로 1965년 한·일국교정상화 시기, 1982년과 그 이후 역사교과서 문제, 탈냉전 이후 독도문제, 군 위안부 문제 그리고 최근 일본 수상의 야스쿠니신사 참배 문제로 거듭되면서 8·15의 기억정치는 한·일 관계를 규정하는 중요한 변수로 작용한다. 둘

---

107) 김민환(2000), p.40.
108) 정근식, 「기념관·기념일에 나타난 한국인의 8·15기억」, 아시아평화와 역사교육연대 편(2005), pp.139 – 140.
109) 정근식(2005), p.144.
110) 김광운, 「1945년 '8·15'에 대한 인식의 변화과정」, 『내일을 여는 역사』 제5호(2002), p.88.
111) 전재호, 「8·15와 한국정치: 대통령 기념사를 통해본 8·15」, 정근식·신주백 외(2006), p.136.

째, 반공주의이다. 독립을 의미하는 8·15는 한국전쟁과 그 이후 국제체제의 냉전 심화로 인해 대한민국의 정통성을 이루는 기본 이념으로써 반공주의를 끊임없이 정당화시키는 기억의 시간으로 작동하였다. 셋째, 통일지향성이다. 1948년 대한민국 정부 수립은 좌익과의 투쟁에서의 승리인 동시에 그들의 방해로 인해 한반도 전체를 통괄하는 정부를 수립하지 못한 실패라는 이중적 의미를 가진다. 따라서 그 실패를 극복할 통일은 항상 지향해야 할 정권 자체의 지상목표로 8·15는 통일지향성이라는 정치적 의미를 함축하게 된다.

해방 이후 한국전쟁 발발 이전까지는 일본식민 경험이 태평양전쟁으로서가 아니라 '해방'과 '독립'으로서 3·1절과 8·15라는 기념일로 기억되며, 한편 분단으로 통한 남북한 개별 정권의 탄생은 현재까지로 기억의 재현을 하는 데 있어 갈등을 제공하는 근본적인 원인이 되었다.

2. 한국전쟁 이후 민주화까지

1) 이승만 정권기

한국전쟁은 현재까지 한국의 국가정체성과 전쟁기억에 영향을 주는 일본의 식민경험과 함께 가장 중요한 역사적 사건이며 이에 대한 기억의 재현, 망각 그리고 경합은 지속적으로 계속되고 있다.

한국전쟁은 미국과 중국 그리고 유엔연합군이 참전한 국제전임과 동시에 남한과 북한이 같은 민족으로서 서로 전쟁을 한 국내전적인 양면성을 가지고 있다. 또한 전쟁은 철저히 자유민주주의를 국가정체성으로 하는 남한과 공산주의를 신념체계로 삼은 북한과의 이데올로기 충돌로서 한쪽의 승리와 패배는 단순한 전투의 종결의 의미를 넘어선 그들이 속한 사회 전체 시스템의 전환을 강요받는 첨예한 대립과 갈등을 보였다.

한국전쟁의 피해는 엄청난 것으로서 남한의 전쟁피해자 총수는 약 130여만 명에 달하였는데, 그중에서 군인은 2만 9천여 명이 사망하였고 10만 1천 명이 부상당했으며 17여만 명이 포로가 되거나 행방불명되었다. 한국정부의 자료에 따르면 무려 12만 8천 명이 북한 당국에 의해 정치적 이유로 살해되었으며 적어도 20만의 남한 청년들이 북한의 이른바 의용군에 가담했고, 5백만이 넘는 남한인구가 집을 잃고 방황한 것으로 집계되었다. 피난생활, 이산가족, 전쟁고아, 경제파탄, 사회불안 등 전쟁의 참화는 참으로 엄청난 것이었으며, 더욱이 전쟁세대의 의식과 태도에 깊은 영향을 끼침으로써 전후 한국사회의 방향을 결정하는 데 중대한 역할을 하였다.[112] 이렇듯 한국전쟁으로 인한 엄청난 피해와 동족상잔의 전쟁기억은 남한으로 하여금 철저한 반공주의를 국가정체성으로 채택하도록 하였다.

반공국가 정체성 형성과 관련된 기념일들을 살펴보면 가장 우선 지적되어야 할 것은 6월 6일 현충일과 6월 25일 6·25사변일을 축으로 해서 이 둘을 연결하는 시기, 즉 호국·보훈의 달로서 6월이다. 정부는 1956년 4월 19일 대통령령에 의하여 6월 6일 현충일로 제정하게 된 배경에 대하여 '1956년 제정 당시 6·25를 상기하고, 6월 6일은 24절기 중의 하나인 망종 (芒種)이며 이날은 제사를 행하는 옛날 풍습이 남아 있기 때문'이라고 하였으나 죽은 사람을 위한 제사를 6월 6일에 행했다는 역사적 기록은 보이지 않는 것으로 밝혀졌다.[113] 즉 여타 서구 국가들이 특정한 역사적 사건과 연관을 지어 전쟁의 희생자들을 추모하는 기념일을 가지고 있다면 엄밀히 말하여 6월 6일은 역사적 기념일이 아니라고 할 수 있다.[114] 그러나 6월에는

---

112) 정성호, 「한국전쟁과 인구사회학적 변화」, 한국정신문화연구원편, 『한국전쟁과 사회구조의 변화』(서울: 백산서당, 1999), p.12.

113) 지영임, 「현충일의 창출과정」, 『비교민속학』 제25집(2003), p.598.

114) 예컨대 미국의 현충일(Memorial Day)은 5월 마지막 월요일이며 남북전쟁 1868년 5월 5일 당시 육군 대장 존 로간은 육군 대장 명령을 선포해 전쟁으로 목숨을 잃은 장병들을 애도하고 그들의 무덤에 헌화할 것을 공식 선언하면서 5월 30일 전국적으로 기념식을 거행하도록 하고 참전용사의 무덤을 단장하는 날이라고 해서 그날을 'Decoration Day'로 명명했다. 그러다가 '메모리얼 데이'로 명칭이 바뀌게 된 것은 1882년이며 미국 의회가 1968년 5월 마지막 월요일을 메모리얼 데이 연방공휴일로 공식화하였다. [http://www.voanews.com/Korean/archive/2007-05/2007-05-23-voa17.cfm] (2008년 4월 7일 검색); 영국과 영연방 국가들은 제1차 세계대전의 종전을 기념하여 11월 11일을 'Remembrance Day'라고 명명하여 기념한다; Thimothy Ashplant, Timothy G., Graham Dawson, Michael Roper, eds., *Commemorating War: The Politics of Memory*(New Brunswick:

한국전쟁 발발일인 6·25가 있으므로 한국 정부는 호국보훈의 달로서 6월을 상정하여 기억을 정치적으로 연장하였다. 사실 1951년 6월 1일의 신문의 표제에도 이미 '멸공의 6월'이라는 기사가[115] 실렸다는 점을 고려하여 본다면 하루가 아니라 한 달을 기념하려고 하는 움직임이 일찍부터 있었다고 할 수 있다. 6월의 호국·보훈의 달은 1963년에 설정된 후에 여러 차례 명칭과 기간이 변화하였지만 현재까지도 존재한다.

6월 25일은 한국전쟁 기념일로서 '6·25를 상기하여 국민의 안보의식을 고취하는 행사'[116]를 거행하였다. 즉 정부는 6월 6일 현충일과 6월 25일의 한국전쟁 기념일을 축으로 해서, 이 둘을 연결하여 6월 한 달간을 호국·보훈의 달로 정함으로써 한국전쟁의 전몰장병 및 한국전쟁을 기념하려고 하였다.

현충일과 한국전쟁기념일 이외 반공국가의 정체성과 관련된 많은 국가기념일들이 제정되고 기념되었다. 메이데이를 근로자의 날로 바꾸었으며, 국군의 날을 국군 창설일이 아니라 국군이 최초로 38선을 돌파한 날로 정한 것이나, 학생의 날을 반공학생의 날로 대체한 것, 함흥학생의거일을 정한 것은 모두 직접적으로 반공국가라는 정체성 형성과 관련하여 이해될 수 있다. 반면에 국제연합일을 공휴일로 지정한 것 등은 간접적으로 관련이 있다고 판단해야 할 것이다. 이로써 근로자의 날(3월 10일), 함흥학생의거기념일(3월 13일), 현충일(6월 6일), 한국전쟁기념일(6월 25일), 국군의 날(10월 1일), 국제연합일(10월 24일), 반공학생의 날(11월 23일)로 이어지는 1년을 단위로 반복되는 반공력(反共曆)이 생성되어 기억을 재현하는 기념일이 되었다.[117]

해방 이후 이승만 정권시기 전쟁기억은 국가정체성 수립 즉 '나라 만들기' 차원에서 시작하였으며 반공주의 이데올로기가 지배적인 역할을 하였다. 이 시기는 또한 전쟁 기념의 국가 지배에 앞서 이승만 개인의 우상화 작업이

Transaction Publishers, 2006), 참조.

115) 조선일보, 1951년 6월 1일, 2면, [http://srchdb1.chosun.com/pdf/i_service/index.jsp?Y=1951&M=6&D=1&x=59&y=8] (2008년 5월 9일 검색)

116) '각종기념일 등에 관한 규정' 제2조 제1항, 지영임(2003), p.599.

117) 김민환(2000), pp.53-55.

극에 달했다. 즉 일제시기 일본 신사(神社)가 있던 곳에 이승만 동상을 세우고, 개천절, 광복절을 이승만 동상 제막식 등으로 지정함으로써 국가기념 장소의 독점을 이승만이라는 개인이 전유하였다.[118] 기념물과 기념관을 통하여 전쟁기억을 도모하려는 노력은 박정희 체제에 이르러서 가능하게 된다.

2) 박정희 정권부터 노태우 정권까지

군사혁명으로 정권을 장악한 박정희 대통령은 정치적 정당성이 약하였으므로 한국전쟁과 일본 식민경험에 대한 기억을 정치적으로 적극 활용하였다. 특히 반공주의의 강화 및 경제적 근대화를 위한 민족주의 이데올로기를 동원한다.

8·15 광복절 기념사를 검토해 보면 박정희는 군정기와 제3공화국 초기에는 군사쿠데타의 정당성과 경제발전의 중요성을, 1960년대 중반에는 경제발전의 성과와 한·일국교정상화 및 국군의 베트남 파병 등 정책의 정당성을, 후반에는 삼선개헌의 정당성과 북한의 도발 비난 및 통일 방안을 그리고 유신 시기에는 유신의 정당성과 국력배양 및 북한 비난 등과 같은 내용을 주로 다루었다. 또한 그 과정에서 8·15의 의미를 1960년대 중반까지는 경제 자립, 부강한 나라 및 번영과, 1966년부터는 조국의 통일 및 북한 동포의 해방과, 1970년대에는 평화롭고 번영된 통일 조국의 실현 및 자주 독립국가 건설과 동일시하였다.[119] 박정희의 현충일 추념사의 분석에 의하면 이승만 시기와는 달리 경제발전 및 근대화를 강조하며 경제발전을 하는 것이 순국선열들의 넋을 기리는 유일한 방법이라고 설명하면서 민족주의적 입장에서 전몰자의 희생을 끌어내서 경제발전의 대중동원의 원동력으로까지 전이시켰다.

---

118) 김미정, 「1950·60년대 한국전쟁기념물: 전쟁의 기억과 전후 한국국가체제 이념의 형성」, 『한국근대미술사학』 제10호(2002), pp.273-312.

119) 전재호(2006), p.154.

"우리는 지금 조국 통일이라는 민족의 지상명제를 앞에 두고 이 나라의 근대화 작업에 총력을 기울이고 있습니다. 분명히 이 과업은 영령들이 우리들에게 물려준 지상과업입니다."(1966년 6월 6일)

"비생산적인 병폐를 몰아내고, 근면, 검소, 저축의 기풍을 확립하여 사심 없는 멸사봉공의 자세를 바로 세워 오직 조국근대화 작업에 더욱 박차를 가해 나가야"(1970년 6월 6일)[120]

전두환은 8·15 기념사에서 군사쿠데타를 통한 자신의 불법적 집권을 정당화하는 내용, 국민들에게 제5공화국 수립의 차별성을 강조하는 내용, 독립기념관 건립, 일본방문, 올림픽 유치 등 주요한 사건을 통해 자신의 통치를 정당화하는 내용, 자신의 통일 노력을 과시하기 위해 북한에게 제안한 내용, 그리고 자신의 퇴진을 요구하는 민주화 운동세력에 대한 비난 등을 다루었다. 이 과정에서 그는 자신이 광복의 참뜻인 평화통일을 위해 노력하고 있다는 점을 강조하였다.[121] 노태우는 기념사에서 통일과 대북문제에 가장 많은 관심을 기울였고, 다음으로 한국의 발전상을 강조함으로써 국민들에게 자신감과 긍지 및 미래에 대한 희망을 주려 하였다. 반면 집권기에 일어났던 수많은 국내정치적 쟁점은 거의 다루지 않았다. 이는 국제적인 냉전 와해의 분위기에서 북방정책 및 북한과의 교섭이 성공했다는 점, 1987년 민주화의 결과 선출된 대통령이라는 점, 그리고 심각한 경제적인 위기에 빠지지 않았다는 점 등을 반영한 것으로 보인다.[122]

또한 이 시기에 반공주의와 아울러 민족주의 이데올로기를 부각시키기 위하여 현충일을 한국전쟁의 전몰장병을 추모하는 행사로 인식하면서도 순국선열을 추모대상에 포함시킨다. 1965년 이후 국군묘지가 '국립묘지'로 승격되면서 현충일에 전몰장병과 순국선열을 동시에 추모하기 시작하였다. 이는 한국전쟁의 전사자들만을 추모함으로써 내포되는 반공이데올로기를 은폐하며 민족주의를 덧씌우게 된다.[123] 그러나 1997년 11월 17일을 별도로

---

120) 김현선, 「현충일 추념사의 내용과 상징화 의미 분석: 1961 – 1979」, 『청계논총』 제2집 제15호 (2000), pp.219 – 220, 재인용.
121) 전재호(2006), p.163.
122) 전재호(2006), p.168.

순국선열의 날로 제정함에 따라 다시 현충일의 의미가 선명해졌다. 순국선열의 날은 항일민족정신을 이어받아 선열의 정신과 업적을 기리는 기념일로 해석됨에 따라 현충일이 한국전쟁의 전사자를 추모하는 날로서 의미가 더욱 강조되었다.124)

이 시기는 국제적으로 냉전이 공고화되었으며 한국은 미국의 동맹 국가로서 반공주의 국가정체성을 한층 뚜렷이 하였다. 국내적으로 군사독재가 강화되었으며 모든 기억의 재현은 정치적 정당성의 강화와 함께 북한과의 관계 속에서 국가가 지배하였다. 특히 박정희에 의한 민족적 영웅들과 상징 그리고 기념물들의 재탄생은 민족주의를 강화시켰다. 그것은 국내외 정치적 쟁점에 따라 반공주의와 결합하여 반공이 곧 애국이라는 반공민족주의로 심화된 형태로 나타났다.125)

3. 탈냉전시대

한국의 전쟁기억은 탈냉전 시기를 맞이하여 새로운 변화를 겪게 되었다. 냉전의 붕괴라는 국제적 요인과 민주화, 경제발전, 남북관계의 개선이라는 국내적 요인은 전쟁기억의 새로운 재현과 경쟁을 불러왔다.

냉전시기 반공주의는 적과 우방과의 관계 설정 및 경계를 뚜렷이 하였으나 탈냉전시대에는 그동안 공고화되었던 반공주의 국가정체성의 변화를 요구하였다. 냉전시기의 적으로 분류되었던 구사회주의권 국가들과 수교는 미국만이 우리의 유일한 우방이며 미국의 친구만이 우리의 친구가 될 수 있으며, 그렇지 않으면 '적'이라는 관계의 경계를 붕괴시켰다. 한국은 2차 세계대전 이후 군사독재를 경험한 국가들 중에 유혈혁명이 없이 민주화와 경제발전을 성공적으로 이룩하였다. 노태우 정권부터 시작된 민주화과정은 그

---

123) 지영임(2003), p.605.

124) 지영임(2003), p.607.

125) 전재호, 『박정희 체제의 민족주의 연구: 담론과 정책을 중심으로』, 서강대학교 박사학위논문, 1997, 참조.

후 김영삼, 김대중 그리고 노무현 대통령 기간을 거쳐 오면서 민주주의를 정착시켰다. 국제정치적 냉전의 붕괴와 국내적 민주화의 실현은 곧 남북관계의 개선으로 나타났다. 김대중 대통령과 노무현 대통령은 북한을 방문하여 남북한 정상회담을 개최함으로써 그동안 고착화되었던 반공주의적 전쟁기억에 영향을 주었다.

한국의 전쟁기억은 식민 기간 동안의 상처치유를 주제로 하였으며, 한국전쟁 이후에는 분단과 정치적 정통성 확보경쟁이라는 구도하에 군인과 경찰의 희생을 기념하였다. 박정희 정권 시대에는 민족주의의 과잉 시대로 화랑, 세종대왕, 이순신, 유관순, 한국전쟁 영웅으로 이루어지는 민족수난 극복사가 중심이 되었으며, 전두환과 노태우 정권하에서는 독립기념관과 전쟁기념관의 건립에 주력하였다. 이러한 국가 주도적 기억 생산의 배타적 독점에 대하여 사회영역 즉 시민단체와 이익집단들로부터 대항기억의 재현은 극히 작거나 거의 없었다.

김영삼 정부 이후부터는 기억의 국가화에서 배제되고 망각되었던 주제와 사건이 부활하거나 복귀한다. 즉 김영삼 정권하에서는 4·19 혁명과 5·18 민중항쟁 및 부마민주항쟁 그리고 김대중 정권하에서 3·15의거와 거창사건 등 일부 민간인 학살, 대구 2·28의거, 제주 4·3사건, 민주화운동에 대한 재평가 작업이 시작되었다. 그 후 노무현 정권하에서는 일제 식민지 군위안부 문제, 동학농민전쟁, 한국전쟁과 관련하여 민간인 학살사건 및 미군의 노근리 사건 등에 대한 국가 주도의 기억 복원사업들이 추진되었다.[126] 일본과 중국의 전쟁기념의 형성원인들 중 민족주의가 가장 중요한 요소들 중 하나이며 한국도 그러한 요소를 무시할 수 없지만 탈냉전 이후 민주화 과정이 전쟁기억의 변화에 중요한 국내적 변수로 등장하였다.

---

126) 정호기, 『한국의 역사기념서설』(서울: 민주화운동기념사업회, 2007), p.27.

II. 한국의 전쟁기념관과 기억의 정치

1. 일제식민 관련 기념관

1) 독립기념관: 국난 극복의 기억과잉

독립을 기념하는 사업은 1945년 이후 몇 차례 모색하였으나 성사되지 않다가 전두환 대통령 시절인 1982년 일본의 역사교과서 왜곡사건에 자극받아 구체적으로 실행에 옮기게 되었다. 이 사업의 주체는 정부였으나 민간에서 주도하는 범국민 운동으로 보이기 위하여 55개 단체 대표들이 모여 '광복기념관건립준비위원회'를 발족시켰다. 이 조직은 1982년 10월 5일 법인화되어 '독립기념관추진위원회'로 개칭되었다.[127] 당시 추산한 건립비용은 514억 원이었으며 국가 동원 체제를 총가동하여 4개월 만에 모금한 금액은 349억 8천여 만 원이었다. 그러나 모금이 목표에 미달하여 계속적으로 모금운동을 전개하여 1986년 상반기에 692억여 원이 모이게 되어 건립할 수 있었다. 1983년 4월 추진위원회는 기본 계획안을 작성하였으며 1983년 11월 현상공모를 통해 당선작을 결정하여 1987년 8월 15일 개관하였다. 독립기념관의 규모는 총 120만 평이며 7개의 전시관과 14개 상징조형물 그리고 1998년 조성한 '조선총독부 철거부재 전시 공간' 등이 들어서 있다.

최종 조성된 각 전시관과 전시실의 명칭은 제1관 민족전통관, 제2관은 근대민족운동관, 제3관은 일제침략관, 제4관은 3·1운동관, 제5관 독립전쟁관(의병투쟁실, 독립군실, 사회운동실, 학생운동실, 문화운동실), 제6관은 임시정부관, 제7관은 대한민국관(정부수립관, 분단의 비극실, 경제개발실, 국력성장과 통일의지실)이다.

독립기념관은 숱한 외침을 극복하고 민족의 자주독립을 지켜 온 우리 민족의 국난 극복 역사과정을 보여 주는 산실로 나라사랑 정신을 고취하고

---

127) 정호기(2007), p.45-47.

민족정기를 바로 세우는 국민교육의 현장으로서 세워졌다. 따라서 독립기념관은 기억의 출발이 된 역사적 사실은 다르지만 선사시대부터 일제강점기까지 애국선열의 넋을 기리는 추념과 교육을 포함하는 등 용산 전쟁기념관과 흡사한 전시 및 서사의 구조를 갖추고 있다. 그러나 기억재현과 복원 그리고 망각이라는 측면에서 갈등과 충돌의 모습도 또한 드러내고 있다.

첫째, 중요한 서사 구조로 박정희 식 국난 극복과 민족수난사이다. 제1전시관인 민족전통관의 입구에는 모조품 광개토대왕비를 설치하였으며 선사시대부터 삼국시대, 임란과 호란에 이어 이순신 장군의 거북선이 등장한다. 이는 전쟁기념관의 서사구조와 매우 흡사한 것으로 한국 민족이 역사적 역경을 극복하는 국난 극복사라는 담론 구조 속에서 일제강점기 동안 희생당한 피해의식을 최소화하여 오히려 이러한 희생이 한국을 강하게 발전시켰다고 강조하고 싶었기 때문이었다.128)

<그림 3-1> 모형 광개토대왕비　　　　　　<그림 3-2> 모형 거북선

---

128) Hong Kal, "The aesthetic construction of ethnic nationalism; War memorial museums in Korea and Japan", Shin Gi-Wook, eds., *Rethinking Historical Injustice in Northeast Asia*(London: Routledge, 2006), pp.136-138.

이러한 선택적 기억은 동시에 선택적 망각을 강요한다. 식민지 형성과 독립의 과정에서 있어서 국제정치 환경이라는 외재적 요소를 고려하지 않았으며 전시에서 배제하였다. 특히 한국의 식민지와 독립과 직접 관련된 청일전쟁, 러일전쟁, 만주사변, 중일전쟁, 태평양전쟁에 대한 언급은 없다. 이것은 국제적 변수로서 '전쟁'을 기억한 것이 아니라 '식민경험'으로 포장되어 의도적으로 축소되어 망각된 것이다. 국내적 경험에 대해서도 부분적으로 망각되거나 선택적으로 기억이 강조되지 않은 부분들이 있다. 제3관 일제침략관에서 '군위안부' 문제를 언급하고 있으나 충분하지 않으며 '강제징용'과 '원폭피해자'에 대한 기억들을 전혀 보여주거나 이야기하지 않는다면 남성 중심적이며 국가주의적인 기억의 재현이라는 비판을 피하기 힘들다.[129]

둘째, 기억의 복원과 국가정체성의 문제이다. 특히 제7관이 정권에 따라 국가정체성과 관련하여 기억의 재현이 민감하게 영향을 받은 전시이다. 독립기념관은 전두환 정부 시대의 작품으로서 국가기억의 재현을 위한 공간이 제공되는데 1988년 3월부터 6월 사이에 진행된 보강 내용을 보면 ① 반탁운동, 북괴의 만행, 반공포로 석방 등 6·25 관계 확대전시, ② 새마을운동을 농어촌 근대화의 일원으로 전시, ③ 경제발전은 연대별 의식주 변천 모형을 제작하여 당시 생활용품과 함께 비교 전시, ④ 국토종합개발상황을 전광판으로 제작설치, ⑤ 첨단과학 부분은 실물 전시를 포괄한다. 특히 독립기념관이 제5공화국하에서 만들어졌기 때문에 당시 전두환 대통령의 치적인 1980년대 초 올림픽 유치나 전두환 대통령의 사진이 전시되었으나 1993년 김영삼 정부가 들어서면서 이를 어떻게 전시할 것인가에 대한 어려움에 봉착하게 되었으며 결국 1945년 이후 역사를 평가되지 않은 현대사로 보고 최소전시 전략으로 사라지게 되었다.[130]

현재 제7관은 '대한민국임시정부관'으로 되어 있으며 임시정부 수립으로부터 해방 이후 임시정부의 서울 환도까지를 전시하는데 그중 8·15와 관

---

129) 전재호(1998), 신은재(2006), Jager(2002).
130) 정근식(2005), p.142.

련된 전시는 사진 2점뿐이다. 그것마저도 8·15를 구체적으로 언급한 것이 아니라 '광복을 축하하는 군중들'이라는 설명만 간략히 되어 있으며 그 사진 위에는 '독립만세 독립만세'로 시작하는 홍명희 씨의 「눈물 섞인 노래」라는 시가 쓰여 있다. 즉 '독립', '해방' 그리고 '광복'의 상징이 뒤엉킨 채 기억되고 있다. 기억의 정치는 김대중 정부와 노무현 정부에 들어서서도 지속된 듯하다.

즉 제7전시관의 마지막 전시는 '통일의 길, 민족통일과 한민족공동체건설'이라는 이름으로 전시되어 있으며 '한 민족 두 정부'라는 제목하에 <그림 3-3>과 같이 김구의 「삼천만 동포에서 읍고(泣告)함」이라는 연설문을 전시함으로써

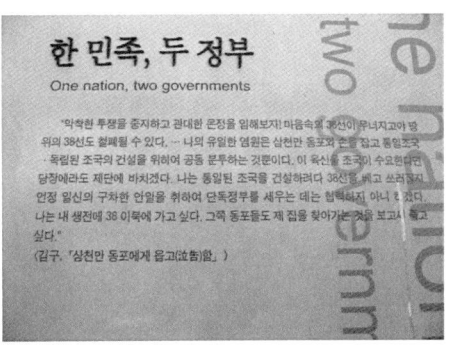

<그림 3-3> 8·15에 대한 상징적 재현

통일의 염원을 기리고 있다. 이것은 남북한 정권의 정통성을 동시에 인정하는 바를 함축하며 남한의 단독정부의 정통성을 약화시키며 '통일' 담론이 '건국'과 '자유'보다도 지배적 담론을 형성하는 데 기여할 수 있었다.

독립기념관의 기억정치는 대외적으로 서대문형무소역사관과 함께 강한 반일감정에 기초한 적대 패턴을 생산하며, 중국의 항일 전쟁기념관들에서 발견할 수 있는 최소한 일본에 대한 용서와 관용의 재현은 부재하다. 또한 대내적으로 정권교체에 따라 1945년 8월 15일에 대한 기념을 '해방', '독립' 그리고 '분단'의 차원에서 선택적 기억과 망각의 변화를 강요하였다. 2008년 이명박 정부가 들어섬으로써 건국 60주년을 맞이하여 1948년 8월 15일을 다시 '건국'이라는 이름으로 또 다른 기억의 재현을 요구하고 있다.

2) 서대문형무소역사관: 한국과 일본＝선과 악

서대문형무소역사관은 서대문 독립공원 내에 위치하고 있다. 서대문독립공원에는 순국선열추념탑, 3·1독립선언기념탑, 사적 제32호인 독립문, 사적 제33호인 영은문주초(迎恩門柱礎), 그리고 순국선열의 위패가 봉안되어 있는 독립관이 있음으로써 명실상부한 독립의 기억과 장소가 일치하는 곳이다. 1995년부터 서대문구에서 서대문독립공원 사적지에 대한 성역화 작업을 시작하여 1998년 조국독립을 위해 일제의 침략에 맞서 싸우다 투옥되어 모진 고문과 탄압을 받고 순국하신 애국선열들의 넋을 기리고, 후손들에게 우리 선열들의 자주독립 정신을 일깨워 주는 역사의 산 교육장으로 서대문형무소역사관이 개관하였다.[131]

서대문형무소는 1908년 10월 21일에 경성감옥이라는 이름으로 지어졌다. 1923년 5월에는 서대문형무소로 그 이름이 다시 바뀌어 1945년 8월 15일 광복을 맞기까지 수많은 애국지사들이 투옥되어 고문을 받으며 처형되거나 옥사당했던 악명 높은 곳이다. 1945년 11월 서울형무소로 이것이 다시 서울교도소와 서울구치소로 바뀐 뒤 1987년 11월 경기도 의왕시로 옮겨가면서 1992년 서대문독립공원으로 개원하였다.[132]

서대문형무소역사관은 형무소라는 공간이 가지는 특수성 때문에 투옥과 투옥배경 그리고 감옥에서의 고문과 사형집행과정을 체험식으로 전시함으로써 교육적 효과를 극대화하였다. 그러나 이곳에서도 기억의 재현과 복원 그리고 망각과 충돌이라는 측면을 감출 수 없었다. 첫째, 기억의 복원과정에서 사회주의 계열의 독립유공자들과 해방 이후 1987년까지 기억이 망각되었다. 서대문형무소 안의 추모비는 민족주의계열 독립운동가들의 이름만 새겨져 있으며 사회주의 계열 독립운동가들의 활동은 여전히 존중받지 못하고 있어 분단 이데올로기를 넘지 못한 모습이다.[133] 또한 해방 이후 1987

---

131) 서대문도시관리공단, 『서대문형무소역사관도록』(서울: 서대문도시관리공단, 2007), p.5.
132) 서대문도시관리공단(2007), p.4.
133) 박효종·최승훈, 「평화와 인권의 눈으로 보는 서대문 형무소」, 『중등 우리교육』(2006년 8월호),

년까지 기억은 생략되었다. 이곳에서 사형집행을 당한 진보당 조봉암, 육영수 여사를 저격한 문세광, 박정희 대통령을 저격한 김재규 등이 있으며 1975년 인혁당 재건위 사건[134]에 연루된 8명이 불과 20시간 만에 사형이 집행되었다. 서대문형무소역사관에서 국가가 32주기 인혁당 재건위 사건 추모제를 개최함으로써[135] 일제강점기에 대한 배타적 기억의 공간으로서 기억의 시간을 해방 이후로 넓힌 측면이 있다. 그러나 해방 이후 국가에 의한 공식적 기억에서는 배제된 부분이다. 따라서 서대문형무소역사관의 기억은 우리의 근현대사의 기억도 포함하는 장소로 기억의 복원과정이 필요하다.[136]

둘째, 서대문독립공원 내 위치한 서대문형무소역사박물관은 국가에 의한 공공기념장소(public service)이며 명예(honor)와 국가정체성(identity)을 고양할 수 있는 기억의 공간이다. 그러나 기억의 인도주의적(humanitarian) 측면[137] 즉 인권과 평화 그리고 화해와 용서에 대한 기억을 보여 주는가 하는 점이다. 식민 초기 공개적 즉결심판으로 잔혹성을 더했던 일본이 서대문 형무소라는 한국의 민족 운동가들을 마음대로 처분할 수 있는 격리된 공간을 확보하였다. 이러한 가시적인 공간을 구축함으로써 한국인에게 형무소로 끌려가 고통을 받을 수 있는 가능성을 보여 주었다. 즉 일시적인 장면만이 존재하는 즉결처분이나 위협이 아니라 항상 그 자리에 존재하는 유형적인 상징

---

134) 인혁당 사건(人革黨 事件)은 중앙정보부의 조작에 의해 사회주의 성향이 있는 도예종 등의 인물들이 기소되어 선고 18시간 만에 사형이 집행된 사건이다. 1965년의 제1차 사건에서는 반공법, 1972년의 제2차 사건에서는 국가보안법·대통령긴급조치 위반 등에 따라 기소되었다. 1975년 4월 9일 대법원이 사형을 선고해, 18시간 만에 사형을 집행했다. 이것은 사법 살인 사건이며, 이러한 사건은 박정희 시대에 일어난 인권 탄압의 사례로서 알려져 있다. 2005년 12월 27일 재판부는 인혁당 사건에 대한 재심소를 받아들였다. 2007년 1월 23일 서울중앙지법 형사합의23부는 피고인 8명의 대통령 긴급조치 위반, 국가보안법 위반, 내란 예비·음모, 반공법 위반 혐의에 대해 무죄를 선고했다. 같은 해 8월 21일 유족들이 국가를 상대로 제기한 손해배상청구의 소에서 서울 지방법원은 국가의 불법행위책임임을 인정하고 국가의 소멸시효 완성의 항변을 배척하면서 시국사건상 최대의 배상액수 637여 억 원(원금 245여 억 원+이자 392여 억 원)을 지급하라고 판결했다. [http://ko.wikipedia.org/](2008년 5월 7일 검색)

135) 한겨레신문, 2007년 4월 10일 [http://www.hani.co.kr](2008년 5월 7일 검색)

136) 문영주, 「한국 근현대사의 체험: 서대문형무소 역사관을 돌아보고」, 『내일을 여는 역사』(2000년 가을), p.197.

137) Mayo(1988)

<그림 3-4> 방문 학생들이 직접 들어가서 고문 체험을 할 수 있다.

물을 통해 무서운 일이 자신에게 일어날 수 있다는 가능성을 한국인들에게 지속적으로 환기시켜 주었다. 즉 감시와 처벌에서 공포의 상설화를 통해 매우 유리한 조건에서 독립운동가들의 자백과 죽음을 확보할 수 있었다.138) 공포의 체험전시 즉 고문을 받는 장면의 전시와 그것을 생생하게 체험하는 데 초점을 둔 전시물은 아이들의 마음속에 증오와 공포를 키우며 일본에 대한 적개심만을 자극하게 된다.139)

일본은 가해자이며 한국은 피해자 그리고 일본은 악(惡)이고 한국은 선(善)인 이분법적인 적개심과 탄압의 기억을 넘어설 필요가 있다. 즉 일본에 대한 증오심과 분단, 독재정권으로부터 탄압만을 기억하기 위한 공간이 아니라 '용서와 화해'의 공간으로써 평화와 인권을 기억하며 교육하는 장으로 거듭나기를 희망하는 것이다. 아울러 과잉 민족주의에 의한 극단적인 가해와 피해의 이분법은 또 다른 문제점을 낳는다. 우선 기억의 주체를 국가 혹은 민족으로 생각함으로써 개인은 기억의 소비자로 여기는 수동적 주체로 생각하기 쉽다. 아울러 피해자임과 동시에 가해자일 수 있다는 복잡한 역사적 현실을 은폐하게 된다.140) 이 부분에 있어 서대문형무소역사관은 다시 한 번 기억의 복원과 경합의 과정을 겪어야 한다.

이러한 상황 속에서 서대문형무소역사관을 포함하고 있는 서대문 독립공원을 확대할 계획을 서울시는 2008년 발표하였다. 서울시는 234억 원을 들여 독립문 주변 3,827㎡ 노후건물 밀집지역을 매입하여 현저동 101일대 10만 9,194㎡ 크기로 확대하여 서대문 독립공원을 명실상부 역사적 성지로

---

138) 양병일, 「서대문형무소의 상징읽기」, 제45권 4호 『사회과 교육』(2006), pp.68-70.

139) 박효종·최승훈(2006), p.123.

140) 임지현, 김용우 엮음, 『대중독재 2: 정치 종교와 헤게모니』(서울: 책세상, 2005), pp.490-493.

만들 계획이다.[141] 또한 한국정신대협의회는 현재 '전쟁과 여성인권 박물관'을 서대문 독립공원 안에 설립할 계획을 가지고 있다.[142] 이것이 완성되면 반일 민족주의적 기억 공간으로서 서대문형무소에서 좀 더 보편적인 전쟁 피해 여성문제를 취급할 수 있는 대안적이며 탈국가적 기억의 공간으로서 기대해 볼 수 있다.

3) 일본군 위안부 역사관: 탈민족 기억의 공유

<그림 3-5> 위안부 할머니의 증언   <그림 3-6> 일본군 위안부 역사관 전경

일본군 '위안부'란 일제강점기에 일본군 '위안소'에 끌려가 강제로 반복해서 성폭행을 당한 여성들을 일컫는다.[143] 한국에서는 오랫동안 이들을 정신대라 불러 왔다. 일반적으로 정신대라는 용어가 널리 쓰이기 시작한 것은 1944년 여자정신근로령이 공포되면서부터였다. 이 법령에 의해 조직된 여자근로정신대는 원래 남성노동력이 부족해지자 여성까지 군수공장에서 일

---

141) 조선일보, 2008년 8월 10일.

142) 전쟁과 여성인권박물관, [http://www.whrmuseum.com/] (2008년 5월 1일 검색)

143) 여자근로정신대와 일본위안부와는 본래 다른 것이었다. 또한 위안부 앞에 '종군'이라는 용어가 붙게 된 것은 종군간호부, 종군기자처럼 군과 밀접히 제도화된 존재에서 비롯되었으므로 종군이라는 수식어에는 강제성이 전혀 드러나지 않으므로 종군 위안부보다는 군 위안부라고 하여야 한다. Chunghee Sarah Soh, "The Korean 'comfort women' tragedy as structural violence", in Gi-Wook Shin, Soon-Won Park, and Daqing Yang, eds., *Rethinking Historical Injustice and Reconciliation in Northeast Asia: The Korean Experience*(London: Routledge, 2007), pp.23 -27; 강정숙, 「역사용어바로쓰기: 위안부, 정신대, 공창, 성노예」, 『역사와 비평』(2006, 봄호), p.316.

하게 하려고 만든 것이다.

일본은 만주사변과 중일전쟁으로 전선이 확대되고 장기전에 접어들자 통제되지 않는 군인들에 의한 빈번한 강간사건과 성병을 방지하기 위해 상해(上海)에 위안소를 설치한 것으로 알려진다. 1937년 중일전쟁 이후 일본군은 본격적으로 체계적인 위안소를 설치하였다. 일본은 자국인 일본에서뿐만 아니라 식민지 조선, 전쟁으로 점령한 중국, 필리핀, 인도네시아, 파푸아뉴기니 등 현지 여성들까지도 군 위안부로 동원했는데, 그 수는 5만에서 30만 명 정도로 추정되고 있다.

군 위안부에 대한 기억이 오랜 망각상태에서 다시 복원된 것은 1980년대에 와서부터다. 당시 한국교회여성연합의 윤정옥 등 3명은 후쿠오카에서 오키나와까지 위안부의 발자취를 조사하였으며 1988년 7월 정신대문제대책협의회를 설치하였다. 이후 1990년 1월 윤정옥은 한겨레신문에 4회에 걸쳐 '정신대 원혼 서린 발자취'라는 연재를 통하여 사회적 여론으로 이끌어 내는 데 선구적 역할을 하였다. 1992년 정신대협의회는 일본 대사관 앞에서 첫 수요 집회를 시작하였으며 2월 25일 한국정부는 피해자 신고센터를 설치하여 피해신고와 증언 접수를 개시하였다. 그해 7월 '일제하 군 위안부 실태조사 중간보고서' 발표를 통하여 위안부 모집 시 강압적인 방법이나 사실상의 동원되었음을 지적하였다.[144]

이후 군 위안부 문제는 빠른 속도로 국제화되었다. 일본은 1989년 독일 통일, 소련 붕괴, 그리고 사회주의권의 몰락으로 가속화된 탈냉전 분위기 속에서 히로히토의 사망으로 쇼와시대를 마감함으로써 종전 책임에 대한 논의가 훨씬 자유로워졌다. 한국 또한 민주화를 계기로 하여 과거사 청산문제와 시민단체의 활성화 등이 일본 군 위안부 문제를 복원하는 기폭제가 되었다. 1992년 8월 처음으로 '정신대문제해결을 위한 아시아 연대회의'가 서울에서 개최되었다. 1996년 UN 인권위원회에 쿠마라스와미 특별보고관이 위안부 문제에 관한 보고서를 제출하여, 일본정부에 국제법 위반에 대한

---

144) 나눔의 집(2008), pp.6 - 7.

법적 책임을 수용하도록 권고하였다. 2000년에는 도쿄에서 '세계여성국제전범재판(Women's International War Crimes Tribunal on Japan's Military Sexual Slavery in 2000)'을 개최하여 쇼와 천황과 함께 전시 일본 군부 및 정치지도자를 인류에 반하는 죄로 유죄를 인정하고 피해자에게 배상하는 국가적 책임이 일본정부에 있다고 판결한다.[145] 나아가 2007년도에는 미국 하원(7월 30일), 호주 상원(9월 19일), 네덜란드 하원(11월 8일), 캐나다 의회(11월 27일), 유럽연합 의회(12월 13일)에 각각 결의안을 통과했으며[146] 각국 정부는 이 결의안을 통해 일본정부에게 1930년대부터 태평양전쟁 기간 동안 젊은 여성들에게 성노예를 강요한 사실을 인정 사과하고 책임을 받아들일 것을 요구하였다. 일본 위안부 문제는 한국 내지는 아시아의 기억으로 존재하는 것이 아니라 이제는 국제적이며 탈민족적 기억의 중요한 축으로 자리 잡았다.

군 위안부 문제는 해방 후 약 50년이 지나서야 규명해야 할 우리 역사의 중요한 이슈로 떠오르게 되었다. 한국인에게 특히 군 위안부 여성들에게 일본 군대와 경찰이 군 위안부 체제에 직접 개입했다는 사실이 밝혀지기 시작하는 데 반세기가 걸렸다. 즉 태평양전쟁은 간접적 당사자가 아니라 강제징집 혹은 동원을 통하여 전쟁에 직접 참여하였으며 그 피해 또한 심각하였음에도 역사적 사실과 기억의 복원은 어떻게 한국 사회에서 오랫동안 침묵되어 왔을까?

첫째, 전후 일본 정부는 식민지 정부와 군대 관련 문서들을 기밀문서로 분류하여 공개하지 않아 왔으며, 둘째, 미국은 일본을 아시아에서 전략적 반공보루이며 자본주의 확장의 발판으로 삼기 위하여 일본의 전쟁범죄에 가벼운 처벌을 내리는 것으로 그쳤다. 이 결과 전후 일본 정부는 일본이 아시아의 식민지 여러 나라에게 입힌 피해를 공식적으로 무시하게 되었다. 즉

---

145) 최현실, 「글로벌 거버넌스로서의 유엔과 한국의 일본군위안부 정책변화」, 『동북아연구』 Vol.10(2005), pp.132-161.

146) 서현주, 『2007년도 각국 의회 위안부 결의안』, 동북아역사재단 [http://www.historyfoundation.or.kr/Data/Inform/2007년도%20각국%20의회%20'위안부'%20결의안_미국.pdf](2008년 5월 10일 검색)

국가 중심적이며 남성 중심적인 공식 기억의 첫 번째 장이었던 도쿄전범재판에서 전혀 위안부 문제는 다루어지지 않았으며 기억의 복원은 민간의 노력에 의하여 진행되었다.[147] 셋째, 위안부 체험이 불러일으키는 수치심과 죄의식으로 인하여 희생자나 가해자 그리고 증인 모두가 침묵해 왔다.[148] 이러한 주장은 일본이라는 바깥쪽만을 쳐다보게 함으로써 한국의 식민지 역사 문제를 식민지성의 극복과 역사 쓰기라는 과제와 대면하기보다는 일본에 의한 과거 청산이라는 관점으로만 환원한 것처럼 보이는 문제점이 있다.[149] 즉 일본의 일차적 잘못을 인정하면서도 위안부의 망각의 또 다른 중요한 원인을 한국 정부와 한국인들의 기억 내부에서 찾고 있다. 군인들에게 성을 빼앗긴 것은 우리 민족 전체에게 모멸감과 수치심을 안겨준 것으로 여성의 문제를 일본 남성과 한국 남성의 문제로 옮겨 놓았다. 즉 위안부 문제가 일본 남성에 의해 한국 여성의 성이 더럽혀진 사건으로 의미화될 때, 한국 남성의 자존심은 공격당할 수밖에 없다. 남성 민족주의 주체의 입장에서 볼 때 군 위안부 문제는 책임감과 당혹감을 동시에 일으키는 사건이다.[150] 다시 말해 이 문제에 동요되면서도 멀어지고자 하는 심리작용이 동시에 존재하는 것이다. 즉 가부장적이며 남성 우월주의 시각과 민족주의 담론이 결합하여 위안부 사건을 민족의 수치로 봄으로써 성화된 민족담론 (sexualized nation discourse)을 재구성해 내었다. 나아가 이러한 수치와 자존심에 근거한 감상주의적 민족주의는 진상규명, 사죄, 보상의 모든 주체를 일본으로 규정함으로써 한국 스스로가 자신의 역사 및 기억에 대한 새로운 생산자의 입장이 될 수 없게 만든다.[151]

이러한 남성적 민족주의 담론은 끊임없이 영웅적 서사구조를 생산하였으

---

147) Gluck(2007), p.67.
148) 정진성, 「일본 위안부 정책의 본질」, 한국사회사연구회 편 『한말일제하의 사회사상과 사회운동』(문학과 지성사, 1994), pp.172-173.
149) 양현아, 「한국인 '군 위안부'를 기억한다는 것: 민족주의, 섹슈얼리티, 그리고 강요된 침묵」, 일레인 김·최정무 편저, 박은미 옮김, 『위험한 여성: 젠더와 한국의 민족주의』(서울: 삼인, 2001), p.164.
150) 양현아(2001), p.171.
151) 양현아(2001), p.165-167.

며 전쟁 시기 여성들의 피해에 대해 침묵하도록 만들었다. 특히 기억의 우선순위에 있어서도 위안부 문제는 영웅적 서사에 밀려날 수밖에 없었으며 그 피해가 공식 기억 속에 재현되어 기념관으로 탄생하기까지 무려 50여 년간 시간이 필요했다.152)

일본 군 위안부 역사관은 처음부터 역사관으로 만들어진 것이 아니고 최초 일본 위안부 증언자인 김학순 할머니의 증언을 계기로 위안부 할머니들의 쉼터로 출발했다는 점이 다른 기념관이나 박물관과 다른 특징을 지녔다. 1992년 불교인권위원회에서 처음으로 할머니들의 어려운 처지를 해결하자는 취지에서 할머니들의 노인복지시설인 '나눔의 집'을 만들었으며 '세계 최초의 성노예를 주제로 한 인권박물관으로서 잊혀 가는 일본의 전쟁범죄 행위를 고발하고 피해자 할머니들의 명예회복을 위하여 후손들에게 산 역사교육의 장으로 활용하고자'153) 1998년 8월 14일 세우게 되었다.

전시공간은 총 6개로 되어 있으며, 제1전시공간은 증언의 장으로 일본군 위안부 문제에 대한 연표와 시대적 상황이 소개되어 있으며 제2전시공간은 가장 충격적인 체험의 장으로 위안소 내부 모형을 재현했다. 제3전시공간은 기록의 장으로 위안부 할머니들의 증언과 일본의 위안부 관련 망언 등을 전시하였으며 제4전시공간은 고발의 장, 제5전시공간은 다짐의 장, 제6전시공간은 나눔의 장으로 되어 있다. 2008년 다른 나라 위안부를 전시하는 국제부분도 증설하였다.

일본 군 위안부 역사박물관은 한국의 전쟁기억 속에서 몇 가지 독특한 특징을 가졌다. 첫째, 망각과 침묵의 시간이 길었다는 점이다. 그 이유는 앞서 설명했듯이 모든 것을 일본 탓으로 돌리는 외재적 원인들이 지배적이지만 그럼에도 불구하고 내재적 원인 즉 남성 중심적인 민족주의 담론이 위안부 역사를 오랜 침묵으로 억압했다는 비판을 피할 수 없다. 따라서 공식 기억에 저항하는 대항기억(counter memory)의 공간으로 재현되었다. 즉 용

---

152) Gluck(2007), pp.47 – 77.

153) 일본군위안부역사관. [http://www.nanum.org](2008년 5월 20일 검색)

산전쟁기념관이 민족주의적 반공주의 입장에서 남성 특히 영웅 중심의 서사구조를 가진 지배기억의 재현 공간이라고 한다면 군 위안부 역사박물관은 남성과 국가에 저항하는 민간 그리고 여성의 입장에서 기억을 재현한 '대항적 공간'이다.

둘째, 가해 국가로서 일본의 시민단체 및 양심 있는 지식인 및 기업인들이 박물관 설립에 함께 참여하였으며 현재 전시관의 영상물 또한 가해 국가인 일본인이 만든 것이다. 이로써 국가적 차원에서 가해자와 피해자가 함께 공유할 수 있는 기억 공간으로서 자리 잡을 수 있었다. 특히 공유기억은 국제화되어 민족과 국가의 경계를 넘어서 전 세계인들이 공감할 수 있는 여성인권의 공간으로 탈민족화(transnational)되었다. 탈민족의 역사박물관은 가해국인 일본의 시민사회로부터도 기부금을 받고 있으며 해마다 일본 대학생들과 시민단체 사람들이 방문하여 한국의 대학생들과 함께 워크숍 및 캠프를 진행하고 있다.154) 또한 타 국가의 군 위안부 전시를 기억하기 위하여 국제관을 신설하여 타이완, 필리핀 등의 군 위안부의 기억까지 확장하고 있다.

셋째, 민족주의 담론의 문제점이다. 일본 제국주의 식민시대에 일방적 강요에 의한 전쟁범죄로 군 위안부를 기억하는 것만으로 충분하지 않다는 점이다. 한국의 군 위안부 문제는 민족주의 시각에서 단순한 전쟁 범죄로 보는 시각과 함께 그것이 한국 식민지 근대화 과정에서 계급착취와 남성적 성 문화의 배경하에서 생겨난 '구조적 폭력'이었다는 점을 간과하였다.155) 지나친 민족주의 담론은 당시 식민지 근대화 과정에 내재해 있던 불평등과 억압을 숨기는 결과를 초래할 수 있으며 결국 민족을 절대화하여 구조적 측면을 밝히는 데 침묵할 수 있다. 따라서 일본 위안부 문제는 성 – 전쟁 – 국가 – 민족의 접근방법과 동시에 강대국/약소국의 문제와 제국주의와 식민주의라는 관점이 역사적이고 구체적 개별국가의 맥락 속에서 분석되어야 한다.156) 이

---

154) 인터뷰, 안신권, 나눔의 집 소장, 2008년 6월 1일.

155) Soh(2007), pp.17 – 31.

156) 정진성, 「전시 하 여성침해의 보편성과 역사적 특수성: 일본군 위안부 문제에 대한 국제사회의 인식」, 『한국여성학』 제19권 2호(2003), p.55.

점에 대해 역사관 안에 설명이 있기는 하지만 미약한 것으로 보인다.

일본 군 위안부 역사관은 공적기억(official memory)에 대한 대항기억(counter memory)으로서 탈민족적 기억(transnational memory)을 생산한다. 또한 공식적인 국가차원이 아닌 민간차원이기는 하나 가해와 피해가 함께 하는 만들어 가는 기억의 공간이라는 점이 한국의 전쟁기억의 공간에서 독특한 위치를 점하고 있다.157) 이러한 군 위안부 역사박물관의 국경을 초월한 탈민족적 기억은 동아시아기억복합체의 형성에 있어서 독립기념관과 서대문형무소박물관과는 다른 의미를 지닌다. 독립기념관과 서대문형무소역사관은 화해와 용서 그리고 평화와 인권이라는 전쟁기억의 보편성을 수용하기에는 역부족이다. 두 기념관은 중국의 항일전쟁기념관 등에서 볼 수 있는 일본에 대한 최소한의 관용과 이해를 보여 주지 못하고 있다. 극단적 반일주의를 재현하고 있어, 동아시아의 역사문제, 영토문제 그리고 교과서 문제가 야기될 때마다 민족주의 정서를 동원하는 기억의 공간으로서의 한계를 넘어서지 못한다. 그러나 군 위안부 역사박물관은 여성과 인권 그리고 평화라는 측면에서 단순한 적과 우방이라는 동아시아기억복합체의 모순을 극복할 수 있는 여지를 담보하고 있다. 이것은 일본, 대만, 홍콩, 중국 등 여성피해자들의 연대와 그리고 인권이라는 보편적 가치에 대한 국제적 지원으로써 가능하다.

2. 한국전쟁 관련 기념관

1) 전쟁기념관: 반공민족주의 기억

전쟁기념관은 일본의 조선국 사령부가 위치했었으며, 해방 이후부터

---

157) 정신대협의회는 현재 전쟁과 여성인권 박물관을 서대문 독립공원 안에 설립할 계획을 가지고 있다. 이것이 완성되면 반일 민족주의적 기억 공간으로서 서대문형무소에서 좀 더 보편적인 전쟁 피해 여성문제를 취급할 수 있는 대안적 공간으로서 전쟁과 여성인권 박물관의 역할을 기대한다. [http://www.whrmuseum.com/](2008년 5월 1일 검색)

1988년 8월까지 대전으로 이전하기까지 육군본부로 사용되었던 서울의 용산동 1가에 건립되었다. 1988년 6월 노태우 대통령의 순시에서 국방부가 '전쟁기념관 건립계획'을 보고한 것이 전쟁기념관 건립의 시발점이었다. 그로부터 약 2년 후인 1990년 9월에 착공식을 갖고, 1994년 6월에 개관하였다. 오늘날 홍보되고 있는 전쟁기념관의 건립 목적은 첫째, 호국자료의 수입, 보존 및 전시, 둘째, 전쟁의 교훈과 호국정신을 배우는 산 교육장, 셋째, 선열들의 호국위훈과 추모이다.158) 기념관은 호국추모실, 전쟁역사실, 6·25전쟁실, 해외파병실, 국군발전실, 대형장비실 등 6개의 실내전시실과 옥외전시실로 구분되며, 총 8,500여 점의 자료가 전시되어 있다.

전쟁기념관은 동서양을 막론하고 전쟁의 경험을 전시와 기념물을 통하여 그 의미를 다음 세대들에게 전달하려는 교육적 목적과 함께 전쟁 때문에 희생당했던 전사자들과 그의 유가족들에게 존경과 애도를 표하는 기능을 가졌다. 이러한 점에서 한국의 전쟁기념관 또한 그 기능 면에 있어서 크게 벗어나지 않을 것이다. 그러한 전쟁기념관은 다른 기념관이 가지는 보편적 기능과 함께 상이한 특성을 내포한다.

첫째, 기념관은 한국전쟁에 중점을 둔 반공안보의 가치관에 입각해서 만들어졌다. 1988년 6월 22일 노태우 대통령의 국방부 순시 중 '전쟁기념관' 건립에 대한 관심과 의지 표명이 지시로 국방부 주관하에 건립계획이 마련되었는데 그에 따르면 '전쟁 38주년에도 불구하고 일부 전후세대의 반공안보관 미정립, 전전세대의 자유반공투쟁 및 희생 외면, 6·25 민족영구분단을 위한 북침으로 오인, 유기체화된 반공안보, 민족통일관 재정립 필요'라고 밝혔다.159) 또한 그 중점사업으로 한국동란에 대한 종합적 교육 및 홍보관인 동시에 6·25연구실로 활용, 6·25 동란의 민족사적 의미를 추념하는 것으로 되어 있다.160) 전시공간도 물론 6개의 전시실로 구분되었으나 6·

---

158) 정호기(2007), pp.75 – 76.

159) 전쟁기념사업회, 『전쟁기념관 건립사』(서울: 군인공제회, 1997), pp.55 – 56.

160) 전쟁기념사업회(1997), pp.56 – 57.

25전쟁실이 2, 3층이며 전체 전시면적 3,064평 중에서 1,404평을 차지하는 것을 보아도 한국전쟁이 가장 중점이라고 할 수 있다.[161] 이렇게 한국전쟁의 공식 기억은 '반공안보의 가치관'에 선별된 기억이며 국가권력의 상징으로서 전쟁에 의해 희생당한 많은 민간인 특히 남한 군인과 미군에 의한 피해 사례는 배제되었다.[162]

둘째, 전쟁기념관은 종족 민족주의(ethnic nationalism)의 표상이라는 지적이다. 이는 국가와 민족 그리고 인종이 동일한 한국에 일체감을 부여하는 민족주의의 한 유형이라고 정의할 수 있다. 전쟁기념관은 순수한 단일 민족으로 이루어진 한민족 정체성을 강조하며 그것을 일관되게 전시과정에서 드러나 보이도록 구성되었다. 수나라의 침략에 대한 고구려 승리, 임진왜란 때 이순신 장군이 왜구를 물리쳤던 모습과 거북선 복원, 그 후 일본 제국주의 침략 시 자발적으로 일어난 의병, 식민지 시절의 광복군, 한국전쟁 당시의 국군 등을 동일선상에서 국가 위기 시 이를 극복한 민족의 영웅들로 표상함으로써 일관적인 종족 민족주의 성격을 나타내고 있다.[163]

또한 남한 군인이 북한 공산주의자들을 물리친 것은 일본 제국주의에 대항한 독립군과 의병과 동일시함으로써[164] 민족주의와 반공주의가 결합된 서사를 보여 주며 이 두 이데올로기는 민주화 이전까지 한국의 전쟁기억의 주축을 이루는 신념체계가 되었다.

셋째, 국난 극복사에 초점을 둔 전쟁기념이다. 한국전쟁에 대하여 국민 모두가 동의하는 통일된 설명이 불가능한 것에 대한 보충적 성격으로 등장한 것이 국난사적 기술이라는 점이다. 한국전쟁에 대한 기록, 기억, 기념 담론에서 한국전쟁에 대해 스스로를 열강의 각축전의 피해자, 이데올로기 투쟁의 희생양, 북한의 남침야욕의 희생자로 구성하면서, 그 기저에 한국전쟁

---

161) 전쟁기념사업회(1997), pp.243-244.

162) 김형곤, 「한국전쟁의 공식기억과 전쟁기념관」, 『한국언론정보학보』 제40호(2007년 겨울호), p.218.

163) Sheila Miyoshi Jager, "Monumental Histories: Manliness, the Military, and the War Memorial", *Public Culture*, Vol.14 No.2(2002), pp.387-409.

164) Jager(2002), p.399.

<그림 3-7> 독립기념관의 거북선은 전쟁기념관에도
등장하며 국난 극복사의 서사구조를 보여 준다.

과 남한의 관계를 지속적으로 자기 방어적 정당방위의 형태로 재생산한다. 즉 국난사적 역사기술을 통하여 한국전쟁을 '경험의 공통성'으로 처리하고, 태평양전쟁의 경험은 '식민지배의 암흑기'로 간략하게 취급하는 반면, 삼국시대부터 있었던 전쟁의 역사를 외세에 의해 수난당한 민족사로 기술하는 방식을 채택한다.[165] 전쟁기념관이 직업 군인 출신인 노태우 정권에 의하여 추진되었으며 아직도 국방부 소속임을 염두에 둔다면 남성 중심적 애국주의로 말미암아 한국의 군사사 부분에서 수치스러웠던 부분이므로 노출시키고 싶지 않았으며[166] 또한 한국 민족이 어려운 역사적 역경을 극복하는 국난 극복사라는 담론 구조 속에서 일제강점기 동안 희생당한 피해의식을 최소화하여 오히려 이러한 희생이 한국을 강하게 발전시켰다고 강조한 것이라고 볼 수 있다.[167]

이러한 국난 극복사적 이해는 박정희 시대에 전통문화부활 정책을 뒷받침하는 역사적 이해의 토대로 정착하였음을 알 수 있다. 국난 극복을 위한 애국전통은 박정희에 의하여 확대 재생산되었으며 세종, 세조, 영조를 조선시대의 르네상스로 보며, 이충무공과 전봉준을 극난극복의 인물로 보고 신라 화랑도를 계승해야 할 애국전통이라고 강조하였다.[168] 특히 1973년 문화공보부 조사에 의하면 전국 352개 선현 동상 중에서 255개가 이충무공의 동상

165) Kwon Myung A, "Transformation of Commemorative Narrative(1950's-2000's): Family story, the hi/story of national ordeal and the war commemoration", 20세기 전쟁기념의 비교문화사, 제1차 국제학술대회, 2006년 5월 30일, pp.78-79.

166) Jager(2002), p.403.

167) Kal(2006), pp.136-138.

168) 전재호, 「민족주의와 역사의 이용: 박정희 체제의 전통문화정책」, 『사회과학연구』 제7집(1998), p.93.

이리만큼 이순신은 민족영웅으로 신화화되었다. 아울러 박정희는 민족주의와 반공주의를 결합하는데, 이순신 동상 다음으로 많았던 것은 반공 어린이의 상징인 이승복 동상이었다.[169] 나아가 당시 반공과 민족의 통합은 '반공 민주정신에 투철한 애국애족이 우리 삶의 길이며, 자유세계의 이상을 실현하는 길'라는 국민교육헌장 구절에도 그대로 반영되었다. 전쟁기념관도 이러한 박정희식 기억서사를 그대로 답습하고 있다. 이러한 연장선상에서 한국전쟁은 남한 군인의 용맹성과 영웅담이 강조되어 있으나 유엔과 특히 한국전쟁에서 절대적 영향을 미쳤던 미군의 역할에 대하여는 찾아보기 힘들다.[170]

넷째, 탈냉전시대와 남북한 정상회담 이후 기존 반공주의적 기억에서 탈피하기 위한 새로운 기억의 재현을 위한 노력들이 등장한다. 한국전쟁의 명칭을 '6·25전쟁'이라고 하였으며 전시실 명칭 또한 '6·25전쟁실'로 하고 있다. 이 명칭과 기념은 전쟁 개시일을 기념한다는 측면과 끊임없이 반공 및 반북 이념의 내면화라는 점에서 논란의 대상이 되었다. 이렇듯 한국전쟁을 6·25전쟁이라고 명명하는 것은 냉전반공주의 핵심이며 이러한 6·25 담론은 1950년 6월 25일부터 7월 27일까지 존재했던 사건의 특정한 기억방식이자 동시에 그 후 한국사회의 가치관을 규정하는 미래 구속적이다. 나아가 박명림은 휴전일인 7월 27일을 남북한 공동으로 '한반도 평화의 날'로 설정하고 전혀 다른 의미로 함께 기념하자고 주장하는데[171] 이는 전쟁기념의 의미를 국가정체성, 명예, 추념의 의미에서 한 단계 더 높이는 작업으로 이해할 수 있으며 그것은 적대적 관계를 청산하여 남북한 상호 이해할 수 있는 공유 기억의 출발로서 의미를 가질 수 있기 때문이다. 이러한 의도는 남북한 정상회담이 진행된 이후 6·25전쟁 휴전 50주년 기념 사업단에서 설치한 조형물인 '청동검과 생명수 나무'에서 표출되었다.

169) 신은재, 「박정희의 기억만들기와 이순신」, 김학이·김기봉 외 『현대의 기억 속에서 민족을 상상하다』 (서울: 세종출판사, 2006), p.123.

170) Jager(2002), p.401.

171) 박명림, 「한국전쟁, 6.25 용어사용과 기억방식에 관한 단상」, 『역사비평』(2006년 봄호), pp.321- 328.

<그림 3-8> 청동검과 생명수 나무

첫째, 조형물이 휴전일인 7월 27일을 기념하는 차원에서 제작되었다는 점에서 종래 6·25담론에서 벗어난 것이었으며, 둘째, 그 조각의 내용에 있어서 국군을 비롯하여 참전 외국군, 국민방위군, 유격대, 학도병, 피난민 등을 포함하여 종래 국군 중심의 전시에서 상징적으로 민간인과 기타 참여자를 포함하였다. 이렇듯 시대적 변화에 따라 전쟁기념관의 전시물과 조형물이 변화하는 모습을 보여 주고 있으며 단순히 냉전적이고 반공안보관이라는 고착된 시각에서 탈피할 필요가 있다.

전쟁기념관은 동아시아기억복합체와의 상관관계 속에서 볼 때 북한에 대한 적대감을 재현하는 공간이며 이는 거꾸로 미국에 대한 우호적 패턴을 창출하는 기억의 장소이다. 이런 측면에서 미국을 적으로 기억하는 중국의 '항미원조기념관'172)과는 정반대의 위치에 놓여 있으며 서로의 기억이 충돌한다.

2) 거창사건기념관: 기억의 복원

한국의 전쟁 관련 기억은 일제식민을 중심으로 한 민족주의적 기억과 한국전쟁으로 인한 반공주의적 기억이라는 두 가지로 표출된다. 후자는 냉전과 독재정권 시기에 민족주의적 성격과 함께 강화되며, 또 다른 망각을 강요하여 왔다. 그것은 전쟁 중의 국가폭력이며 또 다른 하나는 민주화과정에서 발생한 수많은 인권유린의 사례들이다. 이 강요된 망각은 탈냉전과 민주화 시대인 1990년대를 맞이하여 기억의 복원 작업을 통하여 다시 재현되기 시작했다.

---

172) 이 책의 제4장 참조.

한국전쟁은 공산주의와 자유 민주주의라는 두 개의 상이한 신념체제의 충돌이었다. 따라서 승리와 점령은 전투적 의미를 넘어서 가치체제를 비롯한 모든 정치, 사회, 경제, 문화를 일시에 전부 바꾸는 것을 의미한다. 1950년부터 1953년까지 서울의 주인이 각각 두 번씩 바뀌었으며 평양은 냉전시기 사회주의 국가 중 유일하게 1950년 9월부터 12월까지 자유민주주의 정부가 점령하는 시기를 경험하였다. 아울러 이 전쟁은 이념적 지형이 첨예하게 상이한 남한과 북한이 대립한 국내전이면서 미국과 중국 그리고 UN 국가들이 참여하여 동아시아 지역의 냉전시대를 촉발한 국제전의 성격을 모두 가지고 있다. 이러한 전쟁의 이중성은 직업군인뿐만 아니라 '전면전(total war)'으로 인해 많은 민간인들이 희생되었으며 직업군인들에 의한 비인도적 행위도 발생하였다.

제주 4·3사건과 거창사건 그리고 노근리 사건까지 모두 한국전쟁 전후와 전쟁 가운데 일어난 사건들로 장소와 경위는 다르지만 크게 보아 국가폭력에 의한 민간인들이 희생된 것이라고 볼 수 있다. 국가보훈처가 소개하고 있는 한국전쟁 관련 기념관은 총 6개인데 이들은 전부 군인들의 전적과 희생을 위한 것들이다.[173] 그중에서 거창사건 추모공원과 제주 4·3 평화공원은 유일하게 군에 의한 민간인 학살을 추모하며 기념하는 기억의 공간일 것이다.

1996년 제정된 '거창사건 등 관련자의 명예회복에 관한 특별조치법'에 의하면 '거창사건 등'이라 함은 공비토벌을 이유로 국군병력이 작전 수행 중 주민들이 희생당한 사건을 뜻한다.[174] 즉 1951년 2월 경남 거창군 신원면의 청연, 탄량골, 박산골 세 마을에서 한국군의 이른바 '견벽청야(堅壁淸野)' 작전[175]이라는 빨치산 토벌 작전에 의해 도합 719명의 마을 주민들이

---

173) 국가보훈처, [http://www.mpva.go.kr](2008년 5월 9일 검색)
174) 거창사건관리사업소, [http://case.geochang.go.kr/](2008년 5월 8일 검색)
175) 견벽청야 작전이란 반드시 확보해야 할 전략거점은 벽을 쌓듯이 견고히 확보하고(堅壁), 부득이 포기하는 지역은 인원과 물자를 철수하고 적이 이용할 수 있는 것을 없애 빈 들판을 남겨 준다(淸野)는 것이다. 자세한 출처에 대한 설명은 박명림, 「국민형성과 내적 평정: '거창사건'의 사례연구」, 『한국정치학회보』 36집 2호(2002), pp.84-85.

살상된 것이 거창사건이다.

거창사건은 특이하게도 기억의 복원과 배제 그리고 다시 재현이 반복되었으며 이에 따라 기억의 공간 또한 변화가 심하였다. 당시 군부대 책임자의 잘못이 법적, 도덕적으로 명백히 규명되어 처벌받았으며, 1951년 12월 16일 대구중앙고등군법회의에서 11사단 9연대장 오익경 무기징역, 3대대장 한동석은 징역 10년, 정보장교 김종원은 징역 3년에 처해졌다. 그러나 1960년 4·19 이후 유가족들이 세운 위령비와 합동묘역은 5·16 쿠데타 이후 국가에 의해서 다시 파괴되었다. 5·16 쿠데타 직후 군사정권은 거창유족 뿐만 아니라 전국 피학살자 유족회 관련자들을 구속하였고, 5월 18일 유족회 간부들을 반국가단체 혐의로 혁명재판에 회부하였다. 그들은 진상규명 활동에 참여했던 피해자들을 범법자로 몰았으며 관련 자료를 없애 버렸다. 나아가 위령비와 합동묘를 개인묘로 분장하라는 지시는 피해자의 기억을 없애기 위한 일종의 기억의 통제이자 철저한 배제였다.[176] 당시 문제의 11사단에는 박정희 정부에서 외무장관과 대사로 승승장구한 사단장 최덕신을 포함하여 5·16 주도세력이었던 박경원과 박원근이 들어 있었다. 또한 11사단 참모장 박경원은 군단장, 군사령관을 거쳐 내무부장관, 체신장관, 교통장관, 민주공화당 중앙위원회 부위원장을 역임한 박정희 정부의 핵심인물이었다. 박원근 또한 5·16 이후 5사단장을 비롯하여 육군본부 인사참모부 차장 및 기획통제실장, 군단장, 제2군사령관 등을 역임하였다.[177] 군사정권은 그들의 핵심세력들이 거창사건에 연루되어 진상규명을 요구했던 유족들을 탄압하고 거창사건을 일방적으로 기억 속에서 지워 버리는 기억의 정치에 개입하게 된 것이다. 따라서 박정희 정권시기에 거창은 철저한 반공주의 국가정체성 속에서 은폐된 채 망각되었다.

1987년부터 전개되기 시작했던 5·18 민주항쟁에 대한 과거청산작업은

---

176) 한성훈, 「거창사건의 정치사회학적 분석: 기억의 정치와 학살의 승인」, 『사회와 역사』 제69집(2006), p.226.

177) 박명림(2002), pp.78-79. 그들은 8개월 복역 이후 이승만의 사면조치에 의하여 풀려났다; 한성훈 (2006), p.233.

거창지역 유족들에게 기억을 복원할 수 있는 새로운 계기를 마련해 주었다. 1988년 유족들은 5·18 민중항쟁의 청문회를 하고 있던 민주화합추진위원회에 진정서를 제출하고 다시금 희생자들의 명예회복을 요구하는 운동을 전개하였다. 결국 1996년 1월 5일 법률 제5148호로 '거창사건등관련자의명예회복에관한특별조치법'이 통과되었으며 그 후 각종 위령사업이 전재되면서 추모공원과 역사교육관이 만들어졌다.[178]

거창사건 추모공원은 '학살터', '박산합동묘역', '합동묘역', '추모공간', '역사교육관'의 다섯 개 부분으로 되어 있다. '학살터'는 실제 학살이 있었던 곳으로, 1차 집단학살지인 청연마을, 2차 집단학살지인 탄량골 계곡, 3차 집단학살지인 박산골 계곡 3곳이다. 박산합동묘역은 5·16 군사정권에 의해 파괴된 위령비와 묘소들을 수습하여 2004년 다시 추모공원 내 합동묘역으로 옮겨졌다.

<그림 3-9> 무릎 꿇고 사죄하는 군인 모습

거창사건 추모공원은 국가가 민간인 학살에 공식적 기억의 공간을 재현하였다는 점에서 획기적이다.[179] 특히 가해자 측인 군이 무릎을 꿇고 사죄하는 '참회'라는 위령탑은 전국에서 찾아볼 수 없는 모습이다.

그러나 명칭에 있어서 '양민학살'이라는 용어가 빠진 채 '사건'이라고 사용함으로써 국가의 책임을 어느 정도 무마하며 진실을 직시하지 않으려는 정치적 타협이 드러나며 공식 기억의 한계를 드러낸다.

---

178) 정호기(2007), pp.91-92.
179) 물론 2008년 세워진 제주 4·3평화공원도 이런 맥락에 놓여 있다.

이는 역사교육관 정문에는 '거창사건관리사업소'의 명패와 '거창양민학살회 생자유족회'의 명패가 나란히 걸려 있으며 이는 거창사건 추모공원이 '거창 양민학살사건' 추모공원이 될 수 없었던 기억의 충돌의 상징적 표상이다.

거창사건관리사업소 소장은 홈페이지 인사말에서 "자라나는 세대에게는 생명의 존엄성을 일깨우는 산 교육장으로서 역할을 다하며 나아가 세계인 의 가슴속에 평화와 인권의 상징으로 우뚝 세우도록 최선을 다하겠습니다." 라고 평화와 인권에 대하여 언급하고 있다.180) 나아가 제5공간도 '평화와 인권'이라는 제목하에 원혼들의 한을 푸시고 거창지역의 명예도 회복되었 으니 이를 계기로 평화와 인권이 살아 숨 쉬는 나라를 만들자는 기원이 담 겨 있는 공간이다. 그러나 평화와 인권에 대한 구체적인 내용과 전시는 매 우 미흡한 상태이다. 예컨대 이를 개선하기 위하여 기억의 복원 및 재현 작 업이 거창에만 국한할 것이 아니라 남한, 북한, 그리고 국제적으로 일어났 던 민간인 학살에 대한 설명과 전시가 보완되어야 할 것이다. 민주화된 국 가들이 국가폭력에 대한 자신들의 과거를 어떻게 복원하였으며 기억하는가 를 함께 보여 줘야 마요(Mayo)의 지적처럼 거창 기억의 국제적 보편성을 담보하게 될 것이다.181)

분단의 문제가 해결되지 않고 한국전쟁과 관련된 기억의 경합과 충돌 그 리고 복원의 갈등은 항상 문제시될 것이다. 전쟁기념관의 기억은 반공주의 적 민족주의 입장에서 한국전쟁뿐만이 아니라 민족사 전체를 국난 극복의 과정으로 보며 영웅만이 존재하는 담론 구조를 지니고 있으며 이 구조에서 는 피해자의 모습은 기억에서 배제되었다. 그러나 국가가 세운 거창추모공 원 및 역사 교육관은 여러 가지 한계점에도 불구하고 분명 전쟁의 가해자 의 입장에서 국가 폭력을 인정하는 화해와 용서의 가능성을 보여 주었다는 점에서 의미가 크다.

---

180) 거창사건관리사업소, [http://case.geochang.go.kr/](2008년 4월 28일 검색)
181) Mayo(1988)

3) 제주 4·3평화기념관: 탈민족 기억의 출발

제주 4·3사건 진상규명 및 희생자 명예회복에 관한 특별법 제2조에 의하면 '제주 4·3사건'은 1947년 3월 1일을 기점으로 하여 1948년 4월 3일 발생한 소요사태 및 1954년 9월 21일까지 제주도에서 발생한 무력충돌과 진압과정에서 주민들이 희생당한 사건을 의미한다.[182] 사건의 배경은 극히 복잡하고 다양한 원인이 내재되어 하나의 요인으로 설명할 수가 없다. 미군정 당시 제주도는 동북아 요충지라는 지리적 특수성, 1945년 8월 이후 급격한 인구변동, 귀환인구의 실직난, 생필품 부족, 콜레라에 의한 수백 명의 희생, 극심한 흉년 등의 악재와 함께 미군정이 주도한 미곡정책의 실패, 일제경찰의 군정경찰로의 변신, 군정 관리의 모리행위 등 큰 사회문제의 발생으로 민심이 악화된 상황이었다.[183]

사건의 종결 이후 줄곧 국가권력에 의해 망각이 강요되었다. 1954년 한라산 금족령이 해제되어 4·3이 종결된 지 6년이 지난 1960년 5월 23일, 민의원(4대 국회 본회의)은 한국전쟁 당시 거창과 함양 등지의 '양민학살사건진상조사특별위원회'의 구성을 결의했고, 제주도를 조사대상 지역에 포함했다. 그리고 6월 6일의 특위조사는 한계가 많았지만, 진상규명운동은 점차 활발해져 갔다. 그러나 국회 차원의 진상조사와 유족들의 진상규명 노력은 뒤이은 군사정권에 의해 억압당했다. 많은 민간인 학살 관련 기록들이 폐기되었고, 관련자들이 옥고를 치렀으며, 유족들이 세운 위령비들이 파괴되었다. 이후 공식적인 장에서 '4·3'의 진상규명은 언급이 불가능한 금기 그 자체였다.[184] 1987년 민주화 운동 이후 그 의미와 성격을 다시 자리매김하려는 움직임이 활발하게 전개되어 2000년 특별법의 제정과 2003년 노무현 대통령의 사과, 피해자 명예회복, 기념공원 및 기념관 건립 그리고 관련 교

---

182) '제주 4·3사건 진상규명 및 희생자 명예회복에 관한 특별법'.
    [http://www.jeju43.go.kr/sub/catalog.php?CatNo=19](2008년 6월 7일 검색)
183) 제4·3사건진상규명 및 희생자명예회복위원회, 『제주 4·3사건진상조사보고서』(2003년 12월),
    [http://www.jeju43.go.kr/sub/catalog.php?CatNo=45](2008년 6월 8일 검색)
184) 강성현, 「4·3과 민간인 학살 메카니즘의 형성」, 『역사연구』 제11호(2002), p.200.

과서 내용 수정 등으로 이어진다.[185] 그 가운데 평화공원은 총면적 396,743 ㎡로 2001년도에 착공하여 위령제단, 위령탑, 추념광장이 만들어졌으며 평화기념관은 연면적 1만 1,455㎡에 지하 2층 지상 3층 규모로 한라산과 제주의 장수설화인 '설문대활망' 설화를 바탕으로 4·3을 담아 화해와 상생으로 나가자는 취지로 2008년 3월 28일 준공하였다.

평화기념관은 2006년 1월부터 2년여 동안 모두 380억 원이 소요되었으며 4·3사건 희생자의 넋을 위령하고 4·3의 역사적 의미를 되새겨 희생자의 명예회복 및 평화와 인권의 성지로서 4·3의 교훈을 상생과 화합의 정신으로 승화 발전시키는 교육의 장으로 활용되고 있다.

기념관 지상 1층에는 기획, 예술전시실과 어린이 체험관 등이 있으며, 지상 2층은 4·3과 관련한 각종 자료, 열람실, 교육실 등이 마련됐고, 지상 3층은 학예연구실과 세미나실이 갖춰졌다. 상설전시관 중 어두운 동굴 모양의 입구들로 들어가는 1관 '역사의 동굴'은 4·3의 역사를 프롤로그 형태로 보여 주며, 2관 '흔들리는 섬'은 일제강점기 때 제주도민들을 강제 동원해 구축한 각종 갱도진지와 각종 군사시설, 미군정 실시에 뒤이어 4·3사건의 도화선이 된 1947년 3·1절 기념대회의 발포사건을 애니메이션 영상과 함께 다루고 있다. 제3관 '바람 타는 섬'은 1948년 5월 10일 총선거를 반대한 무장봉기와 남과 북에 두 개의 정부가 수립되면서 굳어져 가는 분단과정을 보여 주고, 4관 '불타는 섬'은 토벌대의 초토화 작전을 통한 수많은 제주도민들의 학살을 애니메이션과 각종 사진, 문서 등으로 나타내었다. 제5관 '흐르는 섬'은 4·3으로 얻은 연좌제 피해, 후유장애 등을 보여 주는 한편 진상규명 운동의 전개과정도 소개한다. 제6관 '새로운 시작'은 고통의 역사를 넘어 평화와 인권, 통일을 염원하는 공간으로 구성되었다. 특별전시공간에는 지난 92년 4·3 당시 11명의 유해가 발견된 제주시 구좌읍 다랑쉬 굴을 재현해 4·3의 처참한 역사와 생명의 고귀함을 기억할 수 있도록 했다.[186]

---

185) 제주 4·3사건진상규명 및 희생자명예회복위원회,
　　[http://www.jeju43.go.kr/sub/catalog.php?CatNo=34](2008년 6월 7일 검색)
186) 「제주 4·3 고통의 역사 한눈에」, 한겨레신문, 2008년 3월 25일.

제주 4 · 3사건은 일본으로부터 해방된 이후 1947년부터 한국전쟁을 거쳐 1954년까지 상당히 오랜 기간으로 펼쳐져 진행된 것으로 그사이 한국은 해방과 독립, 남북한 정부의 수립과 분단 그리고 한국전쟁이라는 격심한 국내외 정치 변화를 겪었다. 따라서 4 · 3평화공원과 기념관도 식민지 경험에 내한 반일적 지배기억과 미군정과 한국전쟁의 반공주의 이데올로기의 희생에 대한 대항기억 등이 중첩되었다. 당시 제주도민의 희생의식 구조의 가해자들의 구성을 보면 그 복잡성이 드러난다. 가해자를 분류하자면 재조선 미군, 대한민국 경찰과 국군, 서북청년회 등 우익단체, 남로당 산하 유격대이다. 여기에 1945년 일본 점령군이 6만 7천 명이 주둔하여 있었으며 전쟁 말기 미군의 공습으로 인한 사망자까지 있었기 때문에[187] 당시 제주도민의 중층적 희생의식을 복원하여 기념 공간 안에 재현하는 것은 그 희생구조만큼 어려운 작업이다.

기념관은 국가정체성의 부여, 추모 및 위령시설, 피해자에 대한 명예회복 나아가 보편적인 국가폭력에 저항하는 인권과 평화의 가치를 포함하는 전시와 기념시설을 구비하였다. 기념관의 탄생 그 자체는 '누구를 기억하는 가'와 '무엇을 기억하는가'라는 점에 있어서 용산 전쟁기념관과 정반대의 위치에 있다. 용산 전쟁기념관은 민족주의적 반공주의에 기초하여 국가의 지배적이며 공식적인 기억재현을 담당해 왔다면, 제주 4 · 3평화기념관은 국가의 피해 민간인들에 대한 추모와 명예회복을 중심으로 한 '대항기억'의 공간으로 재현되었다. 그러나 대항기억의 국가적 수용 즉 민주화로 인하여 순수 국가예산에 의하여 신설되었다는 점은 정권교체로 인하여 기억의 충돌이 또다시 재현될 소지를 남겨 두었다.

'국가에 의한 대항기억' 공간으로 개관된 제주 4 · 3평화기념관은 기억의 재현과정에서부터 충돌이 생겼으며 전시 공간 내에서도 문제가 발생했다. '4 · 3사건 진상규명 및 명예회복 위원회'에서 국방부 및 경찰 측의 추천위원으로 국무총리의 위촉을 받고 2000년 8월부터 활동했던 한광덕, 김점곤,

---

187) 허호준, 「태평양전쟁과 제주도」, 『사회와 역사』 제72집(2006), pp.37 - 67.

이황우 위원들이 4·3사건 과정과 전후 배경과 사실에 입각하여 국군과 경찰의 공과를 대변했으나 진상조사보고서에 반영되지 못함으로써 동의할 수 없다는 서명을 하고 동반사퇴를 했다. 그들의 입장은 4·3사건의 초기국면은 미 군정하의 해방공간에서 발생했던 것이기에 오늘에 와서 심판기준이 명확하지 못할 수 있지만 1948년 8월 15일 대한민국 정부 수립 이후 대통령이 발령한 계엄령하에서 지속된 폭동은 대한민국의 헌법에 따른 국법질서의 유지차원에서 접근해야 한다는 것이다.[188] 이러한 보수적 시각에서 전시에 대한 문제점을 지적하자면, 전시물이 4·3사건의 시대적 정황과 의미를 거시적으로 조명하기보다는 미국과 한국 정부의 희생자 탄압에 초점을 두고 있다는 점이다. 특히 전시실에는 '남로당 제주도위원회의 무장봉기'와 관련하여 '탄압이면 항쟁이다. 조국의 독립을 위해서'라는 당시 남로당 무장보기 세력의 '전단'을 전시하고 있으며 '경찰 탄압에 저항' 등의 제목을 달아 자칫 남로당은 애국세력, 진압 경찰은 분단세력이라는 그릇된 인식을 심어 줄 수도 있다고 지적한다. 더욱이 당시 '제2연대장 함병선'의 얼굴사진과 함께 '가혹하게 이어진 학살' '제주도는 거대한 감옥이자 학살터였다'는 제목 등으로 마치 진압 군경을 학살자인 듯 묘사한다. 나아가 재향군인회와 뉴라이트전국연합 등 90여 개 보수단체 대표들로 구성된 '국가정체성협의회'는 제주 4·3평화기념관은 남로당 폭도들의 만행은 축소 은폐하는 등 대한민국 정통성을 부정하고 있다며 기념관 개관의 연기를 주장했었다. 이들은 또한 2008년 1월 대통령직 인수위원회에 진상조사보고서 폐기와 4·3평화기념관 공사 중단을 요구하기도 했다.[189]

---

188) 한광덕, 「제주 4·3사건 보고서는 빨리 다시 써야 한다」, 『한국논단』 2008년 4월호, p.90.
189) 「논란커지는 제주 4·3기념관 현장 직접 둘러보니」, 문화일보, 2008년 4월 2일.

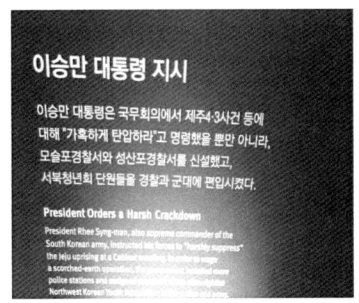

<그림 3-10> 이승만 대통령의 직접지시 사항의 전시

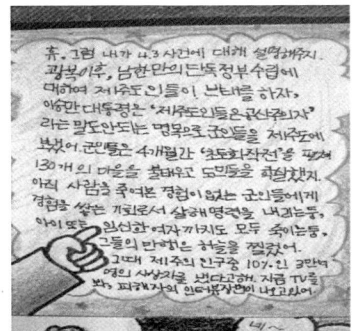

<그림 3-11> 4・3 학생문예작품들이며 이승만 대통령에 대한 부정적 평가가 역력하다.

국가에 의한 대항기억의 수용은 정권교체에 따른 기억의 갈등양상을 기념관 전시에서도 이미 드러냈다. 2008년 2월 이명박 정부가 들어서자 만화가 김대중이 3관인 '바람 타는 섬' 가운데 '미군정, 강경방침으로 선회'라는 패널설명 맞은편 벽에 설치하게 되어 있던 '오라리 사건과 제주 메이데이'라는 만화작품이 합판으로 가려지게 되었다고 한다.190) 이 작품은 1947년 5월 1일 발생한 오라리 마을 방화사건을 무장대의 소행으로 기록한 미군 쪽의 영상자료는 미군 쪽에서 의도적으로 조작한 것으로 사실은 군경 쪽에

---

190) 「제주 4・3평화기념관에서 빚어진 정권교체의 흔적」, [http:blog.co.kr/dreamingmoon/1599](2008년 6월 11일 검색)

서 일으킨 것이며 배후에는 미국정부가 있는 것으로 의심된다는 내용이다. 또한 박불똥의 작품 '행방불명'은 일부가 가려진 채 전시되었다. 이 작품 역시 4·3의 폭력 진압 배후에는 당시 이승만 대통령이 있을 수밖에 없다는 내용으로서 작품의 한 가운데 콜라주된 이승만 대통령의 일러스트가 검은 판으로 가려져 있다. 또 설치작품의 측면에 비추게 돼 있는 이승만 대통령의 제주도 방문 사진 빔 영상은 아예 꺼 놓고 있다.191)

제주 4·3평화기념관은 기억의 복원을 국가자본에 의지함으로써 국가에 의해서 관리되는 또 다른 '공식기억'으로서 그 참된 대항기억의 의미를 상실할 수도 있다. 따라서 제주 4·3에 대한 파편화된 기억을 다양하게 수용할 수 있도록 또 다른 민간차원에서 기념관을 건설하는 '기억의 복수화'를 고려해 볼 필요가 있다.192)

제주 4·3평화기념관은 동아시아 국가들과 '평화'라는 이름하에 소통할 수 있는 기억의 공간이다. 제주 4·3사건을 평화와 함께 기억한다는 점에서 동아시아기억복합체와 관련성을 찾을 수 있다. 제주도는 2005년도 이미 '평화의 섬'으로 지정되었다. 민간차원에서는 '제주 4·3연구소'를 중심으로 1998년부터 그 이전부터 냉전과 국가폭력으로 인한 민간인 피해기억을 공유하는 오키나와와 타이완과 함께 역사적 기억의 공유 작업을 계속해 오고 있다. 또한 학살을 기억하는 또 다른 시민 평화 벨트의 구상안에 일본 히로시마와 난징을 포함시켜 논의하고 있다.193) 이 평화구상안에는 광주와 오키나와도 포함되어 광범위한 기억복합체를 형성한다. 그러나 이러한 기억복합은 기억의 충돌과 경합이라는 또 다른 동아시아 역사기억의 모순을 내포한다. 예컨대 민주주의, 평화, 인권의 문제를 '난징' 기억에 적용해 볼 때

---

191) 지난 10년 동안 제주 4·3평화기념관 건립에 직간접으로 참여했던 제주전통문화소장인 박경훈은 첫째 행정편의주의, 둘째 마스터플랜의 부재, 셋째, 평화재단의 파행, 넷째, 독립성의 상실 그리고 홍보의 부족 등을 문제점으로 지적하고 있다. 박경훈, 「4·3평화기념관의 문제점 분석과 대안 모색」, 제주 4·3연구소 창립 제19주년 기념 학술심포지엄 자료집, 2008년 12월 11일, pp.44-48.

192) 정선태, 「4·3평화기념관과 기억의 정치학」, 20세기 전쟁기념의 비교문화사 제3차학술대회, 2008년 5월 17일, p.83.

193) 서승, 「동아시아평화연대운동의 가능성-제주도역할」, 제주 4·3과 동아시아 평화운동 국제심포지엄, 2004년 3월 27일, pp.7-16.

정치적으로 민감한 주제가 될 것이다. 왜냐하면 국가에 의하여 전쟁기억이 독점되고 있는 중국에서 문화혁명시기의 민간인 피해, 중국과 인도 그리고 베트남전쟁의 피해 등 이른바 국가폭력으로 인한 피해사실의 복원작업이 어렵기 때문이다. 히로시마의 평화 또한 제주의 평화와 공유할 수 있는 부분이 적다. 히로시마는 피혜의식에 기초하여 일본이 가해한 사실에 대하여 침묵하고 있지만 제주는 철저히 가해사실의 인정 위에서 시작하기 때문에 외연적으로 똑같은 평화를 주창하고 있으나 그 내용은 서로 다르다. 따라서 제주 4·3의 평화가 동아시아의 기억으로 탈민족적이며 탈국가적 성격을 가지기 위해서는 이와 같은 많은 어려움을 극복하여야 한다.

또 다른 문제점은 '제주 평화의 섬'의 평화와 '제주 4·3'의 평화가 같은 제주 안에서 경합하고 있다는 것이다. 2005년 1월 27일, 제주국제자유도시 특별법 제12조에 근거하여 정부는 제주도를 '세계평화의 섬'으로 공식 지정하여 각종 후속사업을 진행하고 있다.[194] 제주의 평화섬 지정은 '평화산업'이라는 구체적 경제적 목표를 지향하고 있으며 이러한 논의는 제주 4·3에 대한 복원과정에서 노무현 정부의 '동북아평화번영'이라는 대외정책의 구상 속에서 개발되었다.[195] 이는 곧 또 다른 기억의 갈등 소지를 내포하는데, 그것은 지방 대 중앙정부, 공익 대 수익, 민간 대 국가로 대별된다. 예컨대 그러한 기억 갈등의 중층적 모습은 제주 4·3평화기념관과 대별되는 '국제평화센터'의 전시를 살펴보면 분명해진다.

세계평화의 섬지정과 아울러 중문단지에 8,434평, 연건평 2,155평으로 지하 1층, 지상 2층 전시관인 '국제평화센터'를 2006년도 개관했다. 이곳은 중앙정부가 추진하고 있는 동북아평화번영 구상의 제주도판으로 제1전시실에는 제주평화 정신의 배경, 삼무정신, 동북아 중심적 위치, 국제 자유도시 추진, 제주의 문화유산, 제주를 방문했던 정상들의 방문기록을 제2전시실은 세계평화지수, 제주의 평화실천사업, 남·북 교류협력, 한·일 월드컵, 감귤

---

194) 「세계평화의 섬, 제주」, [http://peace.jeju.kr/2005/html/sub1/sub1.htm](2008년 6월 2일 검색)
195) 제주발전연구원, 『세계평화의섬 제주와 평화산업』(서울: 보고사, 2008), pp.14–17.

보내기 사업, 제주의 평화실천 사업으로 구성되어 있어, 지방의 고유한 기억으로서 제주 4·3사건 혹은 일제식민경험의 내용은 전혀 없다. 더욱이 관람객의 숫자 감소와 운영부실 등으로 극사실 인물모형을 전시해 놓은 제3전시실에는 안중근, 정주영, 테레사수녀부터 배용준, 전도연, 고두심, 히딩크의 모형도 포함하는 기억이 상업화되는 극단적 예를 보여 준다. 따라서 '평화산업'이라는 기치 아래에 기억의 세속적인 가치와 이용도를 지나치게 고려하여196) 내용 없는 기억의 공동화(空洞化)만을 부추기고 있어 제주 4·3평화와 경합하고 있다. 더 큰 문제는 그 외 제주지역이 마치 평화백화점처럼 수많은 평화를 생산하며 소비하며 경쟁을 하고 있다는 점이다. 제주도는 현재 세계평화의 섬 17대 사업을 추진하고 있으며 2008년도에만 185억 원의 예산이 책정되어 제주평화대공원, 평화연구센터 등 각종 평화사업을 추진할 예정이다.197) 또한 그것은 철저히 국가 자본과 기억의 국가획일화작업으로 진행될 가능성이 있으며 중앙과 지역, 공익과 수익 그리고 민간과 국가의 기억 사이에 충돌이 잠복하고 있다.

Ⅲ. 반일·반공 민족주의와 기억의 충돌

냉전시대 분단국으로서 한국은 국민통합과 취약한 정치적 정통성의 확보를 위하여 반공주의와 민족주의 입장에서 전쟁기억의 국가 독점시대를 겪는다. 1990년대 냉전의 와해와 함께 탈냉전시대라는 국제정치적 변화와 남북관계의 개선은 새로운 전쟁기억의 복원을 요구하게 되었다.

태평양전쟁과 일본식민 경험에 대한 기억을 재현하는 독립기념관과 서대문형무소역사관은 과잉 반일민족주의의 재현 공간으로서 '용서와 화해 그

---

196) Mayo(1998), p.64.
197) 제주특별자치도, 「세계평화의 섬 지정 3주년: 그동안 추진성과와 향후계획」,(2008년 2월),
　　[http://peace.jeju.kr/ezbbs/ezbbs.php?ezcd=peaceNews&job=view&ezid=495]
　　(2008년 6월 15일 검색)

리고 협력'이라는 우호적 패턴을 생산할 수 있는 공간을 봉쇄하고 있다. 한편 한국 내 거의 유일한 민간단체에 의하여 건립된 일본군위안부역사관은 국가에 의하여 망각된 기억을 복원하였으며 아울러 동아시아 피해 여성과의 연대를 통한 '탈민족적 기억'의 재현을 보여 준다. 다음으로 한국전쟁의 '지배기억'으로서 용산전쟁기념관은 반공주의적 민족주의 서사를 재현하고 있다. 그러나 군의 민간인 학살 문제 등을 기억에서 배제함으로써 반공민족주의의 한계를 넘어 평화창출과 인권을 복원하는 전쟁기념관의 '인도주의적'198) 역할을 하지 못하고 있다. 탈냉전 시기에 민주화의 진행에 따라 국가폭력의 민간인 피해를 기념하는 거창사건기념관과 제주 4·3평화기념관의 탄생은 국가 주도적 '대항기억의 재현'이라는 점에서 의미를 가지고 있기는 하지만 국가권력의 변화에 따라 전시내용을 바꿔야 하는 기억의 갈등이 항상 잠복하고 있다.

한국의 전쟁기념관들은 철저하게 반일·반공 민족주의적 입장에서 국내 정치의 도구로써 공식기억 생산에 충실하다. 따라서 전쟁과정에서 피해를 입은 원폭 피해자, 강제 징용자, 군 위안부, 민간인 학살 등에 대한 기억의 재현을 외면하고 있으며 극히 일부만을 기억하고 있다. 독립기념관과 서대문형무소도 정도의 차이는 있지만 배타적 민족주의에 입각하여 일본에 대하여 적대적 패턴을 재생산하고 있다. 더욱이 중국의 제 전쟁기념관들과 달리 전시내용 중에 일본과의 '화해'와 '우호' 그리고 '협력'에 대한 기억의 재현을 전혀 하지 않고 있다. 한국은 일본과 관계에 있어서 민주주의와 시장경제라는 신념체계를 공유하며 미국과 동일하게 안보동맹을 맺고 있으면서도 잠재된 위협 내지는 적으로 인식하는 '동아시아기억복합체'의 적대패턴과 우호패턴의 모순성을 그대로 보여 준다. 한편 군 위안부와 제주 4·3평화기념관은 일본이 오키나와, 히로시마, 오사카평화기념관 그리고 중국 난징기념관과 함께 평화와 인권 벨트를 구성함으로써 새로운 동아시아 기억 공유의 장으로서 최소한 기여를 하고 있는 셈이다.

---

198) Mayo(1988), p.64.

한국은 국내적으로 분단의 문제가 해결되지 않는 이상, 어떠한 형태의 전쟁기념관 및 평화기념관을 재생산 혹은 확대할지라도 항상 기억의 충돌 내지는 경합이 잠복되어 있다. 예컨대 독립기념관은 정권의 성격 유무에 따라 해방으로써 통일지향적인 1945년 8월 15일 기억할 것인가 아니면 건국으로서 1948년 8월 15일을 기억할 것인가 하는 문제에 봉착할 것이다. 용산전쟁기념관도 마찬가지로 반공민족주의로 북한을 가상적으로 할 경우 국내 정치권력의 변화에 따른 전시내용의 확대 내지는 축소될 소지가 있다.

제4장　중국의 전쟁기억과
국가정체성

Ⅰ. 역사적 배경: 개방·개혁과 신민족주의의 부활

1. 마오쩌둥 시대의 전쟁기억

1848년 아편전쟁 이후 서구 중심의 국제질서로 편입된 이래 중국은 중일전쟁과 국공내전을 경험하였으며 그 과정에서 사회주의 혁명을 승리로 이끌었다. 1949년 중화인민민주주의공화국의 건립 이후에도 한국전, 월남전, 아프가니스탄전, 중소분쟁, 타이완 문제 등 크고 작은 전쟁과 지역분쟁에 개입하였다. 이는 전쟁의 문제가 중국과 중국인 그리고 중국사회에 얼마나 중요한 영향을 미칠 수밖에 없었던가를 말해 주는 주요한 사례들이다. 나아가 최근 중일전쟁(1937 – 1945)에 대한 재평가 작업은 중국의 신민족주의 부활의 중추적 역할을 하고 있다.

이 장에서는 중일전쟁 이후 중국의 전쟁기억의 역사적 변천과정을 살펴본 후 구체적으로 전쟁기억의 정치적 공간으로서 박물관 및 기념관의 변화를 추적할 것이다.

초기 사회주의 혁명을 기반으로 등장한 중국공산당은 마르크스 – 레닌주의를 국가의 통치이념으로 하였다. 국제사회의 계급모순 구조가 전쟁과 혁명 그리고 대외관계를 결정짓는다고 간주하였다. 또한 1945년 항일전쟁에서 일본에게 승리하고 곧이어 한국전쟁을 통하여 미국 및 서구 제국주의자들에게 승리한 것으로 규정함으로써 '승리자(victors)'라는 신념체계를 보편화하였다.

전쟁에 대한 마오쩌둥(毛澤東)의 이해를 시기별로 구분해 볼 때, 중일전쟁 시기와 문화대혁명 시기까지 사회주의 이데올로기에 입각한 이상주의적 색채를[199] 강하게 드러냈다면, 1970년 이후 비교적 국가이익을 우선시하는 현실주의적인 모습을 보였다. 비록 1970년대 초 미국과의 국교정상화 논의가 본격화되면서 그의 시각에 전환의 계기가 마련되었지만 여전히 계급투쟁에 입각한 사회주의 이데올로기에서 벗어났다고는 보기 어렵다.[200]

2차 세계대전에 대한 서구의 기억은 던키르크(Dunkirk), 스탈린그라드(Stalingrad), 미드웨이(Midway)처럼 상징적 지역을 통하여 재생산되고 신화화되었는데 그것과는 달리 중국은 그들이 경험했던 중일전쟁에 대한 기억의 재현이 매우 미흡했으며[201] 특히 마오쩌둥 시대에 항일운동과 전쟁에 대한 언급들은 거의 없었다. 2천만이 넘는 군인과 민간인이 희생당하였으며 1억 이상의 피난민이 발생하였고 전 국민의 절반 정도가 전쟁을 경험하였으나, 마오쩌둥 시대에는 전쟁기념, 박물관, 역사적 연구, 문학작품 등을 만들어 내는 일이 없었다.[202] 더욱이 1972년 중·일수교시 마오쩌둥은 일본 다나까 수상의 1937년 침략에 대한 사과에 대하여 오히려 일본의 침략이 중국공산당의 승리를 가지고 왔다고 답변하였다.[203] 즉 지금과 같이 반일감정을 드러내거나 과거사에 대한 사과 내지는 반성을 촉구하지 않았다.

199) 이정남, 「중국의 대외인식과 대외정책: 마오쩌둥과 덩샤오핑의 전쟁관과 평화관을 중심으로」, 『평화연구』 제13권 1호(2005년 봄), pp.90-91.

200) 이정남(2005), p.88.

201) Parks M. Coble, "China's New Remembering of the Anti-Japanese War of Resistance", *The China Quarterly*, Vol.190(June 2007), p.395.

202) Arthur Waldron, "China's new remembering of World War II: the case of Zhang Zizhong", *Modern Asian Studies*, Vol.30, No.4(1996), p.949.

203) Waldron(1996), p.972.

마오쩌둥 시대에 일본 침략에 대한 연구는 거의 없었으며 마오쩌둥에 대한 영웅적인 칭송과 공산당 그 자체가 더 중요하게 취급되었다. 새롭게 탄생한 신생국가인 중화인민공화국의 입장에서 중국이 겪었던 중일전쟁을 기념하며 연구하는 것에 대하여 인식하지 못했다.[204] 사실상 1980년대 이전까지 고등교육기관의 교육에서 항일전쟁사는 중국공산당사의 일부분으로 여겨졌을 뿐이다.

일반적으로 당시 마오쩌둥은 일본에 대한 적대감보다도 장제스의 국민당을 더 위협으로 인식했다. 국민당 군대가 주도한 적극인 항일전투를 전혀 서술하지 않았으며, 국민당의 항일이 소극적일 뿐 아니라 대단히 타협적이었다고 여겼다. 반면 중국공산당이 이끌었던 후방의 전선에 대해서는 긍정적인 평가를 하였으며 중국공산당을 대표로 하는 인민들의 항일투쟁이 전쟁 승리에 결정적이었다고 한다. 하지만 이러한 평가는 일정한 근거자료를 제시함에도 편파적이었다.[205] 예컨대, 마오쩌둥 시대에는 1938년 4월 타이에르주앙(臺兒庄) 전투에서 국민당이 큰 승리를 거두었음에도 정당한 평가를 하지 않았다.

문화혁명기에는 전쟁에 대한 개인적 메모 및 기록, 나아가 문학작품 등은 홍위병들에 의한 압수 대상이었으며 발견되는 사람들은 숙청당하기 일쑤였다. 또한 항일전쟁에 대한 역사적 연구를 출판하는 길은 원천적으로 봉쇄당하였다. 대표적으로 『역사연구』라는 학술지는 1966년 폐간당하였으며 1975년에 이르러서야 재출간될 수 있었다. 1976년 마오쩌둥의 사망 시까지 항일전쟁에 대한 기억, 기념, 출판 등과 관련한 모든 것의 생산이 중단되었다는 점은 역사적 기억이 단지 학문적 영역에서 경쟁하는 것만이 아니라 살아 있는 정치적 현실임을 상기시켜 준다.[206]

마오쩌둥 시대에 중국은 계급 중심적 사회주의 세계관, 타이완 국민당에

204) Peter Hays Gries, *China's New Nationalism: Pride, Politics, and Diplomacy*(Berkeley: University of California Press, 2004), p.73.
205) 룽웨이무, 「중국 항일전쟁연구의 이론과 수치통계」, 고구려재단 창립1주년 기념학술세미나 발표논문 (2005년 3월 4일), pp.3 - 4.
206) Coble(2007), p.397.

대한 적대감 그리고 일본과 한국전쟁에서 미국을 비롯한 서구 제국주의에 대한 '승리자의식'으로 인하여 항일전쟁에 대한 구체적 기념을 하지 않았다.

2. 마오쩌둥 이후 시대의 전쟁기억

1) 신민족주의 대두와 애국주의교육의 강화

중국은 문화혁명 이후 어려운 사회정치적 상황을 극복하기 위하여 기억의 정치가 필요하게 된다. 마오쩌둥의 사망 그리고 문화혁명 이후 중국공산당은 계급투쟁에서 경제적 근대화로 정책 중심을 옮긴다. 그동안 중국은 배외주의와 반전통주의를 중심으로 하는 민족주의이었다고 한다면 마오쩌둥 이후 덩샤오핑 시대의 신민족주의는 실용주의와 중화주의를 강조한다.

새 지도자인 덩샤오핑(鄧小平)의 긴급한 정치적 목표들은 끔찍했던 문화혁명 이후 국민적 신뢰를 회복하고, 마오쩌둥의 그림자를 없애며, 공산당 내 자신의 입지를 공고히 하며, 경제적 근대화와 '개방'정책을 추진하는 것이었다. 중국의 개혁지도부는 1978년 12월에 열린 중국공산당 제11기 중앙위원회 제3차 전체회의에서 경제현대화를 새로운 시기의 국가목표로 선언함으로써 공식적으로 마오쩌둥 이후 공식적 당의 이데올로기인 계급투쟁을 포기하였으며 그 대신에 경제발전은 체제의 정당성을 확보하는 데 중요한 이데올로기로 자리 잡았다. 경제발전이 중요시되면서 물질적 동기가 강조되고 시장원리가 침투하게 됨에 따라 공식이데올로기는 갈수록 불분명해진 반면 당의 가르침과 상반되는 상업적 가치가 급속하게 파급되었다. 다시 말해 개혁 시기 공식 이데올로기는 점차 모호해지고 대중들 또한 이데올로기를 무시하게 되었다.[207]

중국사회와 중국공산당 내부로부터 개혁과 개혁정책을 수행하는 데 도전

---

207) 김재철, 「중국의 정치체제」, 김영명 편, 『동아시아의 정치체제』(서울: 한림대학교 출판부, 1998), pp.54 – 56.

을 받았다. 1978년 이후에 베이징 거리에서 '민주화 대자보'운동이 벌어졌는데 지하잡지와 거리 포스터를 통하여 대중들은 문화혁명기에 겪은 고통을 표현하였으며 공산당 지도자들을 비판하였다. 그 운동은 곧이어 정치 지도부에 대한 비판으로 이어졌으며 나아가 더 많은 정치적 자유를 요구하였다. 이는 곧 대중적 파급효과를 가져왔다. 특히 문화혁명기 '하방(下放)'되었던 1960년대 젊은이들이 다시 도시로 몰려들어 실업상태가 지속되었다. 도시 실업자들의 경제적 불만과 정치적 민주화에 대한 욕구가 맞물려 폭력사태로 확대되었다. 덩샤오핑은 초기에 유화적인 대응을 취하나 곧이어 강압정책을 선택하게 된다. 그러나 이러한 강압정책이 실업, 물가상승, 공직자 부패, 범죄증가, 환경오염 등의 다양한 사회경제적 문제들을 해결할 수는 없었다. 1980년 2월에 당 총서기에 후야오방(胡耀邦)이 집권하면서 당은 국민들과 심각한 신뢰문제에 직면하였다. 공산당은 사회적 불만이 가득한 국민과 공산당 내부의 연장자들로부터 정치적 견제 등의 이중적 문제를 안고 있었다. 국민들은 경제적 개혁과 서구 국가에 대한 개방을 요구하였다. 덩샤오핑은 후야오방으로 대표되는 공산당 내 보수 세력의 제거와 군부 내 원로들을 견제하여야 했다.

이러한 어려운 국내정치 상황 속에서 일본 역사교과서 왜곡문제가 1982년 일어났다. 처음 한 달간 덩샤오핑은 미온적인 반응으로 군원로와 보수 강경파로부터 비판은 더욱 거세졌다. 이에 덩샤오핑은 공산당의 권위와 외세에 대한 굳은 결의를 보여 주며, 후야오방의 세력을 견제하기 위하여 일본에 대하여 강력하게 대응하게 된다.[208] 일본을 비도덕적 국가로 묘사함으로써 중국 내부의 민족단합을 도모하며 보수파를 달랬다.

1982년까지 침묵해 오던 일본에 대한 민족정서는 역사교과서 문제를 비롯하여 반일감정으로 확대되었으며 이는 국내적으로 개방·개혁정책 이후 기존의 문화혁명의 미흡한 대처로 인한 민주화에 대한 열망을 제도화하지

---

208) Yinan He, "Remembering and Forgetting the War: Elite Mythmaking, Mass Reaction, and Sino
–Japanese Relations, 1950–2006", *History & Memory*, Vol.9, No.2(Fall/Winter, 2007), p.54.

못했기 때문이다. 이에 대하여 중국정부는 민족주의보다 '애국주의'라는 표현으로 국가적 신화창조 작업을 개시한다.

장쩌민(江澤民)은 '수도청년기념오사보고서(首都靑年紀念五四報告書)'에서 수많은 청년들에게 애국주의 전통과 발전을 호소하였다.209) 1996년 10월 10일 그의 연설을 보면 오늘날 중국정부가 애국주의 교육을 주창한 배경이 잘 드러난다.210)

> "강권 정치, 패권주의가 도전하는 상황에서 수많은 간부와 인민들에게 국가의 주권과 안전을 가장 중요시하고 국가의 통일, 민족의 단결, 인민의 이익을 자발적으로 지키도록 시종주의 깊게 교육시켜야 한다. ……결론적으로 여러 가지 탄력적인 형식을 통하여 광범위하고 심도 있고 지속적으로 애국주의 교육과 선전을 강화해서 전국 인민의 민족 자존심과 자부심을 제고시키려면, 모든 사회에서 조국을 열렬히 사랑하고 모든 힘을 조국의 건설에 바치는 것을 최대 영광으로 여기는 반면에, 조국의 이익과 존엄에 손해를 끼치는 것을 최대의 수치로 여기는 훌륭한 기풍을 드높여야 한다."

중국정부는 자본주의 국가들이 일반적으로 표방하고 있는 민족주의라는 용어보다도 '애국주의'라는 용어를 공식적으로 사용하고 있다. 그 이유는 첫째, 단일 민족국가가 아니고 다민족 국가인 중국의 입장에서 볼 때, 민족주의 제창이 자칫 중국 내 소수민족끼리 혹은 한족과 소수민족 사이의 갈등과 분열을 야기할 수 있기 때문이다. 둘째, 동유럽 사회주의 체제의 붕괴로 체제 위기에 직면한 중국의 입장에서 볼 때, 주로 민족 구성원의 안위나 정서에서 비롯된 민족주의에 호소하기보다는 애국주의의 기치하에 그것을 사회주의와 일치시킴으로써 체제에 대한 신념과 중화민족에 대한 열정을 동시에 고취시켜 중국 내 다수 민족을 사회주의 틀 속에 결집, 단결시키는 것이 다각도로 유리하기 때문이다. 따라서 중국 정부는 한 번도 민족주의의 용어의 사용을 공식적으로 허락한 적이 없다.211)

---

209) 윤휘탁, 「중국의 애국주의와 역사교육」, 『중국사연구』 Vol.18(2002), p.275.

210) 인민일보, 1997년 5월 11일, 1면. 윤휘탁(2002), p.273. 재인용.

211) Suisheng Zhao, "A State-Led Nationalism: The Patriotic Education Campaign in Post-Tiananmen China", *Communist and Post-Communist Studies*, Vol.31, No.3(1998), p.290; 윤휘탁(2002), p.280.

중국 정부는 1994년 8월 '애국주의교육실시강요(愛國主義實施綱要)'를 공포하여 애국주의 교육을 사회 건설의 전략적 차원으로 끌어올려 애국주의 교육에 관한 이론, 교재, 조직, 기지 선정 등 구체적 사업을 시작하였다.[212] 아울러 중국국가교육위원회에서 각종 박물관, 기념관, 열사 기념 건축물, 혁명전쟁의 주요 싸움터, 문물보호지역, 역사 유적 및 명승지, 전시관 등 100개 애국주의 교육 기지를 지정하여 초중고 대학교 및 직장별로 적극 활용하도록 하였다.[213] 대부분이 역사적 유적지 및 박물관으로 국무원 문화부－국가문물국－성시(省市)문물국의 관리하에 있다.[214] 항일전쟁기념관 및 일본군 범행을 폭로하는 기념관이 중국 내 약 150여 개가 있는데 그중 비교적 큰 기념관은 50여 개로 전국 성시(省市)에 분포되어 있으며, 기념관에 반영된 시기는 1895년 청일전쟁부터 1945년 항일전쟁 종료까지이다. 그중 가장 규모가 큰 항일전쟁기념관은 1984년에 설립된 '난징학살기념관',[215] 1987년에는 베이징에 설립된 '인민항일전쟁기념관', 그리고 1991년 선양에 준공된 '9·18역사박물관'이다. 나아가 중국 정부는 '애국주의 교육 기지(愛國主義 敎育 基地)'로 박물관을 활용하기 위하여 2004년부터 선생님을 동반한 학교 학생들의 입장을 무료화하기 시작하였으며,[216] 2002년부터 2015년까지 전국에 3,000개의 박물관을 지을 것이라고 발표했다.[217]

그러나 국가주도의 애국주의가 국민적 통합과 대내적 안정에 반드시 효과적인 것만은 아니다. 역사적으로 민족적 수치감은 항상 민족주의적 운동을 촉발시켰지만, 동시에 그것은 민족주의적 해방과 민주주의적 자유에 대한 열망을 동반했다. 게다가 자유주의적이고 민주적인 가치는 정치적, 법적,

---

212) 윤휘탁(2002), p.275.

213) Zhao(2004), p.221; 윤휘탁(2002), pp.284-285.

214) 오일환, 「중국의 박물관－형성과 발전을 중심으로」, 『고문화』 제52집(1998), p.272.

215) 중국어 명칭은 侵華日軍南京大虐殺遇難同胞紀念館이며, 영어로 The memorial hall of the victims in Nanjing massacre by Japanese invaders라고 되어 있다.
[http://www.nj1937.org/english/default.asp](2008년 3월 1일 검색)

216) Vickers(2007), p.366.

217) 「중국전역에 몰아치는 박물관 건설, 광풍」, 『동북저널』, 제327호, 2007년 2월 12일, p.16.
[http://www.onbao.com/dongbook](2008년 3월 7일 검색)

물질적 평등에 대한 열망을 표출하게 되고, 민족주의가 비민주적인 정권의 정당성 확보를 위해 오용되는 것에 저항하게 된다. 중국 정부 역시 국가에 의해서 고무된 민족주의적 정서가 대내적 불안정을 초래할 가능성에 대해서 신중한 입장을 취하고 있다. 중국 정부가 1996년 일본과의 조어도(釣魚島) 분쟁에서 온건한 입장을 취한 것이나, 1999년 봄 파룬궁 지지자들의 반서구적 시위를 진압한 것이 그러한 예라고 할 수 있다. 즉 중국의 지도자들은 민족주의자들의 정치적 좌절감이 국내 정치의 불안정으로 이어질 가능성에 대해 우려하고 있었던 것이다.[218]

그럼에도 불구하고 정치적 동기를 가진 중국 중심적 민족주의자들은 여전히 미국이 중국을 서구화시키고 분열시킴으로써, 서구에 종속된 국가를 만들려는 의도를 가지고 있다고 비난하였다. 이들은 또한 일본에 대해서도 적대감을 숨기지 않았다. 1996년 중국 내에 엄청난 반향을 불러일으킨 『NO라고 말할 수 있는 중국』이라는 책이 출간된 것도 이러한 분위기를 반영한 것이다.[219]

더욱이 지식인들에 비해서 중국의 대중들이 갖고 있는 민족주의적 의식은 더욱 폐쇄적이고 저항적인 형태로 표출되고 있다. 따라서 중국 정부 당국은 한편으로는 서방세계에 화해의 메시지를 지속적으로 전달하면서도 다른 한편에서는 대내적 통합을 달성하기 위해 반패권주의적 정서를 대중들에게 고취시키면서 서구의 중국에 대한 부당한 간섭과 압력을 교묘히 강조한다. 중국 중심적 배외주의와 반전통주의는 현대 중국의 민족주의 담론에서 점차 영향력을 상실해 가고 있다. 반면에 1980년 이후로 실용주의적 민족주의는 중국의 대중과 정치지도자들 사이에서 가장 설득력 있는 담론으로서 지위를 굳혀 가고 있다.

첫째, 중국의 민족주의는 1980년 이후 눈에 띄게 약화된 사회주의 이념을 보완하기 위한 도구로 활용되었다. 마르크스-레닌주의가 대중들의 충성심을 동원하고 국가를 정당화하는 데 효과적이지 못하다는 점이 입증되

---

218) 최연식, 「탈냉전기 중국의 민족주의와 동북아질서」, 『21세기 정치학회보』 제14집 1호(2005), pp.245-255.
219) 최연식(2005), p.255.

자, 중국공산당은 중국의 민족주의에서 국가의 정당성을 찾기 시작했다. 특히 중국의 실용주의적 지도자들은 WTO 가입문제, 최혜국 지위의 유지 문제, 2000년 올림픽 유치경쟁 등에서 볼 수 있는 바와 같이 중국의 민족적 자부심에 호소하면서 민족의 자부심을 지키기 위한 당의 수호자적 역할을 강조했다. 즉 국가 주도적 민족주의는 국내 정치적 목적으로 역사문제와 기억을 도구화하여 지배엘리트들이 이용하고 있으며 이는 대중영합적 민족주의로까지 발전하였다. 또한 서구 선진국가들보다 상대적으로 저발전의 상황에 놓여 있는 중국은 국내적으로 정치적 안정과 국민통합의 차원에서 국가적 신화 창조 작업과 민족주의적 기억의 정치를 동원하였다.[220]

둘째, 중국 정부가 주도한 애국주의 교육운동은 서구와 일제 침략으로 인해 당했던 고통을 상기하면서 치욕의 과거를 되풀이하지 않기 위해서는 사회에 대한 정부의 강력한 통제가 필요하며 '안정'과 '통합'을 강조하였다. 따라서 중국 정부는 애국주의가 대중과 영합하여 국가 이익을 헤치는 민족주의로 발전하지 않도록 통제하였다. 즉 중국 정부는 국내 정치적 정당화를 위하여 애국주의에 기초한 민족주의를 이용하면서 동시에 국가 이익을 위한 정치적 안정과 통합을 추구하는 '실용주의적' 민족주의를 추구하였다.[221]

셋째, 실용주의적 민족주의는 중국의 국익을 침해하는 외국의 압력에 단호하게 대처하는 경향이 있다는 점에서 저항적이다.[222]

이러한 시대적 변화 속에서 중국은 '항일전쟁'이라는 망각했던 역사사실을 다시 애국주의 교육이라는 이름으로 기억의 복원을 시작하였다. 이 과정에서 국가 주도적인 모습을 보이며 한편으로 대중영합적 민족주의적 색채를 동시에 드러낸다. 그러나 이러한 민족주의적 양상이 국가이익에 악영향을 줄 우려가

220) Yinan He(2007), pp.1 - 24; David Shambaugh, "China Engages Asia: Reshaping the Regional Order?" *International Security*, Vol.29, No.3(Winter 2004/5), pp.64 - 99; Allen S. Whiting, "Chinese Nationalism and Foreign Policy after Deng", *The China Quarterly*, No.142(Jun., 1995), pp.295 - 316; Shusheng Zhao, "Chinese Nationalism and Its International Organization", *Political Science Quarterly*, Vol.115, No.1(Spring, 2000), pp.1 - 33.

221) Suisheng Zhao, *Nation - State by Construction: Dynamics of Modern Chinese Nationalism* (Stanford: Stanford University Press, 2004), pp.8 - 36.

222) 최연식(2005), p.256.

있을 시에는 단호히 차단함으로써 실용주의적 민족주의적 성격을 강조한다.

2) 항일전쟁의 재인식과 피해의식의 부활

마오쩌둥 시대는 공산당과 국민당 사이의 갈등에 주목하여 체제 정당화를 도모하였으나 덩샤오핑 시대에는 그보다 훨씬 더 중국과 일본과의 관계즉 항일전쟁에 대한 관심을 부각시켰다.[223] 개혁과 개방정책 이후 중국은내부의 민족적 단결 및 국민적 통합의 필요성이 크게 요구되었다. 1982년일본 역사교과서 파문은 국내적 애국주의 교육을 강화할 수 있는 촉매역할을 하였으며 그 일환으로 항일전쟁에 대한 연구 또한 시작되었으며 1991년'항일전쟁사학회'가 탄생한다.[224]

덩샤오핑 시대 전쟁기억의 중심 서사는 이전 마오쩌둥 시대의 '승리자의식'보다는 '국치(national humiliation)'의 역사와 '피해의식(victimhood)'을 강조하며 애국주의를 자극한다. 아편전쟁 이후 100년 동안 중국은 서구 제국주의 침략 및 일본과의 전쟁을 통하여 격심한 정치, 경제, 사회의 변화를겪으면서 이 과정에 엄청난 고통과 피해를 당하였다. 이는 중국의 국가적자존심에 상처를 준 국가적 수치이며 치욕으로 '백년의 국치(百年國恥, Century of Humiliation)'로 기억된다.[225] 원래 서구 열강과 일본에 의해 고통을 받는 피해의식의 서사는 역사적으로 공산당 집권 이전 국민당 집권기의 서사였다.[226] 그러나 초기 중국공산당은 1945년 항일전쟁에서 일본에게승리하고 곧 이어 한국전쟁을 통하여 미국 및 서구 제국주의자들에게 승리한 것으로 규정함으로써 '승리자(victors)'라는 신념체계가 보편화되었다. 따

---

223) Rana Mitter, "Behind the Scenes at the Museums: Nationalism, History and Memory in the Beijing War of Resistance Museum, 1987 – 1997", *The China Quarterly*, No.161(Mar., 2000), p.283; Rana Mitter, "Old Ghosts, New Memories: China's Changing War History in the Era of Post – Mao Politics", *Journal of Contemporary History*, Vol.38, No.1(Jan., 2003), pp.117 – 131.

224) 퉁웨이무(2005), p.4.

225) Zhao(2004), pp.232 – 34.

226) Peter Hays Gries, *China's New Nationalism: Pride, Politics, and Diplomacy*(Berkeley: University of California Press, 2004), pp.43 – 47.

라서 피해의식과 백년의 국치는 마오쩌둥 시대에는 존재하지 않았던 기억의 서사이며, 덩샤오핑 시대에 다시 복원되어 재현된 경우이다.

1990년대 이르러 '피해의식'의 서사가 '승리자'의 서사를 본격적으로 대체하기 시작하였으며, 난징학살 60주년이자 홍콩이 반환된 1997년부터는 '피해의식'의 서사가 주류를 차지하게 되었다. 이러한 '피해의식'의 서사는 일본으로부터 희생되었다는 국민적 감정을 증폭시키는 데 유용하였으며 나아가 애국주의에 기반을 둔 민족주의 정서를 자극하기에 충분하였다. 또한 새롭게 부활한 피해의식은 새로운 적을 만들었는데 그것은 일본에 이어 미국이었다.227)

그렇다면 왜 마오쩌둥 사후 항일전쟁에 대한 재해석의 변화가 일어났으며 전쟁기념관 및 역사박물관 건설 붐이 일어났는가?

첫째, 중국은 사회주의 이데올로기의 정당성이 약화되는 시점에서 중국을 통치할 새로운 이데올로기가 필요하였다. 외관상으로 민족주의라는 표현을 용인하지 않았지만 애국주의 교육과 같은 다양한 프로그램을 통하여 민족주의적 정서를 고취시키고 있으며 그 중심에 바로 항일전쟁에 대한 새로운 의미부여가 필요하였기 때문이다.228) 현실적으로 문화혁명기에 모든 학문적 활동 특히 역사에 대한 연구가 금지되었는데 그로부터 해방되자 학자들의 연구와 그에 대한 출판이 가능해졌다. 나아가 영화, 기념, 건축 등 다양한 문화매체를 통하여 항일전쟁기간에 대한 연구가 새롭게 진행될 수 있었다.

둘째, 중국은 홍콩의 반환, 타이완과의 통일문제 그리고 다양한 인종으로 구성된 중국 내부 종족들 사이의 공통된 역사 기억을 창출함으로써 통일된 국가정체성을 부여하려고 노력하였다.229) 또한 해외 중국 동포의 항일 운동에 대한 기억까지 포용함으로써 중국 민족의 지리적 개념의 외연을 확장하려고 하였다.230)

---

227) William Callahan, "History, Identity and Security: Producing and Consuming Nationalism in China", *Critical Asian Studies*, Vol.38, No.2(2006), p.201.

228) Coble(2007), p.403; Mitter(2003), p.121.

229) Vickers(2007), p.366; Denton(2007), p.4.

셋째, 전쟁의 트라우마에 대한 기억과 망각은 세대와 연관이 되어 있는데 역사적으로 잔혹한 경험을 한 세대들은 그것을 기억하기보다는 잊어버리기를 더 원하기 때문에 전쟁이 끝난 바로 다음 마오쩌둥 세대는 그 문제를 들춰내기보다는 망각의 기제를 채택했다. 더욱이 난징대학살에 대한 기억은 당시 난징 내에는 공산당이 점령하여 주둔하고 있지 않았으며 국민당 군인들이 있었기 때문에 마오쩌둥이 굳이 그들의 희생에 대한 관심과 부각을 독려하지 않았다.231)

넷째, 국제관계적 시각이다. 미일동맹의 강화로 인한 동아시아 패권 경쟁 과정에서 중국이 도덕적 우위를 선점하기 위하여 일본의 제국주의 만행을 이용한다는 주장이다. 나아가 중국 위협론을 불식시키며 일본의 제국주의 침탈을 경험하였던 여러 아시아 국가들과 함께 역사적 기억을 공유함으로써 중국의 리더십에 정당성을 부여하려는 목적에서 잊혀진 항일전쟁은 부활하여 중국의 신민족주의의 중심에 놓이게 되었다.232)

II. 중국의 전쟁기념관과 기억의 정치

1. 중국인민항일전쟁기념관: '위대한 승리'

중국 항일전쟁의 전면 발발지인 베이징 서남쪽 루거우차오 근처 완핑성 (宛平城)에 1987년 세워진 중국인민항일전쟁기념관은 중국의 공식 전쟁기 억을 재현하였다.

---

230) Mitter(2000), p.285.

231) Ian Buruma, "The Joys and Perils of Victimhood", *New York Review of Books*(April 8, 1999), pp.4 - 9.

232) Kirk Denton, "Heroic Resistance and Victims of Atrocity: Negotiating the Memory of Japanese Imperialism in Chinese Museum", *Japan Focus*, 2007. 10. 17. [http://japanfocus.org/products/toppdf/2547] (2008. 1. 17 검색); Mitter(2003), p.121; Waldron(1996), pp.945 - 978.

1937년 7월 7일 북경 교외의 강가에 있는 루거우차오(盧溝橋) 근처에서 발포 사건이 일어났다. 이 분쟁을 계기로 중일전쟁은 확대되었다.

중국에서는 이를 '7·7사변'으로 부른다. 만주사변이 일어난 9월 18일과 함께 7월 7일은

<그림 4-1> 항일전쟁기념관 전경

민족 굴욕의 날(國恥日)로 기억된다.[233] 중화민족이 일본군국주의 침략에 저항하는 것을 반영하여 일본군 범행을 폭로하는 기념관이다. 기념관이 여기에 위치한 것은 일본군이 여기서 루거우차오 사변을 일으켰기 때문이다. 루거우차오 사변의 발생은 일본의 중국침략전쟁이 전면적으로 개시되었음을 의미한다. 이러한 공간적 상징성과 함께 기념관은 시간의 반복을 통한 기념의 상징성을 증폭한다. 이 기념관은 크게 세 차례 증설 확대된다. 1987년 첫 번째 증설 개관 시에는 덩샤오핑 주석이 친히 기념관 이름을 지었으며, 1997년 7월 7일 제2기 준공식에는 장쩌민 주석이 방문하여 "애국주의 기치를 높이 들고 역사로써 사람을 가르치자. 중국민족의 정신을 진흥, 발양시켜 나라를 따르며 우러러 본받자"라는 문구를 적어 주었다. 제3기 준공은 2005년 7월 7일 '위대한 승리 – 중국인민항일 전쟁 및 세계 반파시즘 전쟁승리 60주년 기념'이라는 주제로 대형전시를 정식으로 개최했다. 후진타오(胡錦濤), 장쩌민, 우방구어(吳邦國), 원자바오(溫家寶) 등 당과 국가 지도자들이 전시를 참관했다. 이렇듯 이 기념관은 애국주의 교육의 중심 공간으로 국가의 공적 기억을 충실히 재현하였다.[234]

---

233) Callahan(2006), pp.179–183.
234) Mitter(2000), p.282.

이 기념관은 두 번째 증축까지 4개 전시관으로 나눠져 있었는데, 첫 번째 전시는 1931년부터 1945년까지 일본의 침략과 그에 대항한 중국의 역사를 설명하였다. 즉 1931년 만주에서 일어났던 '9·18사변'으로 시작한다. 두 번째는 일본군의 잔혹성을 보여 주는 전시관으로 통계와 설명을 주로 하고 있으며 이곳에서는 1937년 12월 13일에 일어났던 난징대학살과 9·18사건까지 포함하여 종합적인 전시 모습을 보여 준다. 셋째는 인민전쟁관으로 공산당에 의한 게릴라 전투를 묘사하였으며, 네 번째는 전시관이라기보다는 기념물들이 전시되었다. 그러나 세 번의 증·개축을 통하여 두 번째, 세 번째 그리고 네 번째 전시관을 통합하여 '위대한 승리'라고 명명하여 전시관을 새롭게 확대하였다.[235] 새롭게 확대된 기념관의 전시는 총 8개 부분으로 나누어져 있다. 1931년 9월 18일 선양에 일어났던 '9·18사건'을 제일 먼저 소개하고 있으며 제2부분에서는 7·7사변과 국공합작, 제3부분은 공산당의 연안(延安)활동, 제4부분에서는 일본의 잔혹상을 보여 주고 있으며, 제5부분은 항일전쟁과 전쟁영웅을 소개하며, 제6부분에서는 국제적 지원 및 원조, 제7부분에서는 전쟁의 승리, 제8부분에서는 종전 이후 평화 발전을 위한 중국의 노력을 보여 주는 순서로 되어 있다. 특히 제8부분에서 9·18역사박물관과 난징대학살기념관에서 볼 수 없는 히로시마 원폭 장면의 사진 1점이 전시되어 있으며 특별한 설명은 없다. 이처럼 중국의 기념관들은 태평양전쟁의 종결에 미국이 결정적인 역할을 하였다는 사실을 의도적으로 전시에서 배제하였다. 또한 중국 정부가 히로시마의 원폭을 대규모로 재현할 경우, 중국과 한국의 민간인 피해자 그리고 일본인 피해자들까지 포용하여야 하는 어려운 문제에 봉착하게 된다.

이 기념관은 마오쩌둥 시대의 전쟁 영웅과 혁명에 대한 칭송 즉 영웅주의적 서사에 대한 전시가 부분적으로 드러나 보임과 동시에 마오쩌둥 이후 시대에 새로운 기억의 재현 또한 보여 준다. 첫째, 단순히 항일에 대한 공산당의 역할만을 강조하는 기억을 재현하는 것이 아니라 국민당 정부, 홍

---

235) Denton(2007), p.32.

콩, 마카오 등 외국에 있는 해외동포의 역할까지도 전시하고 있다. 이전 마오쩌둥 시대에는 국민당정부를 최대 적으로 보며 항일전쟁에 대한 그들의 역할을 애써 축소하거나 침묵하였다. 오로지 공산당의 전투로만 그려져 온 전쟁이었지만 2005년부터 장제스(張介石)가 인솔하는 국민당 정부군의 설명이 추가되었다. 부관장인 리종위웬은 초등학교 시절, 국민당 정부군은 항일전쟁에 소극적이었다고 배웠다며, "그 말은 옳지 않다. 지금에 와서는 국민당 정부군의 역할은 적극적이었다고 평가된다"고 말함으로써 중국이 덩샤오핑 시대 이후 타이완을 염두에 둔 통일정책이 어떻게 기억의 공간에서 복원되고 있는지를 보여 준다[236] 나아가 홍콩의 항일전쟁 모습, 조선의 용군의 모습, 해외동포의 항전 지도 등을 다양하게 전시함으로써 중국의 지리적 경계를 확장하고 대국으로서 전 세계에 나가 있는 중국인을 모두 포용하려는 중화주의적 모습을 보여 준다.

둘째, 일본의 만행을 폭로한다. 일본 만행에 대한 냉전시대 마오쩌둥의 망각은 다시 기억의 그 의미를 다시 부여받는다. 리종위엔 부관장은 "일본은 14년간의 침략전쟁에서 중국인에게 야만스러운 범행을 저지르고 잔혹한 식민통치를 하였다. 그리고 경제자원을 약탈하며 문화노예정책을 실시하고 중화민족에게 거대한 손실과 재난을 가져왔다"고 지적한다.[237] 일본의 만행에 대하여 마오쩌둥 시대에는 전쟁의 상흔에 대하여 다시 기억하고 싶지 않은 요구와 일본과의 경제적 관계 회복을 위하여 외교적으로 자극하지 않으려는 의도로 인하여 망각되었다. 일본의 침략행위의 고발은 중국의 공산주의의 이데올로기적 쇠퇴와 민족주의와 맞물려 다시 기억의 공간에 복원된다.

셋째, 2005년 다시 개관하여 전시되는 '위대한 승리'라는 전시에서도 보여 주듯이 이전과는 다르게 '위대한 중국'의 자신감을 표현한다.

---

236) 동아일보, 2008년 1월 7일.
237) 리종위엔(2005), pp.151-152.

<그림 4-2> 항일전쟁기념관 내부, 위대승리라는 글자가 돋보인다.

중국공산당이 세계반파쇼 전쟁의 중요한 참여자였으며 이 전쟁에서 승리함으로써 인류평화에 크게 기여했다는 점을 부각시킴으로써 명실공히 중국이 강대국임을 보여 준다. 중국은 경제적 부상과 함께 지난 100년 동안 잃어버렸던 민족적 자긍심을 회복하고 나아가 위대함을 재확인하는 도구로 전쟁 기념관이 이용되고 있다.

넷째, 제8부분과 마지막 결어부분에서 "중국 국민들은 세계평화를 열망한다"는 문구로 시작한다. 이는 일본과의 역사적 과거를 잊지는 않되 미래지향적인 관계로 발전해야 한다는 의미를 가진다. 이곳에서는 1972년 중·일 수교 이후 지속적인 중·일정상회담의 모습을 사진으로 전시하여 중·일 우호협력관계를 강조한다.

이러한 평화와 화해에 대한 전시는 중국의 민족적 자부심을 보여 주면서 외교적 관용과 용서를 암묵적으로 드러낸다. 이는 베이징 항일전쟁기념관뿐만 아니라 9·18역사박물관과 난징대학살기념관에 모두 공통적으로 전시되어 있다. 한편 항일전쟁 승리 50주년 기념해인 1995년에는 일본의 무라야마 총리가 이곳을 방문하였으며 장쩌민도 그해 8월 15일 방문하여 "과거를 잊지 않는다면 미래의 가이드가 될 것이다"라고 연설했다.[238] 또한 2001년

고이즈미 총리 또한 방문함으로써[239] 기념관은 단순히 애국주의 교육의 기지를 넘어서 기억의 정치적 공간이 되었다.

1992년 베이징 시는 청소년의 애국주의 열정을 촉발시키기 위해 '중국인민항일전쟁기념관'을 '청소년애국주의교육기지'

<그림 4-3> 일본과 우호와 화해 전시, 일본천황과 덩샤오핑 부부

로 정하였다. 이 기념관은 영향력을 확대하고 교육 기능을 발휘하기 위해 주도적으로 베이징 시, 중앙기관, 군부대, 기업체, 학교 등지에 기념관의 소개 책자를 발송하였다. 또한 새로 만들어진 홍보팀은 각 전문학교, 대규모 공장, 광산을 방문하여 기념관의 전시내용 및 업무를 소개하였다. 그 결과 최근 수백 개의 중앙기관, 군부대, 교육기관, 공산주의청년단, 공회, 부녀연합회, 민병, 기업체가 정기적으로 방문하여 각종 형식의 입당, 입단 선서의식, 신병입대 의식, 노병 제대의식 등을 거행했다.[240]

잠복 혹은 망각되었던 항일전쟁에 대한 기억은 '국치'와 '피해의식'의 근간 위에서 부활되었으며 '애국주의'라는 이름으로 민족주의를 강화하였다. 이는 마오쩌둥 이후 개방과 개혁시대를 맞이하여 공산주의 이데올로기의 쇠퇴로 인한 공백을 메우기 위한 국가적 노력의 산물이었다. 물론 공산당의 혁명적 영웅주의라는 전형적인 마오쩌둥 시대의 전쟁기억이 완전히 사라진 것은 아니지만 한층 축소되었으며 이것은 중국이 강대국으로 부상하면서 홍콩반환, 타이완과의 통일을 염두에 두며 이와 함께 해외동포를 모두 포함

238) James A. Flath, "Setting Moon and Rising Nationalism: Lugou Bridge as Monument and Memory", *International Journal of Heritage Studies*, Vol.10, No.2(2004), p.188.

239) 한국일보, 2001년 10월 9일, [http://www.kinds.or.kr](2008년 2월 1일 검색)

240) 윤휘탁(2002), p. 286.

하는 '위대한 중국' 건설에 대한 자신감 및 또 다른 차원의 '승리'의식의 재현을 항일전쟁기념관이 복합적으로 보여 준다.

2. 난징대학살기념관: 평화의 시작

1937년 여름 루거우차오(盧溝橋) 사건으로 중일전쟁의 일으킨 일본군은 톈진(天津), 베이징(北京) 등을 거쳐 11월 상하이(上海)를 성공적으로 점령하였다. 그들의 다음 목표는 장제스(裝介石) 국민당정부가 수도로 삼고 있던 난징(南京)이었다. 9만 명의 일본군이 양쯔(陽子)강 남안(南岸)의 이 도시를 3면으로 포위해 들어가자 장제스는 성 함락 5일 전 정부를 이끌고 충칭(重慶)으로 퇴각했다. 잔류해 있던 난징 시민과 군인들은 12월 13일 새벽, 성벽을 타고 넘어온 일본군들에 의하여 점령당한다. 난징포위 전 3일 만에 난징은 일본군에 함락되었고, 12월 13일부터 6주간에 걸쳐 일본군은 중국군과 일반시민 3십만 명을 학살하였다.[241]

1937년 12월에 일어났던 난징대학살에 대한 기억의 복원은 1985년 8월 15일 1차 개관을 통해서야 가능했다. 1987년 12월 13일 난징대학살기념관 내 기념홀 개관식에 400여 명의 관료들과 피해가족 그리고 시민들이 참석함으로써 기념관은 항일전쟁의 중국 국가적 기념장소로 탈바꿈하게 되었다. 1997년 난징학살 60주년을 맞이하여 확대하여 2차 개관을 하였으며,[242] 2007년 70주년 기념일을 맞아 18개월의 공사 끝에 다시 확장하였다. 공사비 3.28억 위안(한화 약 410억 원)이 투입된 기념관은 과거보다 3배나 넓은 2만 5,000㎡에 달한다.[243] 이렇듯 난징대학살기념관은 기억의 복원과 재현

---

241) Mark Eykhot, "Aggression, Victimization and Chinese Historigography of the Nanjing Massacre", Joshua A. Fogel, ed., *The Nanjing Massacre in History and Historiography*(Berkeley: University of California Press, 2000), p.12.

242) 박강배, 「잊혀진 홀로코스트 남경」, 민주화운동기념사업회 엮음, 『세계의 역사기념시설』(서울: 민주화운동기념사업회, 2006), p.149.

243) 오마이뉴스, 2007년 12월 14일, [http://www.ohmynews.com/NWS_Web/view/at_pg.aspx?CNTN_CD=A0000790455](2008

을 거듭하였으며 거기에는 국내외 기억의 정치가 반영되었다.

　난징대학살은 1937년부터 1945년까지 일본침략의 중요한 상징적 사건은 아니었다. 이것은 지극히 지역적 사건이었으며 개인적 기억의 차원에 머물렀다. 국민당 정부는 독가스와 세균전 그리고 공습으로 인한 피해에 더욱 관심을 가졌으며[244] 중국공산당은 일본이 항복을 한 1945년부터 치열한 내전을 겪는 과정에서 난징에서 일어났던 학살에 대하여 염두에 두지 않았다. 그 이후 국내적 그리고 국제적으로 냉전이 심화되면서 승리를 한 중국공산당에서 난징대학살은 공식적인 기억에서 사라졌다.[245] 냉전 기간 중에는 미국과 일본을 적으로 간주하여 비난하였으며 한편으로 공산당 제일주의라는 이미지에 상반되는 난징학살을 거론하지 않았다. 단지 중앙정부가 허락하는 제한된 상황 속에서 난징에 있는 역사학과 교수 및 피해 개인과 가족들만이 기억하고 있었다.

　1972년 중·일 수교 이후 일본과 우호적인 관계를 유지하려는 중국정부의 정책은 1982년 일본의 역사교과서 파문으로 인하여 완전히 변하였다. 이로 인하여 애국주의 교육이 촉발되었으며 1985년에는 베이징에 항일전쟁기념관 및 몇몇 박물관들이 개관하기에 이르렀다. 이러한 분위기 속에서 1989년 천안문사태 이후 애국주의 교육이 더욱 강화되면서 난징학살에 대한 서적 및 영화 그리고 연구 활동 등이 매우 활발해졌다.[246]

　1985년 처음으로 조우에르푸(Zhou Erfu, 周而夏)의 『난징의 몰락』(The Fall of Nanjing, 南京的陷落)이 출판되었으며, 1988년 '피의 대학살 증거 (Evidence of the Massacre in Blood)'가 영화로 만들어졌으며 텔레비전에도 방영되었다. 우찌니우(吳子牛) 감독은 종전 50주년 기념해인 1995년 '남경 1937'이라는 상업용 영화를 제작하여 발표하였다.[247] 또한 5만 명의 중국

　　년 1월 7일 검색)

244) Takashi Yoshida, *The Making of the 'Rape of Nanking': History and Memory in Japan, China, and the United States*(Oxford: Oxford University Press, 2006), pp.27-25.

245) Yoshida(2006), p.62.

246) Yoshida(2006), p.106.

247) Daqing Yang, "The Malleable and the Contested: The Nanjing Massacre in Postwar China and Japan", in Geoffrey T. Fujitani, M. White, and Lisa Yoneyama, eds., *Perilous Memories:*

<그림 4-4> 기념관 외부에 전시된
아이리스 창의 동상

사람들이 등장하며 800장면이 포함된 난
징대학살사진첩이 1995년 출판되었다.[248]
1996년 12월 13일 난징대학살이 있은 지
59년 만에 추도 사이렌이 울렸다.[249]
1997년에는 중국계 미국인이었던 아이리
스 장은 『난징대학살』(The Rape of
Nanking: The Forgotten Holocaust of
World War Ⅱ)[250]을 출판하여 첫해 60만
부가 팔리면서, 미국뿐만 아니라 세계의
주목을 받음으로써 난징대학살에 대한 기
억을 국제화하는 데 기여하였다.

이렇듯 난징대학살은 1982년 일본의
교과서 문제로 시작된 반일감정과 중국 정부의 애국주의 교육이라는 정책
덕분에 급속하게 항일 민족 감정이 집단적 기억으로 자리 잡았으며 위에서
살펴본 바와 같이 학문적 연구, 영화, 사진, 기념비, 각종 학술 및 문화행
사 등 총체적인 문화적 재현을 통하여 항일전쟁에 대한 기억을 재생산하고
있다.

그러나 난징의 기억 과잉과 망각은 중국 민족주의의 양면성을 보여 준다.
기억의 과잉사례는 계속하여 난징 기념관이 확장된 사실만 보아도 명백하
다. 기념관 측은 2차 세계대전 3대 피해자 중 아우슈비츠 수용소와 히로시
마 평화공원이 유네스코의 세계문화유산으로 등록된 것에 비해 난징대학살
기념관은 세계문화유산 등록 기준이 5.33헥타르가 못 되어 등록신청을 할
수 없었기에 확장을 통하여 등록기준에 맞추려고 한다는 논리를 펴 왔
다.[251] 외형의 확장으로 인정을 받는 것이 전쟁기억에 대한 정당한 보편성

The Asia-Pacific War(s)(Durham: Duke University Press, 2001), pp.72-73.
248) Yoshida(2006), pp.158-160.
249) Yoshida(2006), p.160.
250) 아이리스 창(1999).

및 도덕성을 확보하는 것인가에 대한 문제는 여전히 남는다.

둘째, '피해의식'의 극단적 표현이다. 즉 사망자의 수치에 대한 집착이다. 마오쩌둥 시대에는 9백3십2만의 중국인들이 중일전쟁에서 사망하였다고 발표하였으나 1995년 장쩌민은 3천5백만으로 더 많은 희생자 숫자를 공식적으로 발표하였다.[252]

난징학살기념관에는 현재 30만이라는 숫자가 커다랗게 새겨진 기념비가 있다. 장쩌민은 전쟁에 대한 기억을 정치화하였으며 사망자 숫자의 문제가 항상 논란이 되었으며 이를 증명하는 것은 학자들의 책임이었다. 이 문제에 대하여 난징대학살 70주년을 맞이했던 2007년 12월 15일 아사히신문 사설은 "숫자의 탐구는 전문가들에게 맡겨야 한다. 실은 중국학자들의 사이에도 한

<그림 4-5> 기념관 곳곳에 300,000명이라는 피해사실을 강조하는 숫자가 새겨져 있다.

가지 숫자를 고집하지 말고 좀 더 실증적인 연구를 요청하는 목소리도 있다"고 지적한다.[253] 냉정한 학술연구를 통해 머지않아 숫자는 변해 갈 것이다.

셋째, 국가적 이해관계 앞에서 과잉 기억의 재현은 통제당하기도 한다. 2007년 12월 13일 난징대학살 70돌을 맞이하였으나 의외로 조용히 지나갔다. 70주년이 되는 이날 중국 중앙정부는 아무런 기념행사도 열지 않았다. 일본을 향한 반성이나 사과 요구는 더더욱 없었다고 한다.[254] 또한 미국 영화감독 론 조셉(Rhawn Joseph)의 다큐멘터리 영화 <난징의 악몽>이 중국 내 상영이 중국공산당의 의해 전격 금지되었다.[255] 중국은 민족주의 정서를

---

251) 박강배(2006), p.159.

252) Gries(2004), p.80.

253) 아사히신문, 2007년 12월 15일, 고길희 번역.
   [http://peacemaking.kr/news/board/view.php?papercode=PEACE&boardno=12&q=&qtype=&idxno=2356&pageno=1&actmode=VIEW](2008년 1월 7일 검색)

254) 동아일보, 2007년 12월 15일.

자극하여 정권의 정당성과 중국 내 사회적 통합을 도모하기도 하지만 국가 이익을 고려할 때에는 문화적 반일감정일지라도 통제한다.

넷째, 안네일기와 같은 난징대학살에 대한 개인적 기억을 담은 출판물은 드물다. 오직 숫자와 피해에 대하여 집착하는 것은 국가 주도적 민족주의 모습을 보여 주는 매우 좋은 사례라고 할 수 있으며 그것은 곧 국가성과 연관되어지며 아직도 중국은 비민주적 요소가 자리 잡고 있음을 보여 준다. 시민단체와 이익집단을 중심으로 한 기억의 재현은 거의 찾아볼 수 없다. 즉 일본과 한국의 다양한 전쟁기억 재현과 서양의 전쟁기억 프로그램과는 매우 상이한 모습을 보여 주고 있다. 예컨대 한국에서는 한국전쟁에 대한 학문적 해석이 다양하며 특히 시민단체들이 보여 주는 양상은 매우 상이하다. 맥아더 동상 철거에 대한 찬성과 반대시위를 보면 전쟁에 대한 기억이 단순히 기억 자체로 존재하는 것이 아니라 현실 생활 특히 정치적 이데올로기의 스펙트럼 안에서 얼마나 심하게 갈등하고 있는가를 알 수 있다. 일본도 이러한 점에서 흡사하다고 하겠다. 야스쿠니신사에 대한 찬반, 평화헌법 개폐의 문제 등 다양한 전쟁기억이 존재한다. 반면 중국은 전쟁기억을 국가가 독점하고 민간으로부터의 다양한 기억을 배제하고 있음을 부인할 수 없다.

다섯째, 평화에 대한 기억의 새로운 재생산이다. 난징에서 기념관 확장 공사가 진행되고 있을 무렵, '대학살 기념관'이 아니라, '평화기념관'이라 개칭하자는 안이 내부에서 제기되었다고 여러 관계자들은 말한다. 하지만, 학살이 있었던 것 자체를 부정하는 목소리가 일본에서 존재하는 한 당치도 않는 시기상조라며 없었던 일로 되었던 것이다. '반일'강화로 보이기 십상이지만, 실제로는 '반전 평화'의 취지를 더욱 강조하는 전시가 될 것이라고 한다. 난징 사범 대학의 장리엔훙(張連紅) 교수는 "서로가 부의 유산을 제대로 응시하여 미래를 향한 평화적인 관계를 쌓아 올리는 것이 중요하다. 그때에는 기념관의 명칭도 바뀔 것이다"라고 한다.[256] 이러한 분위기를 반

---

255) 대기원시보, 2007년 9월 15일, [http://www.epochtimes.co.kr/news/article.html?no=8426](2008년 1월 5일 검색)

256) 동아일보, 2008년 1월 7일.

영하듯 기념관은 2003년도 '난징국제평화연구소'를 설립하여 다양한 평화운동을 펼쳐 왔다.

우선 2001년부터 난징국제평화연구소는 '역사인식 및 동아시아 평화 심포지엄'의 중국 측 대표기관으로 참여하고 있으며 한·중·일이 공동으로 참여하는 '평화촛불순례', '난징국제평화청년심포지엄'을 개최하였다. 2003년 11월에는 '난징 비둘기 평화예술단'이 창립되었으며 고등학교에 '평화학'을 개설하였고 민간화교에 의한 모금을 통하여 '평화의 종'을 주조하여 기념관 내 야외전시

<그림 4-6> 기념관 내 평화의 종

하고 있다. 12월 12일 '평화의 종' 낙성식 행사에는 '고베·난징 심연심회' 대표, '한국교과서운동총본부' 대표, '제주 4·3연구소' 대표, 등 한·중·일 3국 민간인 인사들이 공동으로 참여하여 세계평화를 기원하였다. 또한 난징은 중국 도시들 중 최초로 '평화도시선언'을 함으로써 히로시마, 제주와 함께 동아시아 공동기억을 창출하는 기억의 공간이 되었다.257) 그러나 난징기념관의 재생산하는 평화에 대한 기억은 그 출발이라는 점에 상징성을 가지고 있으나 일본과 한국의 평화운동 혹은 기념과 비교하자면 그 내용이 미흡하다.

[http://www.donga.com/fbin/output?f=total&n=200801070296&top20=1] (2008년 1월 7일 검색)

257) 주성산·천준봉, 「중국 남경평화기념 사업 추진 방법 및 특징」, 제주 4·3기념 국제심포지엄, 2004년 3월 27일, pp.36-39; 주성산, 「역사와 평화를 연결하는 가교 놓기-남경대학살 반성 중에서 동북아 평화의 길을 모색하다」, 한·중·일의 전쟁유적을 평화의 초석으로, 동북아평화벨트 국제학술대회 발표논문, 2008년 12월 22일, pp.385-397.

3. 9·18역사박물관: 치욕의 출발

1991년 9·18사변 60주변 기념일에 중국 동북지역의 랴오닝 성(遼寧省)의 성도(省都)이며 동북지방의 중심지인 선양(瀋陽)에 위치한 '9·18역사박물관'이 설립되었다. 박물관의 명칭이 시사하는 것처럼 이 기념공간은 역사적으로 만주사변이 일어났던 '1931년 9월 18일'이라는 시간과 '만주'라는 중국의 동북지역에 대한 공간적 상징성을 함축하고 있다.

동아시아 각국들 사이에 이해관계가 충돌할 때마다 만주(滿洲)는 중국변화의 중심 지역이었다. 북방 유목 민족들의 흥기와 왕조건설은 중국의 새로운 장을 열었을 뿐만 아니라 그 주변의 여러 민족 국가들에게 엄청난 변화를 야기했다. 근·현대 시기에는 청일전쟁과 러일전쟁의 주요한 전쟁터였으며 일본의 중국 침략도 바로 선양(당시 봉천, 奉天)에서 시작하였다. 일본은 1931년 선양에서 9·18사변을 사변을 일으켜 만주지역으로 일본 관동군을 진출시키고 만주를 점령하였다. 이와 같이 일본이 대륙을 침략하는 과정에서 선양을 전략적 관문 도시로 삼았던 것이다. 중일전쟁이 본격적으로 시작되었던 1937년 이전에 이미 일본이 점령한 만주지역에서는 중국 본토보다 더 많은 희생이 있었으며 군사적으로 성공적이지는 않았지만 게릴라 항전이 있었다. 따라서 중국 정부는 선양에 기념관을 세우는 것은 중국동북부 지역 주민들의 항일전쟁의 희생과 기여를 기억하는 것만 아니라 국가 전체로도 의미 있는 작업이라고 생각했다.[258] 그 뒤 중일전쟁이 끝나자 1945년부터 1949년까지 만주는 국민당과 공산당 모두가 전략적으로 매우 중요하게 생각하여 치열한 내전을 벌였던 곳이기도 하였다.[259] 1949년 비로서 만주는 완전히 한족 중심으로 된 중국 영토로 복속되었으며 뒤이은 중국군의 한국전쟁 파병 또한 모두 만주에서 진행되었다.[260]

중국은 1982년 일본의 역사교과서 파장 이후 난징대학살기념관(1985년)과 항일인민전쟁기념관(1987년)의 설립에 이어 중국의 동북지역에서 가장 중요한 항일전쟁의 역사적 의미를 가지고 있는 선양에 '9·18역사박물관'을 건설한다. 기본적으로 항일 저항을 기념하는 단순한 목적에 건립하였으나 1999년 1차 확장을 통하여 보다 '국치를 잊지 말자(勿忘國恥)'는 구호 아래에 애국주의 교육의 장으로 탈바꿈하였다. 그 후 일본의 난징대학살 부정 및 고이즈미의 연이은 야스쿠니신사 참배로 인하여 중국의 단결과 일본의 군국주의를 경계해야 한다는 보다 강화된 민족주의 내용을 갖춘 전시로 2001년 다시 2차 개관을 하게 되었다.[261]

박물관은 야외기념물과 6개의 내부전시관으로 되어 있다. 6개 전시관을 살펴보면 ①역사적 배경, ②만주사변의 발발과 동북지방의 손실, ③동북지방의 일본 잔혹한 통치, ④동북지역에서의 항일 저항운동, ⑤전국 저항, 동북지역의 복원, 일제의 마지막, ⑥'역사를 거울삼자, 평화를 위한 희망, 일본의 군국주 부활을 막는 방패가 되자'로 이루어졌다. 대부분 사진과 도표를 통하여 중국어, 영어, 일어로 설명되어 있으며 동북지역에서의 공산당 군인과 일본인들의 고통을 실물 크기의 재현으로 통하여 상세히 전시하였다. 물론 중심서사는 전쟁 영웅을 중심으로 전시되었으며 국민당의 역할도 소개되었으나 공산당의 활동에 비하며 매우 미약하다. 민족주의 담론과 영웅주의적 서사는 '국치'라는 '피해자의식'과 '승리자의식'이 결합하여 전시 공간을 메우고 있다.

258) Mitter(2003), pp.128-129.
259) 박선영, 「20세기 동아시아사 변동: 동북에서의 국공내전(1945-1949)」, 『중국사연구』 제16집, pp.155-160.
260) 윤휘탁, 「변지에서 내지로: 중국인 이민과 만주(국)」, 『중국사연구』 제16집(2001), pp.40-41.
261) Xiaohua Ma(2007), pp.164-166.

야외 조형물 중 '물망국치(勿忘國恥)'가 새겨져 있는 종은 피해의식의 민족주의적 상징물로 9월 말 '국치일'에 울리며 묵념을 올리는 반복적 재현행위를 통하여 기억을 재생산한다. 또한 야외조형물 중에 대형 석조 달력에는 아래와 같이 항일정신을 기념하고 있다.

> "그날 저녁 10시 일본군이 남만주철도의 류타오 역 근처를 폭파하였다. 중국군이 저지른 것이라고 하여 그들은 공격을 개시하였고 군대의 사령부를 점령하였다. 우리의 동북군대는 고통스럽지만 후퇴할 수밖에 없었고 그 고통은 전국으로 확대되었으며 인민들은 분연히 항거하기 위하여 일어났다."

앞서 설명한 항일전쟁기념관과 난징대학살기념관과 함께 9·18역사박물관 또한 역사적 사건에서 비롯하였다. 중국은 7·7(루거우차오사변), 9·3(중국항전승리일), 9·18(9·18사변), 12·13(난징대학살기념일) 등을 중요 기념일로 지정하여 매년 '국치일'로 지정하여 위 세 개의 기념관을 비롯하여 전국 각 지역의 기념관 및 역사적 장소에서는 각종 기념활동을 펼친다.262) 난징대학살기념관에서는 1995년부터 매년 12월 13일에 경보를 울려 시민들로 하여금 이날을 상기하도록 하였으며 2001년 선양에 있는 9·18 역사박물관에서도 이를 따라 시행하고 있다.263)

1997년 중·일 수교 25주년을 기념하는 정상회담차 중국을 방문 중이었던 일본 하시모토 총리는 일본총리로서는 최초로 선양의 9·18역사박물관을 참관함으로써 역사문제를 직시하는 적극적 자세를 보여 주었다.264) 또한 2005년에는 리엔 찬 타이완 국민당 대표가 중국을 방문하였을 시, 난징 손중산 묘역을 비롯하여 상하이 박물관, 시안의 병마용 그리고 9·18 역사박물관을 참관하였다. 그가 말하기를,

---

262) 리종위엔(2005), p.150; Callahan(2006), p.190.

263) James Reily, "China's History Activists and the War of Resistance against Japan: History in the Making", *Asian Survey*, Vol.44, No.2(Mar.–Apr., 2004), p.290.

264) 한국일보, 1997년 9월 7일, [http://www.kinds.or.kr](2008년 2월 4일 검색)

"일본은 14년 동안 내 고향과 중국의 동북부를 지배하였으며 타이완은 50년 동안이나 식민통치를 받았다. 우리 민족의 큰 치욕이다. 우리는 용서할 수 있지만 잊어서는 안 된다. 또한 역사에 다시 한 번 더 이러한 시도를 허용해서는 안 된다."[265]

2008년 2월부터 이 기념관은 장제스를 비롯한 국민당 장군의 사진들과 함께 설명을 전시하기 시작하였다. 이는 곧 마오쩌둥 시대에 적대적 관계에 놓여 있는 국민당과 관계를 마오쩌둥 사후 개혁과 개방의 시대를 맞이하여 '위대한 중국'을 건설하기 위하여 해외동포와 타이완을 포용하려는 중국 정부의 변화된 정책의 반영이다. 중일전쟁의 기억은 앞서 살펴보았듯이 그동안 공산당의 역할만을 부각시켰으나 난징대학살기념관과 베이징 항일인민전쟁기념관과 함께 9·18역사박물관에서도 항일전쟁 시 국민당의 역할에 대한 기억을 복원함으로써 중국 국가정체성의 변화를 반영한다.[266]

특히 여섯 번째 전시관에서 중·일 관계의 '화해'와 '관용'이라는 주제를 설명하고 있는 것은 한국의 독립기념관 및 서대문형무소의 전시서사와 매우 다른 점을 보여 준다.[267] 1972년 중국과 일본의 수교과정 및 최근까지 중·일 정상외교를 전시하고 있으며 1997년 일본총리의 박물관 방문을 보여 준다. 또한 1945년 전쟁종결 이후 중국에 있던 일본군 전쟁포로의 재판과정 및 일본 송환 과정을 실물 크기로 복원하였다. 당시 어린 여자아이가 중국인 양부모 밑에서 자라다가 일본으로 돌아가서 수교 이후 성인이 되어 다시 방문한 기록을 사진과 양부모와 함께한 조형물을 전시한다. 이 기억의 재현은 극단적인 반일감정을 넘어서려는 중·일 간 화해와 포용의 노력의 모습을 보여 준다. 특히 양부모와 함께한 조형물은 일본인들의 후원금으로 만들어짐으로써 중국의 국가기억의 공간 안에 일본 민간인과 함께 공유의 기억을 만들었다는 점에서 의미가 크며 다른 후원단체 이름도 박물관 외부 공간 벽면에 기록하였다.

---

265) Vikers(2007), p.372.
266) [http://en.beijing2008.cn/news/n214083931.shtml](2008년 2월 5일 검색)
267) 중일관계에 대한 전시는 난징기념관과 항일전쟁기념관에도 거의 흡사하게 전시하고 있다.

그러나 이 박물관은 이렇게 화해를 위한 노력으로 끝나는 것이 아니라 일본의 최근 고이즈미의 야스쿠니신사 방문 및 역사 교과서 왜곡 문제도 전시하고 있다. 즉 일본에 대한 화해는 또다시 중국의 민족주의를 자극하며 역사적 치욕을 현재에도 잊지 말아야 하며 그렇게 하기 위하여 국가가 강해야 한다는 사실을 끊임없이 상기시킨다. 다음은 박물관 마지막 전시관에 있는 문구이다.

> "어떻게 감히 일본 제국주의자들이 중국에게 칼을 들이댈 수 있는가? …… 왜 일본의 몇몇 사람들은 아직도 역사적 과거에 대하여 망각하고 있는가? …… 어떻게 우리가(중국) 그렇게 위약할 수 있었는가? 만약 우리가 당시 고통을 잊는다면 그 고통은 또다시 우리의 문을 두드릴 것이다."

따라서 항일과 민족애를 타이완과 공유하며 공동의 전쟁기억을 공유함으로써 통일을 염두에 둔 중국공산당과 타이완 사이 공동의 국가정체성을 키워 가는 데 9·18역사박물관은 또 다른 기억의 공간을 제공하고 있다.

4. 항미원조(抗美援朝)기념관: 반미와 기억의 충돌

항미원조기념관은 중국이 미국에 대항하여 싸우는 조선(북한)을 도와준 조선전쟁(한국전쟁)을 기억하는 공간이다. 북한과의 접경도시인 중국 단동(丹東)에 1956년 7월 2일 '안동역사문물진열관'이라는 명칭[268]으로 개관하였으나 1958년 9월 29일자로 '항미원조기념관'으로 이름을 바꾸었다. 문화대혁명시기에는 폐관하였고 1972년과 1979년에 개관하였으나 너무 초라하여 다시 건립하기로 하였다. 1984년 3월 13일에 중공중앙반공청과 국무원 반공청의 비준하에 다시 건립 준비를 시작하였으며 1993년 7월 27일에 조선전쟁 정전 40주년을 맞아 개관하였는데 당시 중앙정치국상무위원회 후진타오 서기가 개관식에 참여했다.[269] 전시는 크게 4개 부분으로 나눠져 있는

---

268) 안동은 단동의 옛 명칭이다.

데, 제1부분은 항미원조전쟁관으로 6개의 전시로 재현되었다. 제2부분은 항미원조운동관으로 2개의 전시로, 제3부분은 중조인민우의관으로 그리고 제4부분은 영웅모범열사관으로 구성되어 있다.

중국은 1949년 사회주의 국가를 세운 뒤 오랜 내전으로 상당히 어려운 국내적 상황에 처해 있었다. 그럼에도 불구하고 중국은 한국전에서 총 2백 내지 3백만 명을 파병하였으며 그중 3십6만 명이 부상을 입거나 사망하였다. 당시 중국군 전체 병력 중 66%의 인원을 파병하였던 것이다.270) 실제로 중국은 참전과 함께 대외전쟁 지원을 구실로 시작되었던 항미원조운동은 국내적인 목적을 위한 대중운동으로 전개되어 그들의 신생 사회주의 정권을 안정시키는 데 결정적인 역할을 하였다.

항미원조운동의 목적은 북한을 지원하는 중국정부의 입장을 국민에게 확산시키기 위한 것이며 미 제국주의들의 위협에 대항한다는 것이었으나 '항미'가 의미하는 것은 외부의 적으로서 미국과 함께 내부에 남아 있는 '미제국주의'적 요소를 제거한다는 사회주의 개혁과 개조의 의미도 가지고 있다. 즉, 북한을 원조하기 위해 애국적인 국민감정에 호소하여 생산증가를 위한 실질적인 행동, 안정적 세금 확보, 생산효율의 자극을 위한 경제재건의 목적을 내포한다. 미국과 한국에서 '끝나지 않은' 전쟁 혹은 '잊힌' 전쟁으로 기억하고 있는 것과 달리 중국은 항미원조 전쟁을 '위대한 승리'로 기억한다.271) 2000년 항미원조전쟁 50주년을 맞이하여 장쩌민의 축사에서도 중국의 항미원조전쟁에 대한 기억을 알 수 있다.

> "항미원조전쟁의 승리는 평화를 사랑하는 인민들의 위대한 승리이며 패권에 대항하여 정의를 구현하는 영웅적인 업적이고, 애국주의와 혁명적 영웅주의 놀라운 서사이고 세계평화와 인류 진보를 지킨 중국 인민들의 위대한 기념탑이다."272)

---

269) Memorial Hall of War to Resist US Aggression and Aid Korea, Dandong, China [http://english.dandong.gov.cn](2008년 7월 16일 검색)

270) Hao Yufan and Zhai Zihai, "China's Decision to Enter the Korean War: History Revisited", *China Quarterly*, No.121(March 1990), p.114.

271) 김옥준, 「중국의 한국전 참전과 국내정치: 참전의 대내적 요인과 영향을 중심으로」, 『국제정치논총』 제42집 1호(2002), p.236.

중국은 1954년 9월에 공포된 그들의 '중화인민공화국 헌법' 전문에 '항미원조' 전쟁은 토지개혁, 반혁명분자진압, 경제부흥 등 주요 정책조치와 더불어 그들의 사회주의체제의 기초를 구축하는 데 공헌한 4대 요인 중의 하나였다고 명기함으로써 한국전 참전 성과를 공식적으로 확인하고 있다.[273] 1949년 중국 건립부터 1988년까지의 중국 현대사를 중국 공식적인 입장에서 영어로 출판한 서적의 한국전쟁에 대한 부분은 '인민의 힘 공고화되다 (Consolidating People's Power)'라는 이름의 장으로 구성되었듯이 한국전쟁은 국내적 국민통합에 크게 기여하였다.[274]

중국의 한국전 개입으로 많은 군사적 희생을 통하여 중국은 첫째, 국내적으로 정치적 중앙집권을 확립할 수 있는 기회를 확보하였다. 중국 본토에서는 반혁명분자에 대한 소탕운동 1951년 전반기에 약 1–3백만 명의 사람들이 처형되거나 노동수용소로 보내졌다. 중국의 통일과 중국 정권기반을 공고화하는 데 한국전이 기여한 셈이다. 둘째, 중국의 국제적 지위향상과 아시아에서 새로운 강대국으로 부상하게 하는 계기가 주어졌으며, 셋째, 무기와 기계의 도입 등으로 중국군의 근대화를 가져올 수 있게 되었다.[275]

이상에서 살펴보았듯이 중국의 한국전쟁 개입원인은 신생국 중국에 대한 직접적인 미국의 위협과 이에 대한 국가안보 차원에서 방어적 개입이 원인이라고 본다. '방어적'이라는 표현은 중국이 한국전 개입을 신중하게 고려했으며 끝까지 주저했다는 점이다. 중국이 소련으로부터 군사적 지원을 얻기 위한 노력과 미국을 향한 확전에 대한 억지의사를 전달하려는 외교적 행위들 그리고 전쟁의 상황 변화에 따른 수차례에 걸친 정치회의를 통하여, 중국은 미국을 상대로 한 확전에 대한 염려를 표출함으로써 중국의 한국전 개입은 신중하였으며 방어적이었음을 보여 주었다. 현실적으로 중국은 만주

---

272) "Jiang: Volunteers Fighting US Aggression of Korea Heroic, Patirotic", [http://www.china.org.cn/e‐America/actives/jiang.html](2008년 7월 1일 검색)

273) 김옥준(2002), p.246.

274) Zong Huaiwen, *Years of Trial, Turmoil and Triumph: China From 1949 to 1988*(Beijing: Foreign Language Press, 1989), p.20.

275) 이병주, 「중국의 한국전 개입과 그 영향」, 『국제정치논총』(1990, 특집호), p.245.

일원의 산업기지에 대한 자국의 안보적 위협과 영토적 위기의식을 개입의 일차적 원인이라고 할 수 있다. 한편 중국과 미국의 정책결정자들 사이에 외교적 통로의 부재와 상호 간에 커뮤니케이션의 결핍, 불신 그리고 상호 오판(mutual misperception)이 결국 중국의 개입을 불러왔으며 한국전을 새로운 양산으로 확대시킨 이차적 원인이다.[276] 결국 중국의 한국전 개입은 한국전의 장기화를 가져왔으며 또한 남북한 사이 통일의 기회를 상실하는 결정적 원인을 제공하였다. 중국 측으로서는 한국전쟁을 통하여 국제적 지위 향상과 한반도에서의 자국 영향력을 공고화시키는 발판을 마련하였으며, 아울러 내부적으로는 국내 정치의 분열을 막고 불만세력을 제거함으로써 보다 강력한 사회주의 국가를 건설할 수 있는 기회를 마련하였다.

항미원조기념관은 위에서 설명한 세 개의 전시관과 다르게 한국전쟁을 기억하고 있다. 중국의 전쟁기억은 일본에 대한 항일 전쟁의 기억이 대부분이었으나 항미원조기념관은 미국을 적으로 하여 서구 제국주의에 대한 승리의 서사를 재현하고 있으며 이는 국내적 국민통합과 반미감정의 원천으로 작동하여 왔다.

중국의 항미원조전쟁기념관은 또한 한국의 전쟁기념관과 정반대 기억을 생산하는 역할을 하고 있다. 한국 용산전쟁기념관이 친미, 반북, 반중의 국가정체성을 보여 주는 기억의 장소라면 항미원조기념관은 반미, 친북, 반한 정체성을 드러내는 공간이다. 즉 상호 공유할 수 있는 기억의 재현 공간이 아니라 정반대에 놓여 한국과 중국 사이 기억의 충돌이 잠복된 곳이다. 이것은 한국, 일본 그리고 미국으로 이어지는 남방 3각 관계와 중국, 북한 그리고 러시아로 이어지는 북방 3각관계라는 냉전시대의 이원적 동아시아 국제관계 구조가 탈냉전시대에도 동아시아 지역기억복합체를 통하여 재현되

---

276) Thomas J. Christensen, "Threats, Assurances and the Last Chance for Peace: The Lessons of Mao's Korea War Telegrams", *International Security*, Vol.17, No.1(Summer 1992), pp.133–143; Michael Hunt, "Beijing and the Korean Crisis June 1950–June 1951", *Political Science Quarterly*, Vol.107, No.3(1992), p.464; Hao Yufan and Zhai Zihai, "China's Decision to Enter the Korean War: History Revisited", *China Quarterly*, No.121(March 1990), p.103.

고 있다는 것을 의미한다. 한편 중국 정부는 2008년 베이징 올림픽을 앞두고 베이징 군사박물관 내 항미원조전쟁관을 조용히 철거한 사실이 알려졌다.[277] 이것은 올림픽을 앞두고 미국과의 적대적 관계를 상징하는 이 기념관을 철거함으로써 반미주의를 부각시키지 않으려고 했다는 추측이다.

이렇듯이 한국전쟁의 기억의 복원과 경쟁 그리고 망각은 동아시아기억복합체 안에서의 한국, 중국, 일본 그리고 미국에 대한 국가정체성의 상호 영향에 따라 변화를 거듭하게 된다.

III. 중화민족주의와 기억의 과잉

마오쩌둥 시대의 중국은 전쟁기억보다는 계급주의에 입각한 공산주의 이데올로기의 강화로 인하여 전후 전쟁의 기억에 대하여 침묵을 강요하였다. 마오쩌둥 이후 개방과 개혁시대를 맞이하여 전쟁기억에서 배제되었던 중일전쟁은 새로운 이데올로기의 필요성에 의하여 애국주의라는 이름하에 기억의 복원과정을 겪는다. 전쟁기억의 공간으로서 기념관 및 박물관은 1980년대 중반부터 건설되기 시작하여 일본 패전 기념 50주년(1995) 및 60주년(2005) 그리고 난징대학살 60주년(1997) 및 70주년(2007) 등 기억의 주기적 시간에 따라 물리적 공간의 확장을 계속하여 왔다.

중국의 전쟁기념관들은 역사적 시공간과 밀접하게 연관되어 '피해의식'과 영웅주의에 입각한 '승리자의식'을 복합적으로 드러내는 서사구조를 가지고 있으며 중화민족주의를 각인시키는 이른바 애국주의 교육의 현장으로서 기능을 강조하고 있다. 한편 기념관의 목적 중 전몰자를 추념하는 종교적 제의행위(shrines)의 성격은 거의 드러나지 않으며 단지 국가정체성(identity)을 형성하며, 과거 전쟁 영웅들을 기념(service)하며 명예롭게(honor) 기억하는

---

277) 중앙일보, 2008년 9월 22일.

공공의식(public rituals)의 성격이 강하다.278)

　1937년 중일전쟁이 일어났던 베이징 루거우차오에 있는 항일전쟁기념관, 1931년 만주사변의 계기되었던 기차역 근처에 설립된 9·18역사발물관, 1937년 일본군에 의하여 대량 학살이 자행되었던 난징기념관 그리고 한국전쟁에 참전하게 된 북한과의 접경도시에 설립된 항미원조기념관 모두 중요한 역사적 사건과 연관되어 있는 기념관들이다. 한편 항일전쟁기념관은 중국의 수도인 베이징에 위치한 지리적 이점을 살려 최근 '위대한 중국'이라는 전시 재현을 통하여 단순히 항일전쟁에 대한 기억의 재현을 넘어서 중국이 강대국이며 거기에 대하여 자부심을 불러일으키도록 하는 '중화민족주의'를 자극하고 있다. 난징기념관은 30만 명의 희생자 숫자를 극명하게 전시함으로써 최대 피해의식을 국민들에게 불러일으키고 있으며 동시에 중국의 전쟁기념관 중 유일하게 국제적으로 탈국가적 공유기억을 '평화'라는 이름으로 연대하거나 확장하고 있다. 선양의 9·18역사박물관은 1931년의 만주사변과 14년 동안의 일본 지배를 매우 구체적으로 전시하고 있으며 특히 공산당에 의하여 조직된 게릴라군대의 역할을 강조함으로써 여전히 동북 지역이라는 특수성과 공산당의 지위를 영웅적 담론으로 표현하고 있는 특징을 가지고 있다. 끝으로 항미원조기념관은 북한과의 특수한 관계를 내포하는 장소적 특징과 함께 언제든지 한국과 미국을 적으로 규정할 수 있는 기억의 충돌이 잠복되어 있는 곳이다.

　국가경제발전시기에 한국과 일본에서 보여 주었듯이 국민통합을 위하여 민족주의를 도구적으로 사용하려는 노력은 3국이 모두 공통적으로 나타난다. 그러나 일본과 한국에서는 대중민족주의의 모습이 다양하게 나타나고 있으며 사회집단과 이익단체들이 전쟁기억의 문제와 관련하여 때때로 국가에 도전하기도 한다. 이와는 달리 중국은 아직까지 국가가 전쟁기념의 담론을 독점하고 있으며 평화와 인권문제, 여성문제, 소수인종문제와 관련된 전쟁기억의 재현을 봉쇄하고 있다. 즉 중국의 티베트의 침공(1950), 베트남 침

---

278) Mayo(1988), p.64–65.

공(1979)에 대하여 그들의 역사교과서에서 언급하지 않고 있으며, 2차 세계
대전에 대하여서도 진주만 기습, 미드웨이 해전 등을 생략한 채 그들의 일
본에 대한 저항만을 설명한다. 또한 문화혁명기에 얼마나 많은 사람이 죽었
는지 가르치지 않는다.[279]

중국은 '책임대국' 및 '조화세계'라는 기치하에 경제발전을 최우선시하고
있으며 대중민족주의가 이에 나쁜 영향을 줄 경우는 엄격히 통제하고 있다.
그러나 그동안 애국주의 교육과 전쟁기억의 과잉생산으로 인한 '국치'와
'피해자'라는 대중들의 신념 및 가치체계는 이미 국가정체성의 이념으로 자
리 잡았기 때문에 시기와 사건에 따라 언제든지 다시 민족주의에 기초한
반외세 감정을 드러낼 수 있다. 2007년 7월 7일 아사히신문 사설에 의하
면[280] "흔들리기 시작한 공산당 지배의 정통성을 바로잡기 위해 항일전쟁
을 학습시켰고, 결과적으로 일본에 대한 분노를 재생산하게 되었다."라고
주장한다. 그러한 측면이 있는 것은 분명하다. 중국의 역사연구를 보더라도,
정치권력으로부터 독립해 자유롭게 행해지고 있다고는 보기 어렵다. 그러나
일본의 침략을 스스로 근대사에서 중심주제로 기억하고, 다음 세대에 그 교
훈을 전달하려는 중국인의 심정을 비판할 수는 없다. 그럼에도 불구하고 국
가 주도적 민족주의 기제로 인한 전쟁기억의 과잉생산과 위대한 중국의 건
설은 스스로 만들어 낸 덫에 걸려 위태로울 수도 있다.

---

279) Washington Post, April 17, 2005,
  [http://www.washingtonpost.com/wp-dyn/articles/A61708-2005Apr17.html](2008년 2월 2
  일 검색)
280) 「루거우차오 사건 70년」, 아사히신문, 2007년 7월 7일,
  [http://peacemaking.kr/news/board/view.php?papercode=PEACE&boardno=12&q=
  &qtype=&idxno=2140&pageno=2&actmode=VIEW](2008년 2월 1일 검색)

b

제5장 일본의 전쟁기억과 국가정체성

Ⅰ. 역사적 배경: '피해와 가해' 딜레마의 시작

1. 딜레마의 시작: 1945년에서 1955년까지

일본은 전쟁에 대한 기억과 기념을 한국과 중국보다 훨씬 더 앞서서 정치적으로 활용하였다. 19세기 말과 20세기 초 이미 청일전쟁과 러일전쟁에서 승리하면서 일본은 전쟁의 승리가 가져다주는 영토적 확장 이외에 국제사회로부터 강대국으로 인정받는 최초 동양국가가 되었다. 특히 러일전쟁 이후 야스쿠니신사를 비롯하여 전국적으로 전몰자를 기념하는 행사를 진행함으로써 국민적 통합과 애국심을 고취하였다.

전후 일본은 국가, 사회, 개인 모두 태평양전쟁의 굴레로부터 자유로울 수 없었다. 패전 이후 일본의 전쟁기억을 형성하는 데 미국의 점령과 냉전의 심화가 가장 중요한 외부 요인으로 작용하였다. 국내적으로 정치적 보수화의 빠른 진행과 민주주의의 정착으로 인하여 여러 정치·사회단체들이 경쟁적으로 전쟁기억을 생산하였다. 전쟁기억의 문제는 개인, 사회 그리고 국가 사이의 관계를 규정지으며 나아가 국제 사회 속에서 일본이 어떻게 그 위상을 정립할 것인가 즉 국제적 리더십의 문제와 관련하여 끊임없이 국내외 정치의 쟁점이 되었다.

이 장에서는 전후 일본의 전쟁기억의 역사적 변화과정을 간략히 살펴본 후 구체적으로 전쟁기억 공간으로서 전쟁 관련 기념관 및 박물관을 검토할 것이다.

일본의 패전문제와 전쟁기억은 국내적 문제임과 동시에 국제적 문제였다. 1945년부터 1952년까지 일본은 미국 연합군사령부의 맥아더 사령관의 통치 하에 있었다. 아울러 전쟁책임자들은 도쿄에서 미국주도하에 열린 극동군사 재판(極東國際軍事裁判, International Military Tribunal for the Far East)에 의하여 처리되었다. 그 후 1951년 샌프란시스코 조약에서 주권국가를 회복 하였으며 미일안보조약과 한국전쟁으로 냉전의 미소 양극체제에서 미국의 우방으로 자리 잡는다.

일본 국민은 패전 후 얼마 동안 그들의 조국을 비참한 패전으로 몰아간 옛 지도자들의 전쟁 책임을 명확히 하도록 요구했다. 일본 국민은 군벌과 그 동 조자를 공공연하게 비난하였고 때로는 전쟁 중에 천황이 행한 역할조차 광범 위한 논의 대상이 되었다. 그러나 천황 퇴위론이 뿌리 깊게 존재했음에도 불 구하고 결국 퇴위는 실현되지 않았다. 그것은 당시 연합군 사령관이었던 맥 아더 원수가 점령통치의 필요를 이유로 점령정책의 적극적 협력자였던 쇼와 천황의 존속을 지지하였기 때문이다. 또한 공산당의 세력 강화를 염려하여 퇴위를 결단할 수밖에 없는 준엄한 국제적 여론형성이 부재하였다.[281] 결국 냉전 초기의 미국의 전략적 이해와 천황제를 보존하려는 일본의 상호 이해관 계가 맞물렸기 때문에 일본의 전범처리를 제대로 하지 못하였다.[282]

전후 미국의 대일본 점령정책의 목적은 '비군사화'와 '민주화'로 집약된 다. 봉건적이며 권위주의적 통치형태의 청산과 그 변화에 대한 지지, 정 치・경제의 민주화 등으로 일본이 다시 연합국의 위협이 되지 않도록 공업, 농업, 노동의 전 분야에 걸쳐서 개혁을 실시하여 군국주의의 경제적 기반을

---

281) 요시다 유타카, 이예숙 옮김, 『일본인의 전쟁관』(서울: 역사비평사, 2004), p.60.

282) James J. Orr, *The Victims as Hero: Ideologies of Peace and National Identity in Postwar Japan*(Honolulu: University of Hawaii Press, 2001), pp.14 - 35.

파괴하고 민주적 기초 위에 일본을 재편하려는 것이었다.

1946년 3월 6일 제정되어 47년 5월부터 시행된 신헌법에 의거하여 국민주권, 책임 정부, 피치자의 동의, 3권 분립, 시민자유보장, 전쟁금지, 천황의 상징화, 기본적 인권의 옹호, 국회의 우위, 내각책임제, 사법권의 독립과 재심제, 재정의 민주화, 지방자치의 강화 등의 원칙이 구체화되었다.

그러나 점령정책의 목표에 있어서 일본의 '비군사화'가 우선적 목표였으며 '민주화'는 그것을 달성할 수단적인 의미를 가진 것이었다. 민주화라는 목표는 일본의 군국주의화를 저지하기 위해 일본 군국주의의 정치적, 경제적, 사회적 기반을 개혁하는 것이었다. 따라서 재벌해체를 통해 건전한 자본주의 토대를 마련하고 농지개혁, 노동자계급의 보호를 통해 중산층을 육성하고 그들이 새로운 민주적 체제의 굳건한 지주로서 기능할 것으로 기대하였다. 그런데 1947년이 되자 이러한 '비군사화'와 '민주화'라는 초기의 양대 대일 점령정책의 목적은 일본을 '극동의 공장'으로 하기 위한 '연합의 일원으로서 일본의 경제부흥'이라는 관점으로 수정되었다. 47년부터 49년까지 미국의 대일 점령정책에 있어서 이른바 '역코스(Reverse Course)' 시기로의 이행이 이루어졌다.

전후 일본의 전쟁기억 형성에 있어 미국점령정책하에 이루어진 또 하나의 중요한 사건은 1946년 5월부터 1948년 11월까지 전후 문제를 처리하기 위한 극동국제군사재판이다.[283] 기소된 28명의 A급 전범용의자 중에서 병사자 등 3명을 제외한 25명의 피고에게 전원 유죄판결이 내려졌다. 그 내용을 보면 교수형이 7명, 종신금고형이 16명, 금고 20년형과 금고 7년형이 각각 1명으로 문관이다. 이는 군부지도자들만을 전범재판에 기소함으로써 악당으로 만들고 천황은 기소에서 제외함으로써 일본국민과 함께 희생자로 만드는 결과를 가져왔다. 이는 미국, 맥아더가 지휘하는 연합국의 이해관계에 부합하였다. 그러나 이러한 미국 주도의 군사재판은 식민지 국민의 희생

---

283) Maria Hsia Chang and Robert P. Barker, "Victor's Justice and Japan's Amnesia: The Tokyo War Crimes Trial Reconsidered", *East Asia*, Vol.19, No.4(Winter 2001), pp.55-54; 박원순, 「동경전범재판의 시작과 끝」, 『근현대사강좌』(1995년 11월호), pp.76-132.

에 대해 주의를 기울이지 않았으며 이것은 아시아인의 희생보다 백인에게 저지른 잔학행위에 더 많은 관심이 기울여졌다는 것을 의미한다.[284] 또한 맥아더가 대동아전쟁의 명칭을 태평양전쟁으로 바꾸면서 진주만 기습의 원인인 일본을 전쟁기억에서 배제하였다. 아울러 일본의 중국 침략과 조선에 대한 식민지 지배는 교묘한 도덕적 계산으로 대체되었다. 즉 일본이 진주만 기습에 입힌 가해는 히로시마와 나가사키에 대한 원자폭탄 투하에 의한 희생으로 상쇄시켜 버린 것이다. 이로써 일본인들이 다시 희생자가 되었으며 가해의 죄의식에서 상대적으로 자유로워졌다. 나아가 일본이 전쟁기억 특히 가해사실을 망각하는 것에 대한 미국책임론을 제기할 수 있게 되었다.[285] 결국 서구 중심주의 시각에서 백인이 아닌 희생자에 대한 기본적인 관심이 없었으며 미국은 냉전 초기 국제적 정의와 화해의 문제보다 공산주의의 팽창을 막는 목표가 더욱 중요하였다. 특히 유럽보다 전략적 가치가 적은 아시아에서 일본의 역사적 부정의 (injustices)에 대한 쟁점을 부각시키려고 하지 않았다.[286]

1952년 주권이 회복되자 일본은 모든 가능성을 열어 놓고 태평양전쟁에 대하여 논의하기 시작했다. 전범으로 처리되었던 사람들이 다시 공직생활을 시작하였으며, 히로시마와 나가사키의 핵폭탄에 대한 피해사례가 출판되었으며, 옛 일본제국시대에 대한 회개의 이야기들, 막료 근무 경험을 가진 육해군 영관급 엘리트장교의 저작물과 무명병사의 전쟁체험기가 1950년대 중반부터 눈에 띄게 나타났다. 전쟁소설의 경우 1945년에는 1권이었으나 1955년까지 무려 200여 권에 이르렀다.[287] 일본군 장교 및 일반 장병이 얼마나 용감하게 싸웠고 자신들에게 주어진 임무를 완수했는가를 강조하는 내

---

284) 요시다(2004), pp.76 - 77.

285) Carol Gluck, "The End of the Postwar: Japan at the Turn of the Millennium", *Public Culture*, Vol.10, No.1(1997), p.5.

286) Thomas Berger, "The Construction of Antagonism: The History Problem in Japan's Foreign Relations", John Ikenberry and Takashi Inoguchi, ed., *Reinventing the Alliance: U. S. - Japan Security Partnership in an Era of Change*(New York: Palgrave Macmillan, 2003), p.68.

287) 요시다(2004), p.95.

용으로 가득했다. 이는 곧 샌프란시스코 강화조약으로 점령이 종결되자 민족주의 열기가 다시 부활하였음을 보여 주었다. 그러나 일본은 전쟁기억을 국가가 완전히 독점했던 중국과 달리 국민들이 각자가 경험한 전쟁, 전문분야, 정치적 성향 등에 따라서 다양한 방법으로 여러 가지 담론을 형성하였다.[288] 앞서 설명한 전쟁기록물과는 완전히 대립되는 저작물이 나왔다. 마르크시스트 역사학자인 토야마 시게키, 이마이 세이이치, 후자와라 아키라의 공저 『쇼와사』가 1952년 출판되었으며, 만주에서의 일본과 일본군의 잔학행위를 문학에 실어 베스트셀러가 된 고미카와 준페이의 『인간의 조건 1-6』이 1956년부터 1958년 사이에 출판되었다.[289]

점령기가 끝나고 국내정치의 보수화가 진행되자 이익집단들은 이데올로기의 지형에 따라 전쟁기억을 재생산한다. 우파적 입장을 대변하는 신사본청(神社本廳)과 유족회(遺族會)가 있었으며, 지배적 보수 기억에 저항하여 대항기억의 담론을 생산하는 좌파 단체로는 일본교직원조합(日本教職員組合), 일중우호협회(日中友好協會)와 일본전몰학생기념회(日本戰歿學生紀念會)가 활동하였다. 피해자인 동시에 가해자로서 일본이 가지고 있는 이중적 정체성의 문제와 아시아 국가에 대한 전쟁책임의 문제 등과 같은 매우 민감한 정치적 문제부터 역사 교과서 기술과 국기(國旗) 및 국가(國歌)와 같은 국가 상징의 제정문제까지 위 집단들은 각자의 이해관계에 따라 정부에게 로비를 하거나 때로는 데모를 하며 의견을 표출하였다.[290]

2. 이익집단과 전쟁기억: 1950년대에서 1970년대까지

일본 경제기획청은 1956년도 『경제백서』를 통해 '이제 전후가 아니다'라

---

288) Franziska Seraphim, *War Memory and Social Politics in Japan, 1945-2005*(Massachusetts: Harvard University Press, 2006), p.2.
289) 요시다(2004), p.107.
290) Seraphim(2006), p.20.

며 일본경제가 부흥단계를 마감하고 새로운 성장단계로 들어섰다고 선언했다.[291] 그러나 전몰가족에 대한 보상 문제, 핵 피폭자들에 대한 의료지원문제와 미국의 안보우산에 종속된 일본의 국제적 지위와 역할 문제를 포함하여 전쟁과 점령이 가져다준 여러 가지 정치·사회적 문제들이 해결되지 못한 채 남아 있었다. 한편 일본정부는 과거 전범으로 분류되었던 정치인들이 재등장하여 만든 1955년 자민당이 탄생함으로써 보수화되어 갔다.

1956년부터 좌파 진보지식인 내에서 전쟁책임에 대한 담론을 강화하였다. 반보수주의, 미국의 전쟁해석과 전범재판의 미완성에 대한 책임을 묻는 반미주의 그리고 지식인들의 반성을 촉구하는 전쟁책임론을 주장하였으며 그 여파는 1960년 미일안보조약 개정 반대 시위로 이어졌다. 이 시기는 요시모토 타카아키(吉本隆明)와 같은 전후파 지식인이 전시파 지식인에게 책임추궁을 한 것이 커다란 충격을 주었다. 요시모토는 나이로 보면 꼭 전후파라고 할 수 없지만, 전쟁협력의 직접 체험이 없는 세대가 고발자로 등장하기 시작했다. 아시아 민족에 대한 가해책임 문제가 논점으로 다루어지지 않았지만 재군비 반대, 군사기지 반대 등을 내건 평화운동이 확대되었고, 헌법 제9조에 대한 중요성이 확실히 자각되어 갔다.[292]

바야흐로 일본경제는 장기적 번영을 구가하면서 고도성장의 궤도에 본격적으로 들어갔으며 1965년 도쿄올림픽을 개최함으로써 역사인식에 대한 특히 전쟁기억에 대하여도 새로운 의미 부여를 하였다. 1963년에 정부는 '전국전몰자추도식의 실시에 관한 건'을 결정했고 이후 매년 8월 15일에는 정부가 주최하는 전국전몰자 추도식이 정례행사로 실시되었다. 그해 처음으로 일본수상으로 참석한 이케다 하야토(池田勇人) 수상은 "전후 우리나라는 평화를 초석으로 삼아 문화와 경제에서 현저한 발전을 이루었지만, 그 기저에는 조국의 영광을 확신하고 산화한 많은 사람들의 소망이 있었다는 것을 잊어서는 안 된다."고 말한다.[293] 즉 이는 오늘날 일본의 경제적 성공과 발

---

291) 나카무라 마사노리, 유재연·이종욱 옮김, 『일본전후사 1945-2005』(서울: 논형, 2006), pp.90-100.

292) 요시다(2004), p.108.

전이 바로 태평양전쟁의 전몰자들의 희생 때문이라고 의미 부여를 하는 보수적 전쟁기억의 원형이 되었다.

대외적으로 일본은 1965년에 한국과 1972년에는 중국과 수교를 맺음으로써 관계를 정상화한다. 양국은 일본의 침략을 받았던 피해 국가들로 전쟁기억을 다시 한 번 평가받을 수 있는 좋은 기회였으나 경제적 이해관계 앞에서 역사적 과거에 대한 일본의 책임을 묻는 것에 침묵하였다. 한·일 조약 반대운동에 대한 양국의 입장 차이도 분명하였다. 한국은 한·일 국교 회복의 전제조건으로 일본의 사죄와 배상이 우선해야 한다는 것이었다. 일본의 반대운동은 이 조약이 한반도의 남북 분단을 고착화하고 박정희 군사정권에게 힘을 실어 주며 한·미·일 3국 군사동맹으로 이어질 수 있다고 반대하였다.294) 중·일 국교회복 문제에서도 한·일 간 보였던 것과 거의 비슷한 경향을 확인할 수 있다. 1972년 4월 실시된 여론조사에 따르면 "일본이 중국과 전쟁을 한 데 대해 당신은 어떻게 생각하십니까?"라는 질문에 대하여 일반남녀 20세 이상 2,369명 중에서 46.6%가 "어쩔 수 없었다."라고 답변하였으며 "잘못된 일이다."라는 답변은 26.4%로 대다수 국민들이 전쟁책임에 대하여 인식이 없는 계층으로 나타났다.295)

1960년대 일본의 전쟁기억에 영향을 준 국제적 사건은 베트남전쟁이다. 일본은 베트남전쟁을 통하여 소수지만 가해자로서의 측면을 인정하기 시작하였다. 일본 국내에서도 베트남전쟁 반대운동에 참여하는데 1965년 4월에 '베트남에 평화를! 시민연합'이 결성되었다. 1971년 8월부터 12월에 걸쳐 중일전쟁의 일본군의 전쟁범죄를 고발하는 혼다 카츠이치(本多勝一) 기자의 르포가 아사히신문에 연재되었다. 이는 가해의식을 일반 대중에게 인식시키는 데 중요한 역할을 한 상징적 사건이었다.296)

---

293) 요시다(2004), p.119.
294) 나카무라(2006), pp.128-144; Victor D. Cha, "Bridging the Gap: The Strategic Context of the 1965 Korea-Japan Normalization Treaty", *Korea Studies*, Vol.20(1996), pp.125-126.
295) 요시다(2004), pp.133-134.
296) 나카무라(2006), pp.118-128; 요시다(2004), pp.139-141.

1975년 8월 15일 현재 일본 총인구 1억 1,111만 명 중 패전 전에 태어난 사람은 50.6%, 패전 후에 태어난 사람은 49.6%로 종전 시 취학 전이어서 전쟁의 기억이 없는 세대를 고려한다면 국민의 60% 가까이가 '전쟁을 모르는 세대'로 바뀌었다.[297] 이 무렵 전쟁의 가해성에 대해 인식하는 사람들이 많아졌지만 전쟁인식의 기본적인 구도 자체는 변화하지 않았다. 이러한 이중 잣대의 두꺼운 벽은 여전히 존재하였으며 중·일, 한·일 국교정상화 및 베트남전쟁도 전쟁기억의 이중성을 파괴할 수 없었다.

3. 전쟁기억의 세계화: 1980년대

1982년 6월 25일 문부성은 다음 해 4월부터 사용될 고등학교 교과서의 검정결과를 공표했고, 다음 날 각 신문들은 그 내용을 상세히 보도했다. 그런데 이 보도를 통해 문부성이 일본의 대외침략을 '진출'로, 조선의 3·1독립운동을 '폭동'으로 고치게 했다는 사실이 밝혀지자, 아시아 각국은 민감하게 반응하여 중국과 한국에서는 반일데모가 심하게 일어났다. 당초 대수롭지 않게 여겼던 일본 정부도 중국이나 한국의 태도가 예상외로 강경하다는 것을 알게 되자 기존 정책을 수정하여 8월 26일 미야자와 키이치 관방장관이 정부 견해를 발표하여 문제가 되는 부분을 시정하겠다고 약속했다.

1982년 11월에 입각한 나카소네 야스히로(中會根康弘) 수상은 1985년 8월 15일 일본 최초로 수상의 신분으로 야스쿠니신사를 방문했다. 아울러 그는 야스쿠니신사 방문 얼마 전인 7월 27일 자민당 세미나에서 전쟁의 침략성과 가해사실을 인정하는 견해를 '도쿄재판 전쟁사관', '마르크시즘 전쟁사관' 등으로 단정한 다음, '자학사조'로부터 탈피와 일본인으로서의 정체성 확립을 강한 어조로 호소하여 큰 파문을 일으켰다. 하지만 그는 한국과 중국정부와 국민으로부터 강한 항의를 받자 결국 태도의 변화를 가져왔다.[298]

297) George Hicks, *Japan's War Memories*(Ashgate: Aldershot, 1998), pp.38-43.
298) 요시다(2004), pp.177-179; Hicks(1998), pp.59-60.

교과서 문제와 수상의 첫 야스쿠니 공식 참배의 문제는 1980년대 이후 급증한 전쟁 관련 단체들로 하여금 앞을 다투어 다양한 전쟁기억을 창출하게 하였다. 전쟁유가족단체, 참전용사단체, 재향군인회 등의 보수단체와 반전 시민단체와 전쟁책임규명 시민단체 등 진보단체의 등장으로 일본사회에서 전쟁기억은 훨씬 다양한 차원에서 논의되기 시작하였다. 이들은 전쟁을 총체적으로 기억하기보다는 전쟁의 각각 특정한 부분만을 기억하거나 아예 기억에서 배제하는 선택적 기억을 기념한다.

　자민당 내부 보수정치가 모임 그리고 회원 수가 천만 명이 넘는 일본유족회 등은 전몰자 추모를 위하여 야스쿠니가 공식적이 참배 장소가 되어야 한다고 주장하였다. 이와는 반대로 여러 반전 시민단체들도 전국적으로 조직되어 전쟁기억을 위한 다른 사업을 전개하였다. 그중에 '역사교육자 협의회'는 주로 역사교과서의 전쟁기술 문제를 논의하기 위한 교사 중심의 전국조직이 생성되었다. 지역공동체를 중심으로 형성된 반전 시민단체들로서 '우츠노미야 평화기념관을 만드는 모임'과 '신주큐평화협의회' 등이 있으며, 이들은 평화를 위한 전쟁기억의 공간을 만드는 사업을 펼쳤다. 이 밖에 전국 각지에는 다수의 '지하방공호를 보호하는 모임', '전쟁유적보존네트워크' 등이 조직되었고, 이들은 어떠한 형태로든지 전쟁을 보존하고 기억하려고 노력했다.299)

4. 경쟁적 기억과 정치화: 1990년대

　1980년대 후반부터 시작된 냉전의 붕괴로 인한 구소련의 해체와 독일 통일은 일본 좌파의 도덕적 존재 이유가 없어지게 되었으며 일본 정치의 보수화를 강화시켰다. 또한 전쟁기억의 정치적 가치를 깨달은 동아시아 국가들 특히 한국과 중국은 끊임없이 일본의 역사왜곡과 전쟁책임에 대한 문제

---

299) 김상준, 「기억의 정치학: 야스쿠니 vs 히로시마」, 『한국정치학회보』 제39집 5호(2005), p.219.

를 제기하였다.[300]

1990년대 이후 일본 사회에서 보이는 가해자 인식의 진전과 미묘한 역사인식의 상황은 정부 차원에서도 나타나기 시작했다. 1955년 이후 지속된 자민당 단독정권은 냉전의 붕괴와 함께 1993년 중의원 의원선거에서 패배하였으며 그 이후 일본 정치는 보수와 혁신 정당들 사이에 합종연횡에 의한 연립정권에 의하여 지배되었다. 1993년 비자민 연립정권으로 탄생한 호소카와 모리히로(細川護熙) 내각은 침략행위와 식민지 지배에 대한 사죄를 표명하는 등 이전에는 없었던 전쟁책임에 관한 명확한 판단을 보였다. 또 무라야마 도미이치(村山富市) 수상은 1995년 8월 15일 종전기념일에 '전후 50년을 맞는 수상담화'를 다음과 같이 발표하였다.

> "머지않은 과거의 한 시기, 국책을 그르쳐 전쟁의 길로 나아가 국민을 존망의 위기에 빠뜨리고, 식민지 지배와 침략으로 많은 국가, 특히 아시아 여러 나라 사람들에게 커다란 손해와 고통을 안겨주었다."[301]

이러한 사죄의 정치는 전쟁기억의 문제가 단순히 일본 국내정치 문제일 뿐만 아니라 한국과 중국을 포함한 동아시아 국제관계에 영향을 주는 민감한 국제적 쟁점이라는 것을 입증하였다. 그 후 한국과 중국은 일본과 정상회담을 할 때마다 항상 사죄의 방법과 정도를 놓고 논란을 야기하게 된다.

전쟁기억을 둘러싼 갈등과 대립의 양상은 더욱 첨예한 방향으로 전개되는데 보수단체들은 전쟁의 침략적 성격을 완화, 삭제, 또는 부정하는 입장을 보였으며, 이를 중학교 역사교과서에 반영하려고 노력하였다. 다른 한편, 시민단체들은 전쟁기억의 가장 큰 문제는 '전쟁가해자' 시각의 누락이라는 것을 지적하였다. 1994년부터 3년에 걸쳐 일본의 시민단체는 중국 시민단체의 도움을 얻어 일본군 '731부대'의 존재와 활동을 순회전시 형태로 전국 142개 지역에서 전시하였으며 총 42만 명이 관람하였다.[302] 또한 여성

300) Koro Bessho, *Identities and Security in East Asia*(Oxford: Oxford University Press, 1999), p.19.
301) Seraphim(2006), pp.283-284; Conrad(2003), p.94.

단체를 중심으로 일본의 군인들의 전쟁 중에 성적인 서비스를 제공한 군위안부 문제가 제기되어 그들에 대한 사과, 사실인정, 그리고 배상문제가 국제 문제화되었다.

이러한 사죄의 정치와 기억의 국제화는 일본의 우익 세력을 자극하여 헌법 개정을 요구하며 미국의 장기적인 영향력으로부터 벗어날 것을 요구하였다. 2005년 새로운 역사교과서 문제와 고이즈미 준이치로(小泉純一郎) 수상의 계속적인 야스쿠니신사 방문으로 인하여 중국에서 대규모 반일데모가 일어났으며 주변국의 강력한 항의가 계속되었다. 이 가운데 자민당에서 헌법개정안을 발의했으며 많은 대중들이 반대하였지만 한편으로 긍정적으로 생각하기도 하였다. 이에 대하여 사회 제 단체들은 각자의 대안들을 출판하였다. 그러나 헌법의 개정문제는 일본 국내의 간단한 문제가 아니라 아시아 지역정치에 직접적인 영향을 주기 때문에 주변국들의 반발이 지속되었다.[303]

끝으로 일본 전후 전쟁기억의 역사적 특징을 정리해 보면 다음과 같다. 첫째, 전쟁기억은 경쟁적으로 민주정치의 발전과 궤를 같이하면서 다양하게 변화하였다. 즉 일본은 죄의식이 없으며 정치적으로 미성숙하며 기억상실증의 문화에 갇혀 있다는 전쟁기억에 대한 기본 가정들은 잘못된 것이다. 둘째, 전쟁기억과 책임 그리고 화해문제에 대하여 일본 정부가 주도적인 리더십을 발휘하지 않았다. 모든 쟁점에 대하여 각기 다른 입장에 근거한 이익집단, 정당 그리고 시민사회들이 다양한 경로를 통하여 상이한 의견을 제시해 왔다. 물론 정부가 기억을 재생산하는 데 중요한 역할을 하였지만 국민적 합의를 도출한다든지 이데올로기적 주도권을 장악하다든지 하기보다는 항상 쟁점을 뒤좇아 가는 모습을 보였다. 국민들 초기에 개별적인 의견제시에 급급하다가 점점 민주적인 정치 제도권 안에서 의견수렴을 체득하여 전쟁기억의 문제는 대의정치 안으로 수용된다.[304] 셋째, 미국의 점령통치와

302) 김상준(2005), p.220.
303) Seraphim(2006), pp.30 - 31.

극동군사재판이라는 국제적 사건이 일본 전후 전쟁기억의 형성에 결정적인 영향을 미쳤다. 우선 전후 미국의 일본 통치이다. 맥아더 사령관이 이끄는 연합군최고사령부가 1946년부터 1952년까지 일본을 실질적으로 통치한다. 즉 패전 이후 일본 스스로가 국가정체성을 만들어 간 것이 아니라 미국에 의하여 강요된 제도를 수용하여야 했으며 일본 스스로에 의한 전범 재판과 처벌이 없었다는 점이다. 다음은 극동국제군사재판으로 미국과의 전쟁을 기획한 도조 히데키 등의 A급 전범 등을 포함한 제2차 세계대전 관련자들이 기소되어 재판받았다. 하지만 고용인에 불과한 조선인 포로 감시원 등이 전범으로 기소되어 사형이나 징역형으로 처벌되는 등 문제, 생체실험이라는 만행을 저지른 731부대 책임자들이 생체실험 관련 자료를 넘겨주고 처벌을 면한 문제, 천황 히로히토가 기소되지 않은 문제 등은 해결되지 않았다.305)

Ⅱ. 일본의 전쟁기념관과 기억의 정치

1. 야스쿠니(靖國神社) 신사와 유슈칸(遊就館): 보수기억의 원천

1869년 6월 도쿄 쇼곤사(招魂社)306)라는 이름으로 전몰자에 대한 제사를 모시기 위한 국가기관으로 출발한 곳이 야스쿠니신사이다. 이곳에 안치된 영령은 개인이 아니라 집단에 속한 익명의 구성원으로서 천황의 찬배를 받는 제신이 된다. 1946년 1월 1일 살아 있는 신으로 추앙받던 히로히토 천황이 인간임을 발표함으로써 국가신도의 정신적 기반이 붕괴되었다. 또한

---

304) Seraphim(2006), pp.4 - 5.

305) Seraphim(2006), pp.6 - 7.

306) 쇼곤, 초혼이란 위령 즉 죽은 자의 영을 불러내어 위로하는 것을 뜻하는 말이다. 전쟁터에서의 죽음은 정상적인 죽음이 아니며 따라서 전사자들을 신으로 모셔 위령제를 올려야만 탈이 없을 거라는 것이다. 당시 천황을 중심으로 하는 중앙집권체제를 형성하기 위해 천황의 군대를 조직해야 했던 상황에서 천황의 전몰자에 대한 배려가 필요했다. 곽진오,「글로벌화와 일본민족주의: 야스쿠니신사의 사례를 중심으로」,『일본학보』제68집(2006), pp.297 - 298.

미군정하에 국가신도가 폐지되면서 야스쿠니신사도 국가기관에서 사적인 종교단체로 그 법적인 성격이 변화하였다. 그럼에도 불구하고 야스쿠니가 일본인의 전쟁기억에서 여전히 중심적 지위를 향유하고 있는 것은 종교적이며 문화적인 연속성에 힘입은 바 크다. 그러므로 일본의 전쟁기억과 관련된 기념문화의 변화를 살펴보기 위해서는 야스쿠니신사와 그 내부에 위치한 전쟁박물관인 유슈칸(遊就館)을 검토하여야 한다.

현재 야스쿠니신사에는 중일전쟁과 태평양전쟁은 물론, 19세기 말 청일전쟁과 대만침략, 러일전쟁 및 한국의 의병 진압 등 근대 일본의 식민지 획득과 지배 과정에서 일어난 모든 전쟁의 전몰자들이 합사되어 있다. 그중 만주사변에서 태평양전쟁까지 전몰자로서 합사자수는 약 213만 명에 이르며, 여기에는 침략전쟁 당사자로서 전후 극동군사재판에서 A급 전범으로 판결받은 도조히데키(東條英機) 등 14명이 포함되어 있다.

전후 야스쿠니 문제는 세 시기로 나누어 설명할 수 있다. 제1기는 전후 약 10년간 국가신도폐지 지령으로 의해 개혁에 직면한 시기로 전후 개혁에 순응해서 자주적으로 개혁하고 재건하려는 시기이다. 제2기는 1950년대 후반에서 1970년대 후반까지로 야스쿠니신사 국영화법안이 등장해 야스쿠니신사 국가보호유지운동이 펼쳐졌을 때이다. 제3기는 1978년부터 현재까지로, 1978년 10월의 예대제(例大祭) 때 A급 전범피고의 합사(合祀)가 이뤄진 뒤, 1980년대부터 역사인식문제의 하나로 대두되고 있는 시기이다.

제1기는 야스쿠니신사의 민영화 문제가 핵심이었다. 연합군최고사령부에 의하여 국가기관에서 1952년 10월 16일 사적인 종교 법인으로 바뀌었다. 그러나 이 사적인 종교기관의 탄생은 그 시작부터 논란의 여지를 안고 있었다. 정부가 국가를 위하여 전쟁 중에 나라를 위하여 죽은 전몰자에 대한 기념을 공식적으로 하지 못하도록 한 조치였다. 또한 그 이후 이러한 민간기관의 종교적 기념행사에 전후 첫 총리인 요시다 시게루(吉田茂) 및 히로히토 천황이 방문함으로써 사적인 영역과 공적인 영역의 경계가 희미해졌다.[307]

---

307) Seraphim(2006), pp.236-240.

제2기는 1950년대 후반에서 1970년대 후반까지의 시기로 야스쿠니신사 국영화법안이 등장해 야스쿠니신사 국가보호유지운동이 펼쳐졌을 때이다. 이 법안의 제출은 전쟁기억을 놓고 국가와 사적영역과의 관계를 어떻게 규정할 것인가 하는 문제가 다시 부상하게 되었다. 이는 또한 자민당과 유족회와의 밀접한 정치적 관계를 보여 주는 매우 중요한 사건이었다.

자민당에 의해 야스쿠니신사 국영화 법안이 국회에 제출된 것은 1969년부터 74년까지 6회였지만 국회에서 법안의 제안 이유가 설명된 것은 1971년에 이르러서였고, 다수당이었던 자민당이 법안을 중의원에서 통과시킨 것은 1974년 1회뿐이다. 즉 자민당도 실제로는 야스쿠니신사 국영화에 대해서는 소극적이었는데, 그것은 야스쿠니신사 국영화 문제를 둘러싸고 자민당의 지지기반이 둘로 갈라져 있는 현실을 반영한 것이다.[308] 자민당의 거대한 표밭이었던 일본유족회는 신사의 국영화를 강력히 지지하였으나 사회당 및 일본유족회 내의 기독교와 불교계 종교집단을 비롯한 반대파는 국가신도의 부활에 대해 강한 위기감을 표시했다. 사회당은 이 법안이 일본의 죄의식과 전쟁책임의식을 없애는 데 기여해야 할 것이라고 비난하였으며 이 법의 통과는 심각한 종교적 자유를 보장한 헌법적 위헌 소지를 담고 있다고 주장했다. 나아가 야스쿠니신사가 다시 국영화된다면 뒤를 이어 많은 신사들이 국가지원 및 운영을 요청할 것이고 그렇게 된다면 국가신도가 부활함을 의미한다고 비판하였다.[309] 또한 일본전몰학생기념회(日本戰歿學生紀念會)는 야스쿠니는 전전 일본 군국주의 상징이며 이것을 국가가 다시 운영한다는 것은 헌법적 평화주의를 위반하는 것이라고 비판하였다.[310]

야스쿠니의 국영화법안이 무산되자 이 법안이 국론을 양분시키고 정치적 실익 없다고 판단한 유족회와 신사본청은 수상 및 고위급 관료들의 신사참배를 관례화하는 쪽으로 노력하였다. 여기에는 시기와 자격의 문제가 항상

---

308) 남상구, 「전후 일본에 있어서의 전몰자 추도시설을 둘러싼 대립－야스쿠니신사와 치도리카후치 전몰자 묘원을 중심으로」, 『한일관계사연구』 제22집 (2005), p.188.

309) Seraphim(2006), p.239.

310) Seraphim(2006), p.241.

논란이 되었다. 즉 종전기념일인 8월 15일에 참배하느냐 하지 않느냐 하는 문제가 매우 중요하였으며 어떠한 신분으로 방문하는가 하는 것이 정치적 쟁점으로 대두되었다. 전후 대부분 수상들은 봄과 가을 축제 시에 야스쿠니를 방문하였으나 1975년 미끼 다께오(三木武夫) 수상은 개인자격으로 8월 15일 날 방문하는 첫 수상이 되었으며 사회당으로 많은 비판을 받았다. 그후 1985년 나까소네 수상은 공식적인 수상자격으로 8월 15일 종전기념일에 방문함으로써 국내 정치적 문제를 야기하였을 뿐만 아니라 중국과 한국으로부터 강력한 항의를 받았다. 따라서 그 후 일본 수상 및 정치인들의 야스쿠니신사 참배는 단순히 국내 정치적 차원을 넘어서 동아시아 국제관계에 큰 영향을 미치게 되었다.[311]

야스쿠니 참배는 전몰자의 애도가 단순히 애도만으로 끝나는 것이 아니라 그들의 죽음을 존경하며 영웅시하고 나아가 잘못된 애국심을 고취시키는 의례이기에 문제가 된다. 또한 이는 일본국민에게 과거 천황을 위해 죽는 것을 영광으로 여기는 군국주의 시대의 역사인식을 상기시키며, 전후 일본세대에게 왜곡된 애국심을 고양하는 수단으로 악용될 가능성이 크다. 동시에 수상의 야스쿠니신사 참배는 국가가 종교 법인에 어떠한 특권을 부여해서도 안 되며 국가는 종교 활동을 해서는 안 된다는 헌법 제20조 위반이기도 하다.[312]

1978년부터 현재까지인 제3기의 야스쿠니 문제를 살펴보면, 1978년 10월 A급 전범피고의 합사(合祀)가 이뤄진 뒤, 1980년대부터 역사인식 문제의 하나로 대두되고 있는 시기이다. 1978년 오히라 마사요시(大平正芳) 수상은 야스쿠니를 방문하지 않았다. 그것은 A급 전범피고의 합사가 비밀리에 이루어졌기 때문이다.[313] 나까소네 수상은 일반 전몰장병의 위령뿐만 아니라 A급 전범까지 참배한 것이다. 이 부분을 한국과 중국은 비판하고 있다. 특

---

311) Seraphim(2006), pp.244-245.

312) 곽진오(2006), p.309.

313) 남상구, 「야스쿠니신사 합사문제에 관한 고찰」, 『일본사상』, 제10호(2006), pp.147-189.

히 중국은 A급 전범을 제외한 일반 전몰자를 위한 방문은 용인할 수 있다는 데까지 양보하였다. 그러나 이 문제는 그렇게 간단하지 않다. 일본의 보수 세력 즉 유족회와 신사본청과 기타 제 단체들은 A급 전범을 재판한 도쿄재판은 승자들의 입장에서 진행된 것으로 인정할 수 없다는 입장이다.

<그림 5-1> 도쿄재판에서 일본 피고에 대한 무죄를 주장한 인도의 펄(Radhabinod Pal) 판사의 동상이 유슈칸 입구에 세워졌다.

두 번째는 야스쿠니신사의 천황과 역사적 연관성에 비추어 보면 천황을 위하여 국내외 전쟁에 죽은 자의 넋을 기리는 신사인데 전범재판에 천황을 대신하여 사형을 당한 자들이야 말로 영웅이며 반드시 야스쿠니에 묻혀야 한다는 논리이다.[314]

그렇다면 A급 전범의 분사가 가능한가? 일본 내에서 야스쿠니신사의 비종교법인 국립추도시설 설치 내지 A급 전범의 분사 논의가 거론되고 있다. 2006년 7월 19일에는 쇼와 천황이 야스쿠니신사 내 A급 전범 합사에 불쾌

314) Seraphim, p.245.

감을 갖고 합사 후 참배 중단을 결심하였음을 1988년 당시 궁내청 장관인 도미타 도모히코(富田朝彦) 씨에게 말했다고 하는 내용의 메모가 공개되었다.[315] 이를 통해 천황의 신사참배 중단 이유가 A급 전범 합사라는 점이 밝혀지면서, 이후 일본에서는 A급 전범 분사론이 힘을 얻게 되었다. 당시 야스쿠니신사의 최대 지원 조직인 일본유족회가 A급 전범의 분사 여부를 판단하기 위한 검토회의를 설치하기로 결정했다. 자민당도 '유족들의 동의'를 전제로 A급 전범의 분사와 야스쿠니신사의 비종교법인화법안 추진 검토 의사를 밝힌 바 있다. 국회 내에서도 여야의원들이 '국립추도시설을 생각하는 모임'을 만들어 무종교국립추도시설을 지어 야스쿠니신사를 대체하려는 입법을 검토하고 있다.[316] 그러나 이러한 노력들이 현실적으로 성과를 가져오기에는 여러 가지 어려움이 있다. 특히 전후 국가신도는 폐지되었지만 종래의 야스쿠니신사를 지탱했던 신도와 불교혼합적인 민중 신앙이 변화한 것은 아니다. 오히려 종교적 자유의 법적 보호 아래 전국에 전몰자의 충혼비 및 충령탑들이 급증하였으며 중소규모의 신사들이 추모기념행사를 진행해 왔다.[317] 따라서 그것이 국가에서 운영을 하든지 민간에서 운영을 하든지 간에 일반대중의 기억 속에 뿌리 깊게 남아 있다.

　그동안 일본 총리들의 야스쿠니신사 참배를 적극 반대해온 중국의 경우, 만주사변이후 중국을 침략한 전쟁 지도부들 중 일부인 A급 전범들이 분사될 경우, 야스쿠니신사 참배에 대한 적대감이 어느 정도 누그러질 수 있을 것이다. 그러나 한국의 경우, 일제강점이전부터 일본군의 한반도 주둔으로 인해 커다란 인적, 물적 피해를 입었던 점을 감안할 때, 단순히 몇몇 전범의 분사만으로 야스쿠니신사에 합사된 그 이전 일본군의 침략행위로 인한 식민지배의 상처가 아물지는 않을 것이다.

---

315) 세계일보, 2006년 7월 31일.
316) 세계일보, 2006년 7월 4일.
317) 곽진오(2006), p.305.

유슈칸(遊就館)

유슈칸은 1882년 야스쿠니신사 안에 세워진 일본 최대 전쟁박물관이다. 1905년 러일전쟁 후 1908년 1차 확대하였으며, 1923년 관동대지진으로 소실되어 1932년 다시 지어졌다. 그 당시 유슈칸은 국민들로부터 대단한 인기를 끌었다. 1931년 만주사변 이후 연간 50만 명 그리고 1937년 중일전쟁의 개시 이후인 1940년에는 190십만 명이 방문하였으며 그중 161,000명이 학생이었다.[318] 1945년 종전 이후 1986년까지 열지 않고 있다가 1986년 다시 개관하였다.

<그림 5-2> 유슈칸 전경

1990년대 탈냉전시대를 맞이하여 아시아 주변국들이 식민시기와 전쟁 중에 일본으로부터 당했던 잔혹행위들, 군위안부 문제, 731부대의 생체실험 문제, 난징대학살 문제 등을 폭로하였다. 이에 일본 내부는 이른바 신민족주의적 감정이 보수우파 진영을 중심으로 일어나게 된다. 그 영향으로 야스쿠니신사는 유슈칸을 확대하기로 결정하며 결국 2002년 다시 문을 열었다.[319] 그 후 2002년 7월부터 2005년 5월까지 226,000명이 입장하였으나 과거의 인기를 되찾지는 못했다.[320] 2002년 확장 개관의 목적은 첫째, 국가를 위하여 죽은 전몰군인에 대한 존경과 명예를 표시하는 것이며, 둘째, 전후 일본이 전쟁기에 행한 잘못된 행동만을 교육하였다고 보고 역사를 제대로 가르치기 위하여 기념관을 재개관한

---

318) Yoshida Takashida, "Revising the Past, Complicating the Future: The Yushukan War Museum in Modern Japanese History", *Japan Focus*, December 2, 2007, [http://japanfocus.org/products/details/2594](2008년 2월 1일 검색), p.4.

319) Roger B. Jean, "Victims or Victimizers? Museums, Textbooks, and the War Debate in Contemporary Japan", *The Journal of Military History*, Vol.69(January 2005), p.153.

320) Yoshida(2007), p.4.

다는 것이다. 유슈칸의 전쟁기억은 전후 일본교육이 잘못되었다고 비판하는 것에서 출발한다. 대동아 전쟁이 아니라 태평양전쟁으로 일본은 아시아 제 국가들에게 많은 피해를 주었다고 죄책감을 불러일으키도록 전후에 교육이 되었으며 이는 잘못되었다는 것이다. 유슈칸의 중심 서사는 국가와 조국을 위하여 일본인들은 전쟁에 참여하였으며 서구 제국주의의 침략으로부터 아시아 국가들을 구했다는 것이다.[321] 따라서 과거는 더 이상 부끄러운 것이 아니라 영광스러운 것이며 여전히 일본이 아시아 국가들보다 우월하다고 주장한다. 유슈칸은 기억의 재현을 통하여 전쟁을 경험하지 않는 젊은 세대들에게 이러한 점들을 가르치고 강조하고 싶었던 것이다.[322]

유슈칸은 총 15개 전시실과 제로 전투기를 비롯한 각종 무기를 전시하고 있다. 제1전시실은 사무라이의 정신을 재현한 곳으로 평화의 상징물이 아닌 칼이 입구에 전시되어 있다.

제2전시실에는 일본 사무라이의 역사가, 제3전시실은

<그림 5-3> 유슈칸 내 첫 전시는 사무라이를 상징하는 칼로 시작한다.

명치유신을, 제4전시실은 1877년 사이고 다카모리가 일으킨 세이난(西南)전쟁을 전시하고 있다. 제5전시실은 야스쿠니신사에 대하여, 제6전시실을 '일청전쟁(日淸戰爭)', 제7, 8전시실은 '일로전쟁(日露戰爭)', 제9전시실은 초혼식에 대하여 설명을 하고 있으며, 제10전시실은 '지나사변(支那事變)', 제11, 12, 13, 14, 15전시실에서는 '대동아전쟁'에 대하여 상세히 설명하고 있다.[323]

321) Yoshida(2007), p.13.

322) Kal(2006), pp.143-145.

323) 靖國神社, 『靖國神社 遊就館 圖錄』(東京: 靖國神社, 2008), p.3.

유슈칸은 일본의 전쟁기념관들 중에서 가장 보수적인 입장을 표상하듯이 전시내용과 그 설명 또한 가해사실과 전쟁책임에 대하여 언급하지 않은 채 그 정당성을 주장하는 기억만을 재현한다. 첫째, 일본이 19세기부터 참여했던 모든 전쟁에 대한 보수적 명명(命名)과 정의를 하고 있다. 전쟁 배경에 대해 적혀 있는 해설들은 전쟁 당시의 선전을 그대로 반복한다. 1931년 만주강점은 '지나사변'으로 아시아 대륙을 소련 공산주의와 중국의 탐욕으로부터 지키기 위해 불가피했다고 서술한다. 중일전쟁과 태평양전쟁은 '대동아전쟁'으로 정의되었으며 중국의 반란자들이 영국인과 미국인들에 의해 반일적 행위를 하도록 사주되었고 미국과의 전쟁은 민족의 사활이 걸린 문제로 설명되었다.[324] 따라서 이러한 전쟁에 죽은 영령과 그 가족들을 위해 기도하며 위로해 주어야 하며 태평양전쟁은 대동아전쟁으로 기념하며 침략전이 아니라고 부정한다.[325] 2007년 이와 같은 입장에서 유슈칸 측이 태평양전쟁을 미국이 유발했다는 내용을 포함한 내용을 전시함으로 해서 토머스 시퍼(Thomas J. Schieffer) 주일 미국대사와 리처드 아미티지(Richard Armitage) 전 국무부 부장관 그리고 헨리 하이드(Henry Hyde) 하원 외교위원회 위원장 등이 이에 반박하는 기고문을 일본 언론에 게재하였다.[326] 여전히 전쟁의 기억은 과거가 아닌 현재에 살아 있으며 그것의 재생산은 국가 간 기억의 충돌로 이어진 사례이다.

둘째, 일본의 전후복구는 전사한 군인들의 자기희생 덕분에 가능했다는 논리이다. 야스쿠니신사와 거기에 있는 유품과 고귀한 희생을 기리는 동상

---

324) 이안 부루마, 정용환 옮김, 『아우슈비츠와 히로시마』(서울: 한겨레 출판사, 2002), pp.271-272.

325) 태평양전쟁의 명칭은 일본의 전쟁책임과 전쟁기억을 드러내는 명명작업이다. 리츠메이칸 대학교 평화기념관에서는 '15년 전쟁'이라고 일본의 침략사실을 정확히 기록하고 있다. 그 후 '태평양전쟁', '아시아-태평양전쟁'으로 최근에는 '그 전쟁(あの戰爭)'과 같은 다양한 이름으로 기억한다. 한편 중국에서는 '일본의 중국침략전쟁(日本侵華戰爭)' 혹은 '항일전쟁(抗日戰爭)'으로 표기한다. 한정선, 「초국가적 기억풍경, 국가적 기념공간: 군위안부 기억과 이치가야 기념관」, 20세기 전쟁기념의 비교문화사 제3차 학술대회, 2008년 5월 17일, p.14; 이종원, 「평화·화해-중국 항전관련 기념관의 교육」, 한·중·일의 전쟁유적을 평화의 초석으로, 동북아평화벨트 국제학술대회 발표논문, 2008년 12월 22일, p.109.

326) 중앙일보, 2006년 12월 27일, [http://article.joins.com/article/article.asp?Total_ID=2548498](2008년 2월 1일 검색)

들은 제1차 세계대전 후 유럽의 많은 기념관과 크게 다르지 않다. 그러나 유럽과 미국에 있는 제2차 세계대전 기념관들은 대부분 더 이상 전사한 병사들의 희생을 미화하지 않는다. 희생을 예찬하거나 낭만주의자처럼 전쟁을 정신적 차원으로 끌어올리는 것은 아우슈비츠 이후 더 이상 적절해 보이지 않았기 때문이다.[327] 하지만 일본에서는 제2의 유슈칸이 계속 등장하여 과거 전몰장병을 영웅시하며 존경을 표하는 기념관과 박물관이 계속 생길 것이며 아울러 그것과 반대되는 가해자로서 일본을 고발하는 기념관도 동시에 늘어날 것이다.[328]

<그림 5-4> 전시된 일본 제로 전투기

셋째, 유슈칸의 전시는 전쟁이 누구에 의하여 왜 일어났을가 하는 정치적 차원의 기억을 배제하면서 철저히 군사적 차원의 설명에 주목한다.

즉 다른 나라의 전쟁박물관에서 흔히 볼 수 있는 무기와 전사, 전쟁 수행방법을 전시함으로써 유슈칸과 다른 전쟁박물관과 유사성을 강조한다. 그럼으로써 유슈칸은 일본의 중일전쟁과 태평양전쟁이 가지는 대외적 팽창주의와 대내적 군국주의 속성을 억제하거나 은폐한다.[329]

일본 내에서 야스쿠니신사와 유슈칸은 태평양전쟁에 대한 그들의 전쟁책임과 군국주의가 가져온 주변 국가에 대한 피해를 감춰진 텍스트로 숨김으로써 전쟁을 정당화시키는 서사구조를 보여 준다. 이러한 전쟁기억은 비록 야스쿠니신사와 유슈칸이 사적 기관에 의하여 운영되는 전쟁기념관이라고 하나 일본의 보수적 국가정체성을 강화하며 유지시켜 주는 '지배기억'이며

327) 부루마(2002), pp.272-273.

328) Yoshida(2007), pp.11-13.

329) 김상준(2005), pp.224-245.

'공식기억'으로서의 비판을 벗어나기 어렵다. 이러한 지배적 기억은 사회제 집단으로부터 저항을 받았으며 그 결과 또 다른 '대항기억' 공간으로서 평화기념관들의 탄생을 가져왔다. 아울러 피지배 식민국가들의 전사자들의 합사문제와 야스쿠니신사의 정치인들의 참배는 한국과 중국의 외교관계에 문제를 일으키고 있으며 이는 동아시아기억복합체를 작동시키는 주요한 요인이 되었다.

2. 히로시마 평화기념자료관: 원폭 민족주의

<그림 5-5> 평화의 불꽃

미국은 태평양전쟁을 조기 종결시키기 위하여 1945년 8월 6일 '에놀라 게이(Enola Gay)'로 명명된 B-29 폭격기가 최초의 핵폭탄인 우라늄 235 폭탄 이른바 '리틀 보이(Little Boy)'를 히로시마에 아침 8시 15분에 투하하여 20만 명이 피해를 보았으며 3일 후 나가사키에 두 번째 핵폭탄을 투하하여 6만 명이 사망함으로써 일본은 8월 15일 항복을 선언한다. 히로시마는 일본이 인류 최초로 원자폭탄으로 인한 피해를 받은 유일한 민족이라는 피해의식으로 기억되며 또한 평화상징으로 재탄생하였다.

히로시마 평화공원 내에는 '히로시마평화기념자료관'과 '국가히로시마원폭사망자추도평화기념관'이라는 두 개의 기념관이 있으며, '한인원폭희생자기념비'도 있다. 히로시마 평화공원은 피해의 상징으로 단순히 자리 잡고

<그림 5-6> 원폭 돔

있는 것이 아니라 공간에 들어선 기념관 및 기념비의 성격을 추적하여 보면 그것이 지역과 국가 그리고 국가와 국제문제가 중층적으로 기억되고 때로 전환, 타협 그리고 망각되었음을 알 수 있다.

맥아더 최고사령부의 점령시기에 중앙정부의 침묵강요와는 달리 하마이 신조(浜井信三) 히로시마 시장은 1947년 8월 6일 평화선언을 채택하였으며,[330] 1949년 히로시마 평화공원 건설을 위하여 일본 최초로 국민투표를 실시하였다. 그 결과 90퍼센트에 달하는 찬성투표 결과로 히로시마 원폭 희생자를 추도하기 위한 평화공원이 탄생하였다.

<그림 5-7> 평화기념자료관 서측

1945년 8월 6일 원자폭탄이 히로시마에 투하되고 일본이 항복한 이후 히로시마는 정부와 연합군최고사령부에 의하여 상대적으로 망각된다. 미국 주도의 연합군최고사령부는 히로시마 피폭자들에 의한 불평의 확대를 염려하였으며 일본 정부 또한 미국의 지시하에 놓여서 단지 피폭 사례를 조사하는 정도에 그쳤다. 거기에는 원폭이 가지고 온 엄청난 피해 즉 트라우마가 집단적 침묵을 가져왔으며, 이에 대하여 정부는 일본 여러 도시들에 투하된 미군의 폭격 피해와 같은 선상에서 의도적으로 폄하하였다.[331] 따라서 히로시마의

330) Okuda(2001), p.24.

331) 인터뷰, Hitoshi Nagai 교수, 히로시마 평화연구소, 2008년 5월 9일.

기억은 국가차원에서 보다 히로시마 '지역차원'에서 먼저 복원된다. 국가는 피해(victim)보다 희생(sacrifice)을 강조하여 피해자들의 애국심을 유발하는 데 초점을 맞추며 농시에 피해자들이 전쟁에 대한 책임을 정부 당국에 돌리려는 노력을 방지하려고 했다.[332]

국가차원의 관심은 의외로 피폭이 있은 지 9년 후인 1954년 3월 비키니 섬 부근에서 일어난 '다이고 후쿠류마루(第五福龍丸)'호 사건에 의해서 전국적으로 기억이 확대 재생산된다. 이 어선의 어부 한 명이 미국이 마셜 제도 인근에서 실시했던 수소폭탄 실험의 여진에 노출되어 사망하자 일본전역은 '히로시마의 기억과 의미를 찾자'는 범국민적 평화운동이 일어났다. 이로써 히로시마는 '반전 - 반핵 평화운동'의 메카가 되기 시작했다.

1985년 시정부가 평화박물관과 평화기념홀의 전시공간을 확대하면서 또한 차례 기억의 복원과정에서 충돌이 일어났다. '히로시마 반핵평화연대' 등과 같은 진보시민단체들은 '왜 히로시마가 원폭공격의 대상이 되었는지'를 설명하자고 주장했으며 '침략의 역사' 즉 '가해자 코너'의 설치를 주장한 것이다. 이에 대하여 일본 유족회를 비롯하여 보수정치단체 및 정치인들은 극심하게 반대하였다. 그 결과 1988년 5월 가해자 코너의 신설은 공식적으로 무산된다.[333] 그러나 평화공원 가운데 자리 잡은 원폭 위령비의 애매한 글귀는 항상 기억의 갈등과 충돌의 위험을 내포하고 있다.

"安らかに眠つて下さい　過ちは 繰り返しもせぬから"
"Let all the souls here in peace: For we shall not repeat the evil"

즉, 우리말로 번역하면 "편안하게 잠드소서, 잘못을 반복하지 않을 테니까"이다. 즉 잘못의 주어가 묘하게 생략되었다. 더욱이 '잘못(the evil)'이라는 명칭은 좌파와 우파의 모두 기억 속에서 갈등을 야기하여 왔다. 1970년

---

332) Okuda(2001), p.83.

333) 김미경, 「기억의 전환, 저항 그리고 타협: 광주 5.18민주묘역과 히로시마평화자료관을 둘러싼 기억담론의 분석」, 『한국시민윤리학회보』 21집 1호(2008), p.17.

2월 창립된 '원폭 위령비를 바로잡는 모임'이라는 단체는 히로시마 시 시장에게 제출한 청원취지문을 통해 다음과 같이 말한다.

> "일본인에게는 일본인으로서의 자존심이 있다. 패전 점령하의 감각으로 점철된 이 굴욕의 문자가 아직도 피폭의 땅 히로시마 시에 지금도 남아 있다는 것은 우리 민족의 양심에서 볼 때 부조리하다. 비문 그 자체가 잘못이다."[334]

또한 이 문구는 항상 우파진영의 직접 공격이 되곤 하였는데 2005년 7월 26일 우익단체 한 회원이 이 '잘못'이라는 글자 부위를 망치로 훼손하여 경찰에 구속되었다. 그는 왜 일본이 아무런 잘못이 없는데 일본인 스스로가 이런 말을 썼느냐고 훼손 이유를 경찰에서 밝혔다.[335] 이는 히로시마가 비록 평화상징으로 기억되고 있으나 전쟁의 가해와 피해의식이라는 이중적 딜레마를 해결하지 못한 채 기억의 갈등을 잠복하고 있으며 그것은 항상 쟁점에 따라서 재현될 수 있는 소지가 있음을 보여 주는 사례이다.

그 가운데 국가적 차원에서 또 다른 기억의 복원 노력이 진행되었다. 1989년 쇼와 천황의 서거 이후 전쟁책임에 관한 논의가 어느 정도 자유롭게 되고, 정부는 1982년 역사교과서 파동 이후 일본의 전쟁책임 문제도 좀 더 심각하게 고려하게 된다. 이러한 분위기는 정부로 하여금 1991년 '국립 히로시마 원폭사망자 추도평화기념관'을 짓도록 하였다. 이곳의 목적은 '원자폭탄사망자에 대해 진심으로 추도드림과 동시에 그 참화를 후세와 국내외로 널리 전하고 역사의 교훈을 통하여 핵무기가 없는 평화로운 세계를 이루어 나갈 것을 맹세'하기 위하여 건립되었다.[336] 이곳은 '히로시마 평화기념자료관'과는 달리 원폭사망자의 이름과 영정을 공개하고 사망자 추도 공간을 마련하였으며 한국 원폭피해자에 대하여도 언급한다.[337]

---

334) 권혁태, 「원자폭탄은 누구의 잘못인가?」, 프레시안, 2008년 3월 30일, [http://www.pressian.com/scripts/section/article.asp?article_num=40080331115054](2008년 5월 9일 검색)

335) 「원자폭탄 투하 60주년」, 동아일보, 2005년 8월 6일, [http://www.donga.com/fbin/output?rellink=1&code=a__&n](2008년 5월 2일 검색)

336) 허광무, 「한인 원폭피해자에 대한 연구와 문제점」, 『한일민족문제연구』, p.6.

히로시마는 '원폭에 의한 민간인의 피해'라는 것을 강조하면서 일본이 하나의 특수한 피해국가라는 점을 상기시킨다. 결국 이러한 '특수한 피해'를 바탕으로 새로운 자기인식, 모든 형태의 전쟁을 반대하는 것으로 귀착되면서, 전후 일본의 중요한 자기인식은 평화주의자라는 것이다.338) 히로시마는 피해의 도시라기보다는 평화의 도시로서 재정립하게 된다. 히로시마는 세계 평화시장회의를 주최하고, 사하로프, 테레사 수녀, 지미 카터, 달라이 라마 등 노벨 평화상 수상을 비롯한 세계의 평화지도자들의 네트워크를 구축하고 있으며, 정례적으로 평화의 메시지를 생산하고 세계적으로 확산하고 있다.

마에다 고이치로(前田耕一郎) 히로시마 평화기념자료관 관장은339) '1945년 8월 6일 히로시마에서 무슨 일이 일어났는지를 알려 주는 것'이 기념관의 목표라고 설명한다. 한 개의 원자폭탄이 투하되어 수십만의 생명을 순간 앗아 갔으며 그들과 그들의 가족들이 아직까지 고통을 받고 있으며 따라서 그는 이곳을 방문하여 핵무기 공포의 진실과 전쟁의 비극적 어리석음 그리고 평화에 대한 성스러운 중요성을 깨닫기를 희망한다고 하였다. 이러한 평화주의의 상징으로 전후 또 다른 '신화'를 만들어 낸 히로시마는 유일한 원폭피해국이라고 끊임없이 반복한다. 동시에 히로시마는 '왜 그러한 비참한 원자폭탄을 미국이 히로시마에 투하였는지'에 대한 질문을 철저히 외면한다.340) 또한 히로시마는 매년 원폭이 투하된 8월 6일 수상까지 참석하는 대대적인 기념식을 거행하고 있는데 이 기념식에서는 원폭피해의 비참함과 세계평화를 호소하는 평화 선언이 낭독된다. 하지만 그 내용 어디에서도 가해자로서 일본의 모습을 찾아볼 수 없다. 1947년부터 계속되는 평화선언에 처음으로 아시아 태평양지역의 국민들에 대한 가해책임이 언급된 것은

---

337) 한국 원폭피해자는 당시 5만여 명이 피폭당하였으며 3만 명이 사망한 것으로 기록되어 있다. 이들을 위하여 1972년 건립되었던 기념비는 히로시마평화공원 밖으로 이전되었다가 1995년 다시 공원 내로 옮겨졌다.

338) 김상준(2005), p.229.

339) [http://www.pcf.city.hiroshima.jp](2008년 2월 2일 검색)

340) [http://www.pcf.city.hiroshima.jp/kids/KPSH_E/top_e.html](2008년 2월 2일 검색). 히로시마 평화자료관 전시 중 어느 곳에서도 전쟁원인에 대한 설명은 없다.

1991년의 일이었다. 또한 1999년의 평화선언에 나타난 가해책임에 대한 언급을 본다면 그것이 결국은 피해자 의식의 표현에 지나지 않는 것을 알 수 있다. 히로시마에 원폭이 투하되기까지 역사적 과정에 대한 설명도 없이 히로시마의 참상만을 강조하며 세계평화를 호소하는 행동은 평화주의의 위선을 더욱 드러내 보인다.[341]

전쟁지도자 책임론과 마찬가지로 '일본'과 '히로시마'를 구별한 후 히로시마는 아무 잘못이 없으며 국가만이 잘못을 했으며 히로시마는 성스러운 평화의 메카로 인식되고 있다.[342] 보수진영에는 일본이 전쟁의 희생자였음을 확인시켜 주는 증거로, 진보진영에는 미래의 평화를 위한 초석으로 받아들여지고 있기에 히로시마는 기억의 투쟁과는 거리가 먼 역사적 장소처럼 보인다.[343] 이렇듯 히로시마의 평화주의는 자기들의 피해에만 초점을 두어 보편성을 결여한 내향적인 것이다.

히로시마 평화기념자료관의 관장이 박물관 목적을 설명하는 부분 어디에도 전쟁 책임 및 전쟁원인에 대한 이야기는 없듯이 히로시마 원자폭탄은 히로시마 인들에게만 터진 것이다. 히로시마의 기억은 히로시마에게만 머물러 있다. 한국과 중국은 일본의 히로시마의 기억을 '평화'라는 이름으로 공유하며 히로시마, 제주 4·3, 난징을 이어 동아시사 평화벨트를 구상하고 있으나 그 구체적 개별기억의 내용은 히로시마 평화의 한계가 보여 준 것과 같이 간극이 심하다. 이러한 차이는 동아시아기억복합체에 평화의 상징으로 히로시마가 선도적 역할을 하고 있음에도 불구하고 일본의 보수적 역사해석과 전쟁책임의 문제가 등장할 때마다 히로시마적 전쟁기억의 역할은 미력하다.

---

341) 김준섭, 「전후 일본의 평화주의에 관한 고찰」, 『국제정치논총』 제40집 4호(2000), pp.165-166.
342) 김준섭(2000), pp.166-167; 최호근, 「비대칭의 전쟁기억?-독일과 일본의 이차대전 기억비교」, 『역사비평』 제76호(2006년 가을호), p.406.
343) 최호근(2006), p.407.

3. 기타 평화기념관들: 대항기억(counter memory)

1) 오키나와 평화기념자료관

오키나와전은 1945년 3월 26일 미군의 게라마(慶良間) 제도 공략부터 개시되어, 4월 1일 오키나와 본토 상륙 그리고 6월 23일 제32군 우시지마 사령관의 자결로 공식적으로 종결되었다. 이 전투에서 미군은 상륙군 18만여 명을 투입하였고, 일본군 수비대는 7만 7천 명 정도였다고 한다. 이 전투에서 일본이 패배를 알고 있으면서도 미국의 본토 침략을 지연시키기 위하여 방파제로서 미군을 오키나와에 하루라도 오래 잡아 두려는 데 목적이 있었으며 오키나와 주민들을 또한 강제로 전장에 동원하였다.[344] 그 결과 오키나와전 사망자 중에서 군인이 9만 4천여 명이고 주민이 12만여 명으로 민간인이 훨씬 많이 죽었다. 더욱이 오키나와 현지에서 징집된 군인 2만 8천여 명을 빼면 일본 각지에서 온 군인은 6만 6천 명인 반면 오키나와 사람들은 15만 명으로 늘어난다. 이렇게 오키나와 주민들이 많이 죽은 것은 미군의 엄청난 폭격 때문이기도 했지만 일본군이 주민들에게 집단자결을 강요하고 주민을 끌어들여 방패막이로 삼았던 옥쇄작전(玉碎) 때문이었다.[345] 오키나와 평화기념공원은 영웅 중심의 서사구조를 가진 야스쿠니의 기억과 다르며 또한 원폭 피해를 중심으로 한 피해의식을 표현하는 히로시마 전쟁기억과도 다르다. 오키나와는 1차적으로 미국으로부터 공격을 받은 것이지만 이 과정에서 일본군으로부터 '군의 행동을 방해하지 않고 식량을 축내지 않기 위해 깨끗이 자결하라'는 집단자결을 강요받아 일본군으로부터 받은 수류탄을 터뜨리거나, 음독자살 그리고 면도칼 등으로 이웃과 가족을 서로 죽였다.[346] 그들은 미군에 이어 일본군으로부터 두 번째 희생을 당한다.

---

344) 김민환, 「일본 군국주의와 탈맥락화된 평화사이에서: 오키나와 평화기념공원을 통해본 오키나와전 기억의 긴장」, 『민주주의와 인권』 제6권 1호(2006), p.12.

345) 조성윤, 「일본의 오키나와 평화기념공원」, 민주화운동기념사업회 엮음, 『세계의 역사기념시설』(서울: 오름, 2006), p.124.

346) 「오키나와 주민집단 자결, 일본군이 강제」, 조선일보, 2008년 3월 29일.

오키나와 평화기념 공원이 현재와 같은 모습으로 한꺼번에 만들어지지 않았다. 1972년 미국으로부터 오키나와가 일본으로 반환된 뒤에 오키나와 현(縣)정부 주도로 평화기념자료관이 건립되었고 1979년에 국립전몰묘원에 17만 8천

<그림 5-8> 각명비

여 명의 유골이 안치되었다. 1995년 6월 '평화의 초석'이라는 검은 돌에 국적을 불문하고 오키나와 전투에서 사망한 모든 사람들의 이름을 지역별, 출신별로 새겨 놓은 각명비(刻銘碑)를 세운다.[347]

현재 모습을 갖춘 오키나와 평화기념공원은 크게 두 영역으로 구성되었다. 하나는 국립오키나와전몰자묘원을 중심으로 일본의 각 현(縣)이 자기 현출신으로 오키나와 전투에서 사망한 사람들을 추모하기 위해 세운 위령탑들이 '영역원로(靈域園路)'라는 길을 따라 늘어서 있는 영역이다. 다른 한 영역은 오키나와 현이 주도적으로 건립한 평화의 초석이고 다른 하나는 평화기념자료관이다.[348]

오키나와 현 평화기념자료관은 1975년에 건립된 시설이 노후화됨에 따라 이를 새로이 신축할 필요성이 제기되어 2001년 4월에 새로 개관을 한 전시공간이다. 원래 크기의 9배 규모로 증축된 이 평화기념자료관은 평화의 초석과 마주하고 있고, 평화의 초석과의 연계 속에서 건축되었다. 평화의 초석이 추념의 장소이고 평화의 상징으로서 기능한다면, 기념자료관은 오키나와 현민의 피해를 중심으로 한 전쟁의 비합리성과 야만성이 전시되는 교육의 장소로서 기능을 한다.[349]

---

347) 조성윤(2006), p.128.
348) 김민환(2006), pp.9-10.

오키나와 현민의 희생이 이중적이라는 것은 가해의 주체가 복수라는 뜻이다. 오키나와 현민들은 일차적으로 미군의 공격의 대상임과 동시에 일본군으로부터 자결을 강요당했다. 보수진영은 오키나와를 군·관·민 혼연일체가 되어 싸우다가 스러져 간 '민족의 성지'로 만들려고 하는 데 비해, 오키나와 주민들은 집단자결로 끝나 버린 오키나와 전투를 일종의 '사석(捨石)의 작전'으로 받아들인다.350)

<그림 5-9> 평화기념자료관 입구

이러한 전쟁기억의 차이는 평화기념공원 일대의 기념물 조형과 공간 배치를 통하여 첨예하게 드러난다. 국립전몰자묘원과 그 꼭대기에 있는 여명의 탑, 그리고 평화기념당이 전몰장병의 영웅적 행위를 찬미한다면, 혼백의 탑과 평화기념공원, 그리고 평화기념자료관은 오키나와 주민의 희생을 강조하고 천황제와 군국주의를 비판하는 데 초점을 맞춘다. 이와 더불어 주목할 것은 1995년 6월 23일 오키나와전투 종식 50주년을 기념하여 평화기념공원 내에 세워진 '평화의 초석'이다. 국적·신분·계급·서열·연령에 관계없이 모든 희생자의 이름을 새긴 이 각명비는 '죽은 자들의 평등'과 '죽은 자들의 화해'를 표상하고 있다는 점에서 일본의 전쟁기억의 변화를 보여 준다.351)

그러나 오키나와 평화기념관은 야스쿠니 기억의 대항기억으로서 피해자의 시각 특히 식민지 국민들의 피해사실을 기억하고자 하였지만 그 과정에

349) 김민환(2006), p.10.
350) 최호근(2006), p.405.
351) 최호근(2006), p.405.

서 현(縣)정부로부터의 저항과 충돌이 있었다. 제1차 전시문제는 1975년 6월 첫 평화기념자료관을 개관하면서 시작되었다. 현정부에 의하여 개관된 전시관은 오키나와 주민들의 엄청난 희생을 무시한 채 미군과 전투를 했던 일본군을 중심으로 한 것이었다. 즉 철저히 야스쿠니적 기억의 메커니즘을 따랐던 것이다. 희생을 민족주의화하여 또 다른 영웅들을 만들어 내어 미국으로 하여금 상처받은 국가적 자존심을 복원시켰다. 오키나와 주민들의 비판 여론이 심해지자 당시 현 지사는 지역주민들의 의견을 대폭 수용하여 애초의 전시를 전면 철거하고 전시내용을 바꾸기로 하여 기억의 충돌은 일단 가라앉는다.352) 두 번째, 1999년 8월 기념자료관의 자료전시를 둘러싸고 '제2의 전시문제사건'이 발생하였다. 사건의 발단은 현(縣) 문화제국이 자료관 감수위원회의 승낙을 얻지도 않은 채 당초의 전시계획을 변경하려다 발각되었다. 내용은 '조선인 종군 위안부'와 '방언사용은 간첩으로 간주한다'는 전시는 중단하며, 구 일본군의 현민(縣民)에 대한 차별적 발언은 삭제하고, '싹쓸이 동원'이나 '집단사(集團死)', '학살'이란 표현을 '현민의 동원'과 '희생된 사람', '희생자'로 어감을 완화시키고, 황군에 의한 '방공호에서 내쫓은 일'과 '주민 희생자 수'는 삭제하기로 하였다.353) 나아가 당시 이나미네(稻嶺) 현 지사는 한국 독립기념관도 철저한 반일감정에 기반을 둔 전시를 비판하는 발언을 하면서 굳이 군 위안부 문제 등을 언급할 필요가 없다는 본인의 입장을 간접적으로 표출한다.354) 당국의 태도는 현민 사이에서 오키나와전의 진실을 왜곡시킨다는 분노의 소리가 높아지면서 결국 당초의 전시계획으로 돌아가서 감수위원회에 맡기겠다는 취지의 답변을 현지사로부터 얻어 냄으로써 종결되었다.355)

---

352) 조성윤(2006), p.124 – 127.

353) 호사카 히로시, 「오키나와전의 기억과 기록」, 제56주기 제주 4・3 기념 국제심포지움, 2004년 3월 27일, p.55 – 56; 강근형 외 공저, 『오키나와와 평화』(서울: 보고사, 2007), pp.48 – 49.

354) 호사카(2004), p.56. 여기에 전쟁자료관은 독립기념관을 뜻하는 것으로 추측됨.

355) 2008년 3월 28일 오사카 지방재판소는 1970년 오에 겐자부로가 출판한 '오키나와 노트'의 기술 내용 즉 '오키나와 주민 집단 자결을 일본군이 강제했다는 부분에 대한 당시 부대장이 2005년에 이와나미 서점과 오에씨를 상대로 제기한 출판금지 청구 소송을 기각했다. 따라서 일본법원이 태평양전쟁 당시 오키나와에서 일어난 주민들의 집단자결을 일본군이 강제했다는 노벨상 작가 오에 겐자부로의 주장

그러나 여전히 전시내용에 문제점들이 남아 있다. 그것은 제3전시실의 전쟁 당시 동굴 내부의 상황을 재현하는 과정에서 일본군이 주민을 위협하려는 데 쓰인 인형의 손에 들고 있던 칼이 사라졌으며 또한 비슷한 장면들의 구체적 설명을 해 놓고 방치된 상태로 전시되고 있는 점이다.[356]

아울러 오키나와 피해의식의 기억 속에 히로시마, 야스쿠니, 기타 평화기념관들과 다른 점은 1972년까지 미군이 이 섬을 점령하였던 사실이다. 마지막 제5전시실에는 '태평양의 요충지'라는 테마로 미군정하의 오키나와 상황을 보여 주는 곳인데, 전투가 종결된 다음 미군정하의 피난생활, 미군의 점령과 지배실태, 미군에 의한 사건, 사고, 미군정하의 주민생활, 미군통치로부터 벗어나려는 본토 복귀 운동 등이 비디오 자료로 전시되고 있다.

이렇듯 오키나와의 기억재현은 야스쿠니적 기억과 대항적 관계에 놓여 있으며 히로시마의 피해의식과 다른 국가폭력에 대한 저항의식이 담겨져 있다. 이러한 국가폭력에 의한 민간인의 피해와 미국이라는 적대적 대상을 내포하는 서사구조는 한국의 제주 4·3기억과 공유기억을 생산하는 토대가 되었으며 민간차원에서 동아시아평화연대를 구축하려는 기억의 국제화에 기여하고 있다. 동아시아 국제관계 틀 안에서 한국과 일본은 미국과 동맹관계를 맺고 있으나 동북아기억복합체는 이와 같이 미국에 대하여 적대관계 패턴을 만들어 낼 수 있는 기억의 장치를 가지고 있다. 즉 오키나와와 제주는 언제라도 쟁점영역에 따라 민족주의적 감정에 힘입어 반미감정을 드러낼 수 있다.

한편 오키나와의 기억은 타 국가의 기억과의 관계 속에서 문제가 없는 것은 아니다. 한국과 관련된 오키나와 기억재현의 문제점은 군 위안부이다. 1992년 오키나와에 있는 연구자들에 의하여 밝혀진 위안소만 해도 130여 개 이상인데 그중 본 섬에만 90여 개가 있었다고 한다.[357] 그러나 오키나와

을 사실로 인정했다. 조선일보, 2008년 3월 29일.

356) 조성윤(2006), pp.135-136.

357) 강정숙, 「식민지여성은 동굴 속에서 울었네」, 『한겨레 21』, 2000년 8월 24일
[http://h21.hani.co.kr/section-021048000/2000/021048000200008170322055.html](2008

평화의 초석에 각명(刻銘)된 조선 출신자들은 남북한을 합해 300명을 밑도는 수치이다. 즉 아직도 수많은 밝혀지지 않은 조선 군 위안부들이 기록이 남아 있지 않다는 이유만으로 기억에서 배제된 채로 남아 있다.

오키나와 지역적 전쟁기억은 야스쿠니적 지배기억에 대한 대항기억으로서 국가와의 갈등이 잠복되어 있으며 동시에 지역적 기억의 정치가 곧 동아시아 전쟁기억의 충돌로 이어질 수 있다. 다른 한편으로 제주 4·3평화기념관은 기억의 국제화 차원에서 항상 오키나와와 타이완의 기억과 희생을 포섭하고 있다. 이는 '섬'이라는 지리적 공통점 이외에 국가폭력에 의한 '민간인 학살'이라는 공통의 기억을 공유함으로써 동아시아 평화연대를 구축하려는 노력이다. 이렇듯 오키나와 평화 기념관이 보여주는 국가폭력에 대한 대항기억의 서사는 일본의 보수적 지배기억에 저항하고 있으며, 동시에 주변 동아시아 국가와 이를 공유함으로써 동아시아 기억복합체 형성에 기여하고 있다.

2) 오사카 국제평화센터

오사카 지방정부와 지역주민의 기금을 기초로 '오사카국제평화센터'라는 재단법인이 1989년에 먼저 설립되었으며 이 재단은 1991년 9월 국제평화센터를 건립하였다. 오사카국제평화센터는 일본의 가해사실과 오사카 지역주민 그리고 주변 국가의 피해사실을 솔직히 인정하며 일본의 전쟁책임에 대하여 비판적 시각을 보여준다.

이는 오사카 지역 주민의 시각에서 태평양전쟁의 경험을 기억하고자 하는 오랜 노력의 산물이다.358)

오사카 평화센터는 태평양전쟁 기간 중 50회가 넘는 미군의 공습으로 인한 오사카 주민들의 고통과 희생을 기억하고 그 의미를 후세들에게 전달하

년 6월 5일 검색)

358) Laura Hein and Akiko Takenka, "Exhibiting World War II in Japan and the United State", *Japan Focus*, July 20, 2007, [http://japanfocus.org/products/topdf/2477](2008년 2월 12일 검색)

고자 세워졌다. 오사카 평화센터는 히로시마적 기억359)처럼 역사적 원인에 대하여 침묵하며 일본을 단지 희생자로만 기억하는 것이 아니라 가해사실도 인정하며 재현한다. 즉 일본이 동아시아 국가들에 대하여 행한 침략전쟁과 식민지 국가들인 중국과 한국 사람들이 겪었던 아픔에 대하여 전시하고 있는 것이다. 오사카 평화센터의 가장 근본적인 목적은 어떠한 전쟁도 다시 일어나서는 안 된다는 점이며 이것은 한글로 된 브로슈어에 다음과 같이 소개되어 있다.

> "제2차 세계대전 중 오사카는 50차례가 넘는 공습을 받아 시가지의 주요부가 폐허로 변했습니다. 이 같은 피해는 오사카뿐만 아닙니다. 세계 최초의 핵의 피폭도시, 히로시마와 나가사키 그리고 '본토결전'의 희생이 된 오키나와를 비롯하여 수많은 일본국민이 존엄한 생명을 잃었으며, 상처 입고, 병들어 죽어 갔습니다. 동시에 1945년 8월 15일에 이르는 15년 전쟁에서 전쟁터로 변해 버린 중국을 비롯한 아시아·태평양 지역주민들, 또 식민지 지배하의 한국(조선), 대만인들에게도 심각한 피해를 준 것을 우리는 결코 잊어서는 안 된다."360)

제1전시실에는 미군의 공습으로 인한 피해, 학교동원, 군국주의적 교과서를 보여 준다. 제2전시실에서는 가해자로서 기억을 전시하고 있다. 일본이 중국과 한국 그리고 아시아 국가들에게 끼친 가해와 아울러 비교적 사실적으로 중칭(重慶)폭격과 난징대학살, 731부대, 군 위안부 등을 전시한다. 한국 관련 부분에서는 강제징용도 아울러 언급하면서 현재 680,000명의 재일교포의 인권문제와 관련하여 '일본은 여전히 풀지 못한 많은 문제'를 가지고 있다고 지적한다. 마지막 전시실에는 원자폭탄의 위험과 특히 지구환경 파괴의 문제 등 현대 세계가 겪고 있는 갈등을 보여 줌으로써 평화의 중요성을 보여 준다.

비록 오사카 평화센터가 가해자의 입장을 솔직하게 재현해 냄으로써 피해와 희생의 지배적인 공식기억으로부터 대항기억의 장으로 자리매김하였

359) 김상준(2005), p.230.

360) [http://www.peace-osaka.or.jp/pdf/pamphlet_ko.pdf](2008년 2월 18일 검색)

다고 평가하는 데는 이의를 제기하기 어려울 것이나 일본 우익의 공격으로부터 결코 자유로울 수 없는 한계를 보여 준다. 그것은 1997년 신민족주의 우파진영의 자민당 의원들과 단체들이 오사카 평화센터가 이데올로기적인 편견으로 가득 찼다는 비판을 함으로써 오사카 평화센터 내에서의 자원봉사자들의 구술을 통한 개인경험을 하지 못하게 되었으며 또한 학생들을 위한 학습지침서의 사용을 금지하게 되었다.[361] 즉 공식기억과 대항기억의 충돌과 갈등을 정치적으로 봉합한 셈이다.

3) 교토 리츠메이칸 대학 국제평화뮤지엄

리츠메이칸 국제평화뮤지엄은[362] '과거의 슬픈 전쟁의 역사를 기록하고, 두 번 다시 그러한 비극을 반복하지 않겠다고 하는 소원을 담았으며 평화와 민주주의를 학문적 이념으로 삼아' 세계에서 유일하게 대학교부설로 1992년에 개관하여 2005년에 큰 폭으로 개축하였다. 전쟁과 평화의 역사를 배울 뿐만 아니라, '평화를 만들기 위해서 우리 한 사람 한 사람에게 무엇이 가능할까'를 생각하는 구체적 평화창조(creating peace)의 공간이다.[363]

우선 이 평화뮤지엄은 역사 서술 특히 전쟁의 명칭에서 뚜렷한 차별을 보이며 기존 전쟁기념관과 거리를 두고 있다. 태평양전쟁에 대한 명칭은 일본의 전쟁책임과 전쟁기억을 드러내는 명명작업이다. 야스쿠니신사 내 전쟁박물관인 유슈칸은 태평양전쟁을 '대동아전쟁'으로 표기하고 있으며,[364] 히로시마 평화기념자료관은 '태평양전쟁'으로 그대로 사용하며,[365] 리츠메이칸 대학교 국제평화뮤지엄에서는 '15년 전쟁'이라고 일본의 침략사실을 정확히 기록하고 있다. 일본어와 함께 영어, 중국어, 한국어로 전시 설명이 되

---

361) Hein(2007)

362) 평화기념관이라고 하지 않은 까닭은 리츠메이칸 대학 측에서 기념관으로 쓰지 않고 평화뮤지엄을 공식 명칭으로 사용하고 있기 때문이다.

363) 리츠메이칸 대학 국제평화뮤지엄, 『뮤지엄가이드』(교토: 국제평화뮤지엄, 2008), p.1.

364) 靖國神社(2008)

365) 廣島平和資料館. 『廣島平和資料館 圖錄』(廣島: 廣島平和資料館』, 2007), p.14.

어 있으며 15전쟁을 아래와 같이 설명함으로써 가해사실을 인정한다.

> "1931년 9월, 일본군은 철도를 폭파하고 이를 중국이 벌인 일이라며 군사행동을 일으켜, 중국 동북부를 점령했습니다. 이어 1937년 7월의 루거우차오(盧溝橋) 사건을 계기로, 중국과 전면 전쟁에 돌입했습니다. 이 전쟁의 막다른 국면을 타개하기 위해, 1941년 12월에는 미국, 영국, 네덜란드와 전쟁을 시작하며, 아시아 · 태평양전쟁에 돌입했습니다. 1945년 8월 15일, 일본은 패배했고, 9월 2일에 항복문서에 조인했습니다. 이 15년 동안에 걸친 전쟁에서 일본군은 중국 등에, 무차별 폭격을 가했을 뿐 아니라 독가스와 세균병기 등도 사용했습니다. 전장에서는 포로와 민간인을 살해했고, 저항하는 지역을 철저히 파괴하는 작전을 취했습니다."366)

식민지 국가 내에서 항일운동, 오키나와전 및 원폭에 대한 전시와 함께 '전쟁책임'이라는 코너에서는 "천황은 극동국제군사재판의 피고가 되지 않았고, 제국 군대의 최고 책임자임에도 불구하고 전쟁 책임은 추궁받지 않았습니다. 중국 전선에서의 독가스 사용이나 731부대에 의한 세균병기 개발을 위한 생체 실험 등에 대해서도, 미국 측의 의도로 재판이 이루어지지 못했습니다. 또 구제받지 못한 전쟁 희생자는 일본 국내뿐 아니라 동아시아를 비롯해 세계 각지에 걸쳐 있습니다. 많은 전쟁 피해자로부터 다양한 보상 요구가 재판 등의 형태로 제기되고 있습니다."라고 설명한다. 이렇듯이 명확하게 천황의 전쟁책임론을 제기함으로써 야스쿠니적 기억과 정반대의 대항기억을 재현한다.367)

'평화의 추구'라는 테마로 이어지는 전시실에서는 구체적인 평화문제를 재현한다. 지구적 차원에서 제기되는 환경, 불평등한 무역과 금융 그리고 전쟁을 지원하는 경제 즉 군산복합체의 문제까지 지적하고 있다. 아울러 분쟁지역에서 일어나고 있는 소년병, 난민, 민주주의의 붕괴, 군사정권, 무장테러 등의 문제도 설명하며 나아가 매우 구체적으로 지역사회가 겪고 있는 폭력문제를 전시한다. 여기에는 여성차별, 외국인차별, 장애인차별, 인권침해에 대하여 문제를 제기한다. 이렇듯이 리츠메이칸 국제평화뮤지엄은 정부

---

366) [http://www.ritsumei.ac.jp/mng/er/wp‐museum/korea/index.html](2008년 5월 7일 검색)
367) 리츠메이칸 대학 국제평화뮤지엄(2008), p.7.

와 국가보다도 시민사회 즉 비정부기구(NGO)를 중심으로 한 자발적인 시민들의 평화 창조를 강조하는 전시를 보여 준다. 그 일환으로서 1998년 리츠메이칸 국제평화뮤지엄에서 세계 평화 관련 기념관 관련자들과 연구자들이 모여 평화회의를 개최함으로써 평화기념관이 단지 역사적 기억의 전시에만 그치는 것이 아니라 변화하는 세계에 대한 대응으로서 활발한 역할을 할 수 있다는 점을 보여 준다. 이러한 리츠메이칸의 평화교육은 일본의 피해의식만을 강조하는 히로시마적 평화교육의 한계를 넘어서 일본의 가해사실을 인정하는 출발 위에 전 지구가 직면하고 있는 '폭력'의 문제를 시민사회 차원에서 해결하고자 하는 미래지향적인 평화관을 피력하고 있다.

이를 반영하듯이 평화뮤지엄은 무기전시와 '영웅 만들기'의 서사보다는 전쟁 중 일상생활의 규제, 언론 자유의 억압 그리고 민족주의적 선전이 미친 민간인들에 대한 피해에 더 많은 관심을 할애하고 있다. 특히 이 박물관은 한·중·일 역사교과서를 있는 그대로 전시하여 일본 역사인식의 우경화를 고발함으로써 야스쿠니와 히로시마의 전쟁기억과 다른 차원에서 대중교육에 힘쓰고 있다.

대항기억으로서 위 세 기념관들은 다음 네 가지 점에서 기존 일본의 전쟁 기념관들과 차별성을 보여 준다.[368] 첫째, 기존 야스쿠니와 히로시마적 기억 담론으로부터 벗어나 전쟁책임에 대한 질문을 던짐으로써 새로운 기억의 공간을 제시하였으며, 둘째, 단순한 전쟁 중의 고통과 피해를 전달하는 수준을 넘어서 적극적 평화담론을 생산해 내는 역할을 하려고 노력한다. 따라서 야스쿠니 유슈칸과 히로시마평화공원 내 두 개의 기념관들이 기념관의 종교적 성격을 강조하였다면 위 세 개의 기념관들은 평화운동에 중점을 둔 '인도주의적'[369] 성격을 부각시키고 있다. 셋째, 평화와 관련된 비정부기구들의 정치적 활동을 담아냄으로써 박물관과 기념관 안에 박제된 채

---

368) Daniel Seltz, "Remembering the War and the Atomic Bombs", in Daniel J. Walkowitz, and Lisa Maya Kanuer, eds., *Memory and the Impact of Political Transformation in Public Space*(Durham: Duke University Press, 2004), p.143.

369) Mayo(1988), pp.64 – 65.

로 머물러 있는 평화로부터의 탈피를 시도하고 있다는 점에서 높이 평가할 만하다. 넷째, 세 기념관들은 3국이 합의된 공유기억을 창출하는 데 긍정적인 기여를 하고 있으며, 특히 그것은 일본의 전쟁책임을 솔직하게 인정하는 데서 출발하고 있다.

Ⅲ. 원폭 민족주의와 기억의 경합

일본은 전쟁 패배 이후 1945년부터 1951년 동안 의도하지 않았던 미국에 의하여 통치됨으로써 전쟁에 대한 자유로운 담론이 허용되지 않은 채 억압된 기억만이 존재하였으며, 1950년대와 1960년대에는 전쟁책임론과 원폭피해를 중심으로 한 보수적 전쟁기억 서사가 지배적이었다. 일본의 전쟁기억은 '피해와 가해의 이중성'이라는 딜레마를 안고 있었으며, 사회 제 이익집단들 사이에서 전쟁기억의 문제를 그들의 이해관계에 따라 정치적 쟁점화함으로써 전쟁기억의 다양한 재현이 시작되었다. 한편 1980년대부터 일본의 전쟁책임 문제에 대한 국제적 이목이 집중되자 일본의 전쟁기억은 국내적 차원을 넘어선 동아시아 국가들, 특히 중국과 한국으로부터 민감한 외교적 쟁점으로 부각하게 되었다.

일본의 전쟁기념관 중 태평양전쟁기간 동안 아시아 제국에 대한 침략 사실과 가해에 대한 기억을 철저하게 부정하며 침략의 정당성을 주장하는 서사구조를 재현한 야스쿠니신사 내의 유슈칸 전쟁박물관이 있다. 이곳은 전몰자 위패를 봉안하고 있는 신사 내부에 있다는 점에서 동아시아 전쟁기념관들 중 가장 종교적 색채가 짙은 유형으로 분류할 수 있다. 또한 일본의 수상과 정치인들의 야스쿠니신사의 방문은 한국과 중국의 민족주의를 자극하여 끊임없이 적대적 관계로 전환할 수 있는 요소가 잠복하고 있음으로써 동아시아기억복합체에 가장 근본적인 원인을 제공하는 전쟁기억의 재현 공간이다. 다음으로 일본이 유일한 원자폭탄의 희생자라는 피해에 대한 기억만을 재현하는 히로시마 평화기념자료관이 있다. 비록 이 자료관이 평화운동의 메카라는 이미지 구축에는 성공하였다고 할지라도 전쟁의 원인과 책임에 대한 기억재현을 배제함으로써 전쟁기념관의 '인도주의적' 가치를[370] 구현하지 못하는 한계를 지닌다. 반면에 리츠메이칸 평화뮤지엄, 오키나와 평화뮤지엄 그리고 오사카 국제평화센터에서 보여 주는 전쟁기념의 서사는 가해사실을 솔직히 인정함으로써 기존 유슈칸과 히로시마 평화기념자료관의 전쟁담론을 넘어선 인도주의적 가치에 접근하고 있다. 일본이 전쟁책임을 망각하고 야스쿠니적 우익 전쟁기억만이 존재한다고는 볼 수 없으나 원폭의 피해의식에 의존한 내향적 전쟁기억의 재현이 지배적이라는 사실은 부인하기 어렵다.

그렇다면 일본은 왜 전쟁의 침략이나 가해사실을 충분히 인식하지 못하는 것일까? 우선 전후 일본은 전후 독일과 달리 자기반성적인 '하나의 기억'을 형성하는 데 실패하였으며, 이로 인하여 일본은 주변 국가들과의 근본적 관계를 개선하지 못했다.[371] 첫째, 전쟁 당시 즉 1931년부터 1945년까지 일본 국민들이 독일이나 미국보다 훨씬 궁핍하여 어두운 시대로만 기억하고 있으며, 둘째, 15년 전쟁기간을 '군부독재'시기로 치환해 버림으로써 다른 행위자들에 대한 죄의식으로부터 벗어났다. 여기에는 미국이 주도했던 도쿄재판의 원인도 크다. 셋째, 중일전쟁과 곧 이은 태평양전쟁으로 이어져 미국에 의하여 종전이 됨으로써 구식민지를 자동적으로 상실하게 되었으며 이 과정에서 피비린내 나는 독립전쟁이 없었다는 점이다. 넷째, 국제정치적 요인으로 전후처리 과정에서 미국의 단독점령, 냉전의 강화[372] 그리고 아시아 제국의 상대적 지위 약화 등이 주요 원인이다.[373]

---

370) Mayo(1988), p.64.

371) 동아일보, 2007년 6월 19일.

372) Mark Seldon, "Nationalism, Historical Memory and Contemporary Conflicts in the Asia Pacific: the Yasukuni Phenomenon, Japan and the United States", *Japan Focus*, August 25, 2006, [http://japanfocus.org](2007년 3월 13일 검색)

373) 요시다(2006), pp.237-239.

일본은 전후 매우 경쟁적인 전쟁기억의 모습을 보여 왔으며 기억상실증과 도덕불감증의 국가로 묘사되는 것은 잘못되었다고 하더라도 일본 보수 정치세력이 보여 주는 전쟁기억의 모습은 국제적 지도자를 꿈꾸는 일본으로서 자격조건이 충분하지 못하다. 그러나 일본이 동아시아 주변 국가들의 끊임없는 사죄요구에 지친 측면도 간과할 수 없다. 독일의 역사적 과오 즉 나치즘에 의한 이데올로기적 피해는 일본의 군국주의에 비해서 크다고 할 수 있다. 또한 미국의 베트남, 프랑스의 알제리, 파키스탄의 동방글라데시, 벨기에의 콩고의 식민 지배과정도 일본의 그것처럼 매우 비인간적이다. 독일의 영국 도시 폭격, 이태리와 독일의 독가스 사용 등 전쟁 중 잔혹행위 또한 수많은 경우가 있지만, 영국, 프랑스, 미국의 수상 및 대통령들이 인도, 베트남, 필리핀을 방문할 때마다 과거 식민지 역사에 대하여 사과하는 것은 상상할 수 없는 일이다.374)

동시에 일본이 언제까지나 태평양전쟁의 역사적 그늘에서 살 수 없으며 왜 주변 국가 특히 한국과 중국에서 수교와 그 이후에 많은 경제적 원조를 해 주었음에도 불편한 관계가 지속되었는지를 파악하여야 하며 이를 위하여 우선 우파 보수주의자들은 역사적 정확성, 보편성, 수용성을 확보하며 국제적 지도자로서 미국의 이념을 지지해 주는 영국의 역할을 모델로 고려해 볼 필요도 있다.375) 그럼에도 불구하고 주변 국가들은 일본의 군사대국화에 대하여 비이성적으로 두려워하고 있다. 그 이유는 일본의 군국주의 부활 가능성과 아시아 제국을 침략했을 당시 일본군이 보여 주었던 비도덕적인 잔혹함에 대하여 기억하고 있기 때문이다. 그러나 일본이 다시 그렇게 전쟁을 일으킬 가능성은 거의 없다. 일본은 그동안 자유민주주의가 확고히 뿌리내렸으며 평화를 수호하는 헌법 9조가 대중적 지지를 확보하고 있으며 아울러 세계경제 2위로 상호 의존적 국제경쟁 체제에서 위기의 조장과 발생이 일본 경제에게 실질적인 이익을 주지 않는다. 끝으로 굳건한 미일동맹

374) Barry Buzan, "Japan's Future: Old History versus New Role", *International Affairs*, Vol.64, No.4(Autumn, 1988), p.568.

375) Buzan(1988), pp.561-561.

이 이를 제도적으로 불가능하게 하고 있으며 중국과 한국의 군사적 힘이 태평양전쟁 때와는 완전히 다르다. 따라서 일본은 또다시 아시아 국가를 무력으로 점령할 수 있을 확률은 거의 없다고 판단한다.[376]

　단순히 일본이 전쟁의 피해자라는 것을 부각하는 것 자체는 결국 '가해-피해'라는 축 가운데 일본을 위치하게 되는 것을 의미한다. 일본이 미국에 의한 피해의식이 부각되면 될수록, 일본은 또 다른 타자인 다른 아시아 국가들과의 관계에서 '가해자'라는 국가정체성이 부각될 수밖에 없다.[377] 전후 일본에서는 몇 가지 변화가 있기는 했지만 기본적인 주장은 변하지 않았다. 한편에는 과거의 범죄를 교훈 삼아 다시는 전쟁을 일으키지 않겠다는 결의를 가진 일본 사람들이 있다. 다른 한편에는 일본이 다시 보통군사력을 보유할 권리가 있다고 주장하는 사람들이 있다. 한편에서는 평화의 비전을 옹호하기 위해 과거의 죄악을 거론하는 한, 다른 편은 그것을 부인할 것이다.[378] '경쟁적이며 뒤엉킨' 전쟁기억들이[379] 아직 사회적 합의를 돌출 못 하고 있으며 그 이면에는 자민당의 보수적 정치권력 및 국외적으로 미국의 영향이 크다.

---

376) Buzan(1988), p.567.
377) Seraphim(2006), p.201.
378) 부루마(2002), p.281.
379) Seaton(2006)

제6장 기억의 전쟁을 넘어

    이 책은 한·중·일 3국이 20세기 경험했던 중일전쟁, 태평양전쟁, 한국전쟁에 대한 전쟁기억을 어떻게 재현하며, 그 과정에서 국가정체성의 역할과 기능은 무엇이며, 나아가 동아시아 국제관계와 전쟁기억은 어떻게 상호작용을 하고 있는가 하는 문제의식에서 출발하였다.

    한·중·일 3국의 전쟁기념관의 생성, 확장 그리고 변화를 추적하여 전쟁기념관이 단지 과거의 보존을 위한 정체된 역사·문화적 산물로 다음 세대들을 위한 교육의 장소로만 기능하는 것이 아니라 국내외 정치 환경의 변화에 따라 새로운 국가정체성을 반영하는 민감한 기억의 정치가 재현되는 정치적 공간임을 규명하였다.

    전쟁기념관에 대한 기존 연구들은 주로 역사학과 사회학 내에서 이루어졌으며 전시내용과 서사구조와 관련된 부분에만 초점이 맞춰져 국내정치와 동아시아 국제정치적 차원에서 규명이 부족하였다. 아울러 전통적 국제정치이론 내에서도 안보와 경제 문제에 대한 연구에 집중되어 구체적인 전쟁기념관을 1차적 자료로 분석하는 연구는 거의 발견할 수 없었다. 이러한 방법론적 문제를 극복하기 위하여 역사학과 사회학을 포함하는 학제 간 연구들이 생산해 낸 전쟁기념관에 대한 서사 중심의 분석을 토대로 하였다. 동아시아 한·중·일 3국의 국제관계는 단순히 군사력과 경제력이 아니라 행위자들의 역사적이며 사회적으로 존재하는 상호 구성적인 속성에 의하여 규정된다. 따라서 타 국가와의 역사적 관계성 속에서 국가정체성과 국가이익을 결정한다는 구성주의 시각을 포함하는 절충주의 입장을 전제로 하였다.

이 책은 근대 국민국가의 유산으로서 전쟁기념관이 어떤 식으로 한국, 중국과 일본에서 생성되어 변화를 거쳤는가를 설명하기 위하여 우선 동아시아 국제질서가 지니고 있는 특수성을 지리적 공간, 역사적 발전 편차 그리고 냉전과 탈냉전의 구조적 중첩이라는 시각에서 분석하였다. 다음으로 3국의 전쟁기념관 조성의 역사적 배경을 국가정체성의 변화라는 측면에서 논의하였으며 그것을 토대로 구체적인 전쟁기념관의 생성, 복원 그리고 확대하는 과정을 검토하였다.

한국의 전쟁기념관은 국난 극복과 영웅 만들기에 기초한 '반일(反日)민족주의'와 북한을 적으로 한 '반공(反共)민족주의' 서사가 전쟁기억의 추축을 이루고 있다. 이는 분단이라는 역사적 현실이 국내외 정치 동학 속에서 민족주의와 결합되어 '분단민족주의' 서사로 재현되었다. 이러한 민족주의적 전쟁기억은 오랫동안 군 위안부, 원폭피해자 그리고 민간인 학살의 문제 등을 망각하게 한 원인이 되었다. 일본과 비교하여 다양한 시민단체 및 이익집단의 이해를 반영한 민간차원의 전쟁기념관은 일본군 위안부역사박물관을 제외하고는 찾아보기 힘들다. 한편 반일과 반공에 대한 기억의 과잉은 중국 전쟁기념관에서 발견할 수 있는 중·일 우호협력 기념전시와 같은 화해와 용서 그리고 협력이라는 새로운 기억을 창출하려는 노력을 가로막고 있다.

중국의 전쟁기념관은 개방과 개혁시대를 맞이하여 사회주의 이데올로기의 쇠퇴로 인한 공백을 메우고 국민적 통합을 위하여 철저히 '중화민족주의'에 호소하였으며, 치욕의 감정을 기반으로 한 항일전쟁에 대한 기억의 복원을 강조하고 있다. 이데올로기적 공백기에 정치적 안정과 국민 통합을 목적으로 시작한 애국주의는 1980년대 이후 확대하여 '위대한 중국'이라는 기치를 내건 중화주의로 발전하였으며 그것은 전쟁기념관의 엄청난 확산을 가져왔다. 그러나 평화, 여성문제, 소수민족들의 전쟁 희생과 인권 문제를 포괄하는 전쟁기억의 인도주의적 측면을 배제하였으며, 국가가 기억을 배타적으로 독점하여 다양한 사회구성원들의 전쟁기억의 재현을 봉쇄하였다. 따라서 중국은 외연적 무늬만 다를 뿐 내용은 모두 중화민족주의에 기초한 항일전쟁에 대한 기억만을 재현하는 복사판 기념관만을 양산하고 있다.

일본의 전쟁기념관은 가해와 피해의 딜레마 속에서 히로시마적 원폭민족주의와 야스쿠니적 국가민족주의가 경합하고 있으며, 평화운동을 중심으로 한 대항기억을 재현하는 다양한 평화기념관들이 공존한다. 전후 일본은 독일과 달리 자기반성적인 '하나의 기억'을 형성하는 데 실패하였다. 이는 '피해와 가해의 이중성'에 기인한 것이며 그 이면에는 자민당의 보수적 정치권력 및 국외적으로는 미국의 영향이 크다. 결국 이것이 일본이 주변 국가들과의 관계를 개선하지 못하는 근본적인 이유이다.

3국의 전쟁기념관들의 비교 연구를 통해 다음과 같은 사실을 발견하였다. 첫째, 3국은 태평양전쟁에 대한 공유된 공통의 기억 창출에 실패하였으며 각국은 국가정체성에 따라 다르게 전쟁을 해석하고 있다. 둘째, 3국이 공통적으로 전쟁으로부터 희생당하였다는 피해의식이 강하며 이를 극복하기 위하여 민족주의적 감정에 호소하는 '민족주의적 피해의식'만을 강조한다. 셋째, 피해의식의 민족주의는 전쟁희생자 속에서 '영웅 만들기'에 주력하였으며 이러한 선택적 기억은 영웅이 아닌 민간인들의 희생을 배제하거나 망각하였다. 넷째, 태평양전쟁과 한국전쟁에서 미국의 역할이 전쟁종결에 결정적이었음에도 불구하고 미국에 대한 기억을 애써 축소 혹은 은폐하였다.

결국, 3국의 전쟁기념관은 단순히 과거를 복원하는 정체된 문화적 공간이 아니라 정치화된 기억이 역동적으로 표상되는 공간이다. 한·중·일 3국의 전쟁기념관은 대표적인 국가정체성의 상징적 표상으로서 타 국가와의 관계를 보여 주고 있으며 '적대'와 '우호'라는 모순적 패턴을 드러내고 있다. 이러한 패턴은 3국 간에 외교적 충돌이 일어날 때마다 불규칙적으로 재현되어 '동아시아기억복합체'를 형성한다. 동아시아기억복합체의 핵심은 3국의 기념관들이 '우호'와 '적대' 패턴의 모순을 보여 주는 국가정체성을 생산하여 대외적으로 기억의 충돌을 야기하는 것이다. 일본의 야스쿠니적 기억은 중국과 한국의 반일기억과, 중국 항미원조전쟁기념관의 친북반미적 기억은 한국 용산전쟁기념관의 반공주의 정체성에 기초한 친미반북적 기억과, 한국과 일본의 평화기념관의 인권에 대한 문제제기는 중국의 전쟁기억과 충돌하고 있다. 따라서 한·중·일 3국의 전쟁기억은 미국과 유럽국가들 사이에 공유하는 2차 대전에 대한 기억의 합의와 달리 아직도 경합과 충돌을 하고 있으며, 그 중심에 전쟁기념관이 '기억의 정치 공간'으로서 민감하게 작동하고 있다. 이를 표로 정리하면 다음과 같다.[380]

<표 6-1> 국가별 전쟁기념관의 전쟁기억, 국가정체성, 지역기억복합체 분류

국가	명칭	전쟁기억	국가정체성	지역기억복합체	
				충돌	공유
한국	용산전쟁기념관	지배기억	반공민족주의	中 항미원조	x
	거창사건기념관	대항기억 (국가)	반공	(용산 전쟁기념관)	x
	제주 4·3평화 기념관	대항/탈민족 (국가)	반공	(용산 전쟁기념관)	오키나와/ 난징
	독립기념관	지배기억	반일민족주의	유슈칸	중국 항일기념관
	서대문형무소 역사관	지배기억	반일민족주의	유슈칸	중국 항일기념관
	일본군위안부 역사관	대항/ 탈민족	민족주의/ 평화주의	유슈칸	일본 평화기념관/ 난징
중국	난징대학살 기념관	지배기억/ 탈민족	항일민족주의/평화주의	유슈칸	독립기념관/ 히로시마
	항일인민 전쟁기념관	지배기억	중화민족주의/반일	유슈칸	독립기념관/ 서대문
	9·18역사박물관	지배기억	항일민족주의/반일	유슈칸	독립기념관/ 서대문
	항미원조기념관	지배기억	반미/친북	용산 전쟁기념관	x

380) <표 6-1> 전쟁기억 중 한국의 거창사건기념관과 제주 4·3평화기념관의 경우 국가의 가해사실을 인정하였으나 기억의 생산주체가 '국가'라는 점에 민간에 의하여 재현된 일본의 평화기념관들과 구별하기 위하여 괄호 속에 '국가'를 명기하였다. 아울러 일본의 대표적 보수민족주의 전쟁기억을 재현하는 유슈칸은 기타 평화기념관이 가해사실을 인정하는 점과 충돌하므로 유슈칸을 괄호 속에 표기하였다. 일본 히로시마기념관 공유란에 제주 4·3기념관 및 난징을 이탤릭으로 표시한 것은 이 기념관들이 평화운동을 하고 있다는 점에서 공유기억이 존재하지만 히로시마기념관들이 '가해'사실의 인정하지 않고 있어 차이가 있음을 보여 주기 위함이다. 아울러 피해사실만을 인정하는 히로시마 평화와 다른 국가에 대한 가해사실을 인정하며 인권문제까지 포괄하는 일본의 기타 평화기념관의 '평화'를 구분하였다.

	유슈칸(遊就館)	지배기억	보수민족주의	독립기념관 항일기념관	x
일본	히로시마평화 기념자료관	지배기억/ 탈민족	원폭민족주의 *평화주의*	독립기념관 항일기념관	*제주 4·3/ 난징*
	국립히로시마 원폭사망자추도기념관	지배기억	원폭민족주의 *평화주의*	독립기념관 항일기념관	*제주 4·3/ 난징*
	리츠메이칸 평화뮤지엄	대항기억 (민간)	평화주의	(유슈칸)	제주 4·3/ 난징
	오키나와 평화뮤지엄	대항기억 (민간)	평화주의	(유슈칸)	제주 4·3/ 난징
	오사카 국제평화센터	대항기억 (민간)	평화주의	(유슈칸)	제주 4·3/ 난징

　　결론적으로 탈냉전시대를 맞이하여 동아시아 3국은 국가정체성을 반영하는 정치적 도구로서 전쟁기념관을 경쟁적으로 활용하고 있으며, 이러한 전쟁기념관이 생산하는 전쟁기억의 재현, 경합 그리고 대외적 기억의 충돌이 동아시아 역사적 특수성을 구성하는 중요한 요소로서 동아시아 국제관계의 불안을 지속적으로 야기하고 있다.

참고문헌

[1차 자료]

* 한국어 자료

거창사건기념관. [http://case.geochang.go.kr/]

나눔의 집. 『일본 군 위안부 역사관』 광주시: 나눔의 집, 2008.

_____. [http://www.nanum.org/]

남경대학살참사동포기념관. 『중국침략일본군의 남경대학살참사동포기념관 해설사
　　　　』 남경: 남경대학살 참사 동포 기념관, 2007.

독립기념관. 『독립기념관 전시품 도록』 서울: 삼성문화인쇄소, 1989.

_____. [http://www.independence.or.kr/KO/index.php]

리츠메이칸 대학 국제평화뮤지엄. 『뮤지엄가이드』 쿄토: 국제평화뮤지엄, 2008.

서대문형무소역사관. [http://www.sscmc.or.kr/culture2/]

『히로시마 평화기념자료관』 히로시마: 평화기념자료관, 2008.

『국립 히로시마 원폭사망자 추도 평화기념관』 히로시마: 평화기념관, 2008.

전쟁기념사업회. 『전쟁기념관건립사』 서울: 전쟁기념사업회, 1997.

전쟁기념관. [http://www.warmemo.or.kr/]

제주특별자치도. 『제주 4·3평화기념관』 제주: 제주특별자치도, 2008.

* 중국어 자료

中國人民抗日戰爭紀念舘. [http://www.77china.org.cn/]

918歷史博物館. [http://918.china1840-1949.net.cn/]

南京大虐殺紀念舘. [http://njdts.china1840-1949.net.cn/]

『中國人民抗日戰爭紀念舘簡介』 北京: 中國人民抗日戰爭紀念舘, 2008.

* 일본어 자료

廣島平和資料館. 『廣島平和資料館 圖錄』 廣島: 廣島平和資料館, 2007.

廣島平和資料館. [http://www.pcf.city.hiroshima.jp/index2.html]

昭和館. 『昭和館』 東京: 昭和館, 2008.

靖國神社. 『靖國神社 遊就館 圖錄』 東京: 靖國神社, 2008.

遊就館. [http://www.yasukuni.jp/~yusyukan/]

沖繩縣平和祈念資料館. [http://www.peace－museum.pref.okinawa.jp/]

財団法人大阪國際平和センター. [http://www.peace－osaka.or.jp/]

京都立命館大學平和ミュージアム.

[http://www.ritsumei.ac.jp/mng/er/wp－museum/index.html]

* 영어 자료

The "9・18" Historical Museum. Shen Yang: 918 Historical Museum, 1999.

CIA Fact Book 2008.

[http://www.cia.gov/library/publications/the－world－factbook/]

The SIPRI Military Expenditure Database.

[http://first.sipri.org/non_first/milex.php]

Fact Sheet on the United Nations Budget June 2006.

[http://www.unausa.org/]

[2차 자료]

국문서

강근형 외 공저. 『오키나와 평화』 서울: 보고사, 2007.

김영면 편. 『동아시아의 정치체제』 서울: 한림대학교 출판부, 1998.

김정원. 『분단한국사』 서울: 동녘, 1985.

김학이・김기봉 외. 『현대의 기억 속에서 민족을 상상하다』 서울: 세종출판사, 2006.

나카무라 마사노리. 유재연・이종욱 옮김. 『일본전후사 1945－2005』 서울: 논형, 2006.

나눔의 집 역사관 후원회 편. 『일본군 위안부 역사관을 찾아서』 서울: 역사비평사, 2002.

남궁곤. 『전통적 안보와 비전통적 안보』 서울: 한국전략문제연구소, 2002.

노다 마사아키. 서혜영 옮김. 『전쟁과 인간: 군국주의 일본의 정신분석』 서울: 길, 2000.

다카하시 데츠야. 이규수 옮김. 『일본의 전후 책임을 묻는다』 서울: 역사비평사, 2000.

다카하라 모토아키. 정호석 옮김. 『한중일 인터넷세대가 서로 미워하는 진짜 이유』 서울: 삼인, 2007.

로즈만, 길버트. 이신화 공역. 『동북아시아 지역주의』 서울: 박영사, 2007.

모리 카즈코. 조진구 옮김. 『중일관계: 전후에서 신시대로』 서울: 리북, 2006.

민주화운동기념사업회 엮음. 『세계의 역사기념시설』 서울: 오름, 2006.

박상섭. 『근대국가와 전쟁: 근대국가의 군사적 기초, 1500 – 1900』 서울: 나남, 1996.

부잔. 김태현 역. 『세계화시대의 국가안보』 서울: 나남, 1991.

사까이 나오끼. 이규수 옮김. 『국민주의 포이에시스』 서울: 창비, 2003.

서현주. 『2007년도 각국 의회 위안부 결의안』 동북아역사재단. [http://www.historyfoundation.or.kr/Data/Inform/2007년도%20각국%20의회%20 '위안부'%20결의안_미국.pdf](2008년 5월 10일 검색)

세종연구소 편. 『대외정책과 국민통합』 서울: 세종연구소, 1998.

쑨꺼. 류준필 외 옮김. 『아시아라는 사유공간』 서울: 창비, 2003.

아시아평화와 역사교육연대 편. 『한중일 3국의 8·15기억』 서울: 을유문화사, 역사비평사, 2002.

앤더슨, 베네딕트. 윤형숙 역. 『상상의 공동체: 민족주의의 기원과 전파에 대한 성찰』 서울: 나남, 2002.

야마무로 신이찌. 임성모 옮김. 『여럿이 하나인 아시아』 서울: 창비, 2003.

엘리아데, M. 이은봉 옮김. 『성과 속』 서울: 한길사, 1998.

요시노 고사쿠. 『현대 일본의 문화 내셔널리즘』 서울: 일본어뱅크, 2001.

요시다 유타카. 이예숙 옮김. 『일본인의 전쟁관』 서울: 역사비평사, 2004.

왕후이. 이욱연 외 옮김. 『새로운 아시아를 상상한다』 서울: 창비, 2003.

이리에 아키라 지음. 이종국·조진구 옮김. 『20세기의 전쟁과 평화』 서울: 을유문화사, 1999.

이수훈. 『세계체제, 동북아, 한반도』 서울: 아르케, 2004.

이안 부루마. 정용환 옮김. 『아우슈비츠와 히로시마』 서울: 한겨레 출판사, 2002.

일레인김·최정무 편저. 박은미 옮김. 『위험한 여성: 젠더와 한국의 민족주의』 서울: 삼인, 2001.

일본교과서 바로잡기 운동본부 편. 『한중일 역사인식과 일본교과서』 서울: 역사
  비평사, 2002.
임지현·김용우 엮음. 『대중독재 2: 정치 종교와 헤게모니』 서울: 책세상, 2005.
전재호. 『반동적 근대주의자, 박정희』 서울: 책세상, 2005.
_____. 『박정희체제의 민족주의연구: 담론과 정책을 중심으로』 서강대학교 박사
  학위논문. 1997.
전쟁기념사업회. 『전쟁기념관 건립사』 서울: 군인공제회, 1997.
전진성. 『역사가 기억을 말하다』 서울: 휴머니스트, 2005.
정근식·신주백 외. 『8·15의 기억과 동아시아적 지평』 서울: 선인, 2006.
제주발전연구원. 『세계평화의섬 제주와 평화산업』 서울: 보고사, 2008.
제프리 K. 올릭 엮음. 최호근 외 옮김. 『국가와 기억』 서울: 민주화운동기념사업
  회, 2006.
정호기. 『한국의 역사기념서설』 서울: 민주화운동기념사업회, 2007.
진덕규. 『한국현대정치사서설』 서울: 지식산업사, 2000.
창, 아이리스. 김은령 역. 『난징대학살』 서울: 끌레오, 1999.
천꽝싱. 백지운 외 옮김. 『제국의 눈』 서울: 창비, 2003.
추이 즈위안. 장영석 옮김. 『중국은 어디로 가고 있는가』 서울: 창비, 2003.
타나가 히로시 외 지음. 이규수 옮김. 『기억과 망각: 독일과 일본, 그 두 개의 전후』
  서울: 삼인, 2000.
테사 모리스 스즈키. 박광현 옮김. 『일본의 아이덴티티를 묻는다』 서울: 산처럼,
  2002.
한국사회사연구회 편. 『한말일제하의 사회사상과 사회운동』 서울: 문학과 지성
  사, 1994.
한국정신문화연구원 편. 『한국전쟁과 사회구조의 변화』 서울: 백산서당, 1999.
후지와라 기이치. 이숙종 옮김. 『전쟁을 기억한다』 서울: 일조각, 2003.

국문논문

강성현. 「4·3과 민간인 학살 메카니즘의 형성」, 『역사연구』 제11호(2002).
강인철. 「전쟁의 기억, 기억의 전쟁; 한국전쟁 50주년에 즈음하여」, 『창작과 비평』
  (2000년 여름호).
강정숙. 「역사용어바로쓰기: 위안부, 정신대, 공창, 성노예」, 『역사와 비평』(2006,

봄호)

_____. 「식민지여성은 동굴 속에서 울었네」, 『한겨레 21』 2000년 8월 24일.

강정인. 「국가주의와 보편주의에 대한 정치철학적 접근」, 동북아시아위원회 심포
지움 발표논문. 2007년 5월 30일.

곽진오. 「글로벌화와 일본민족주의: 야스쿠니신사의 사례를 중심으로」, 『일본학보』
제68집(2006).

김강녕. 「국가 상훈법과 보훈정책」, 『군사논단』 제46호(2006년 여름).

김경일. 「동아시아의 지식인과 동아시아론」, 『창작과 비평』 122호(2003년 겨울호).

_____. 「전시기 일본의 대동아공영권 구상과 체제」, 『일본역사연구』 제10집(1999).

김광운. 「1945년 '8·15'에 대한 인식의 변화과정」, 『내일을 여는 역사』 제5호
(2002).

김동성. 「한·중·일의 신 국가정체성과 동북아 안보」, 『전략연구』 5권 2호
(1998).

김미정. 「1950·60년대 한국전쟁기념물: 전쟁의 기억과 전후 한국국가체제 이념
의 형성」, 『한국근대미술사학』 제10호(2002).

김민환. 「한국의 국가기념일 성립에 관한 연구」, 서울대학교 대학원 사회학과 석
사학위 논문(2000).

_____. 「일본 군국주의와 탈맥락화된 평화사이에서: 오키나와 평화기념공원을
통해본 오키나와전 기억의 긴장」, 『민주주의와 인권』 제6권 1호(2006).

김상준. 「기억의 정치학: 야스쿠니 vs 히로시마」, 『한국정치학회보』 제39집 5호
(2005).

김애경. 「중국의 대외정체성 인식변화: 제1, 2차 북핵위기에 대한 중국의 역할변
화 분석을 사례로」, 『국가전략』 제10권 4호(2004).

김 인. 「중국의 반일시위와 중일관계」, 『월간 아태지역동향』(2005년 5월).

김인화·김명섭. 「기억의 국제정치학: 일본역사교과서 문제와 동북아시아」, 『사
회과학논총』 제38집 1호(2007 봄).

김재철. 「중국의 강대국 대외정책」, 『국가전략』 제11권 3호(2005)

김종엽. 「동작동 국립묘지의 형성과 그 문화·정치적 의미」, 박영은 외. 『한국의
근대성과 전통의 변용』 서울: 한국정신문화연구원, 1999.

김준섭. 「전후 일본의 평화주의에 관한 고찰」, 『국제정치논총』 제40집 4호
(2000).

김창수. 「전쟁기념관 현상설계 및 당선안에 대한 비평」, 『건축』 제34권 2호
(1990).

김태현. 「2002년형 반미: 그 정치심리학적 근원과 정치외교적 의의」, 『한국과 국
　　제정치』 제20권 1호(2004 봄).

김태효. 「통일한국의 외교와 대외정체성」, 『신아세아』 제9권 제3호(2002년 가
　　을).

김현선. 「현충일 추념사의 내용과 상징화 의미분석: 1961 – 1979」, 『청계논총』
　　제2집 제15호(2000).

김희교. 「극동, 동아시아, 동북아시아의 함의」, 『역사비평』(2005년 겨울호).

_____. 「한국의 동아시아론과 '상상된' 중국」, 『역사비평』(2000년 겨울호).

_____. 「중국 애국주의 실체: 신중화주의, 중화패권주의, 민족주의」, 『역사비평』
　　(2006년 여름호).

남상구. 「전후 일본에 있어서의 전몰자 추도시설을 둘러싼 대립 – 야스쿠니 신사와
　　치도리카후치 전몰자 묘원을 중심으로」, 『한일관계사연구』 제22집(2005).

_____. 「야스쿠니신사 합사문제에 관한 고찰」, 『일본사상』 제10호(2006).

량창. 「남경대학살기념관과 평화교육의 대중화」, 일제강점하강제동원진상규명위
　　원회 출범1주년 기념 국제심포지엄 발표논문. 2005년 11월 10일.

룽웨이무. 「중국 항일전쟁연구의 이론과 수치통계」, 고구려재단 창립1주년 기념
　　학술세미나 발표논문. 2005년 3월 4일.

박걸순. 「남경대학살기념관과 평화교육의 대중화」, 일제강점하강제동원진상규명
　　위원회 출범 1주년 기념 국제심포지엄 발표논문. 2005년 11월 10일.

박경훈. 「4·3평화기념관의 문제점 분석과 대안 모색」, 제주 4·3연구소창립 제
　　19주년 기념 학술심포지엄 발표논문. 2008년 12월 11일.

박명규. 「역사적 경험의 재해석과 상징화」, 『사회와 역사』 51호(1997).

박명림. 「한국전쟁, 6.25 용어사용과 기억방식에 관한 단상」, 『역사비평』(2006년
　　봄호)

_____. 「국민형성과 내적 평정: '거창사건'의 사례연구」, 『한국정치학회보』 36
　　집 2호(2002).

박선영. 「20세기 동아시아사 변동: 동북에서의 국공내전(1945 – 1949)」, 『중국사
　　연구』 제16집(2001).

박원순. 「동경전범재판의 시작과 끝」, 『근현대사강좌』(1995년 11월호).

박의경. 「동북아 협력의 모색과 21세기 한국 민족주의를 위한 제언」, 『한국동북
　　아논총』 40호(2006).

박인휘. 「동아시아 국제관계의 이론화: 동북아의 역사적 경험과 세력균형」, 『전
　　략연구』 29호(2003).

박진한. 「일본의 전쟁기념과 네오내셔널리즘: 러일전쟁 100주년을 돌이켜보며」, 『역사교육』 98호(2006)

박찬경. 「전쟁기념관의 미학과 분단의 기억」, 『당대비평』 4호(1998).

백지운. 「전지구화 시대 중국의 인터넷 민족주의」, 『중국현대문학』 34호(2005).

서보혁. 「정체성 정치와 국제 안보의 재구성: 이론, 실제 그리고 시사점」, 『국가전략』 Vol.9, No.2(2003).

서승. 「동아시아평화연대운동의 가능성 – 제주도역할」, 제주 4·3과 동아시아 평화운동 국제심포지엄. 2004년 3월 27일.

신윤환. 「동아시아의 지역협력: 탈동북아중심주의적 관점」, 삼성경제연구소 월례 발표회. 2004년 5월 29일.

신주백. 「동아시아 근현대사에서 전쟁과 평화에 대한 기억의 차이, 그리고 역사교육 – 동아시아 5개국의 중고교용 자국사 및 세계사 교과서를 중심으로 – 」, 『역사교육』 제82집(2001).

오일환. 「중국의 박물관 – 형성과 발전을 중심으로」, 『고문화』 제52집(1998).

요네야마, 리자. 「폐허로부터: 기억의 정치를 조명하며」, 『민주주의와 인권』 제4권 1회(2004).

유석진. 「한국의 신세대와 한중일 인터넷 민족주의」, 신아시아질서연구소 세미나 발표논문. 2007년 6월 20일.

유용태. 「동아시아 역사분쟁의 논리와 그 연원: 소통을 위한 성찰」 동북아시아위원회 심포지움 발표논문. 2007년 5월 30일.

윤택림. 「한국전쟁, 남북정상회담 그리고 기억」, 『고대문화』 Vol.52(2000).

윤휘탁. 「변지에서 내지로: 중국인 이민과 만주(국)」, 『중국사연구』 제16집(2001).
_____. 「중국의 애국주의와 역사교육」, 『중국사연구』 Vol.18(2002).

이근, 전재성. 「안보론에 있어 구성주의와 현실주의의 만남」 『한국과 국제정치』 Vol.21, No.1(2001).

이남주. 「동아시아 협력론에 대한 비판적 검토」, 『창작과 비평』 127호(2005. 봄)

이동률. 「중국 민족주의가 대외관계에 미치는 영향: 중미관계를 중심으로」, 『국제정치논총』 제41집 3호(2001).

이병주. 「중국의 한국전 개입과 그 영향」, 『국제정치논총』(1990, 특집호).

이삼성. 「동아시아 국제질서의 성격에 관한 일고: '대분단체제'로 본 동아시아」, 『한국과 국제정치』 제22권 4호(2006년 겨울).

이수형·전재성. 「국제안보 패러다임의 변화와 동북아 안보체제」, 『국방연구』 제48권 제2호(2005).

이숙종. 「한국인의 대외정향성과 대외인식」, 세종연구소 편. 『대외정책과 국민통합』 서울: 세종연구소 편, 1998.

이원혁. 「6.25는 난도 변도 아닌 전쟁이다」, 『한국논단』(1993년 8월호).

이정남. 「중국의 대외인식과 대외정책: 마오쩌둥과 덩샤오핑의 전쟁관과 평화관을 중심으로」, 『평화연구』 제13권 1호(2005년 봄).

이진영. 「아이덴티티 정치와 동북아 지역협력」, 『한국과 국제정치』 Vol.17, No.1(2001).

_____. 「개혁 개방과 중화주의 재 대두: 모순과 분열속의 진로모색」, 『현대중국연구』 제6집 1호(2004).

이호영. 「한국 전쟁 후 남북한 '민족정체성'의 형성」, 『사회와 역사』 제65권(2004).

이화진. 「'극장국가'로서 제1공화국과 기념의 균열」, 『한국근대문학연구』 제15호(2007).

임성모. 「대동아공영권 구상에서의 '지역'과 '세계'」, 『세계정치』 제26집 2호(2005).

임운택. 「동북아시아 지역주의의 현황과 지역 거버넌스 구축을 위한 과제」, 『아시아연구』 Vol.8, No.2(2006).

장성호. 「한국권위주의정권의 통치이데올로기 비교분석」, 『한국동북아논총』 제33집(2004).

장인성. 「지구화·정보화시대 동북아 국제사회의 균열과 협력: 동북아의 국제사회화와 문명에 관한 성찰」, 『한국과 국제정치』 제20권 4호(2004 겨울).

전성흥. 「중국 자본주의의 발전과 세계정치에서의 위상: 중국의 부상을 둘러싼 논쟁과 시각」, 『사회과학연구』 제13집 2호(2005).

전재성. 「노태우 행정부의 북방정책 결정요인과 변화과정 분석」, 『세계정치』 Vol.24, No.1(2002).

전재호. 「민족주의와 역사의 이용: 박정희 체제의 전통문화정책」, 『사회과학연구』 제7집(1998).

전진성. 「전쟁기념문화의 이론적 구성: 트라우마, 네러티브, 정체성」 20세기 전쟁기념의 비교문화사 제1차 국제학술대회. 한양대비교역사문화연구소. 2006년 5월 30일.

정선태. 「4·3평화기념관과 기억의 정치학」 20세기 전쟁기념의 비교문화사 제3차 학술대회. 2008년 5월 17일.

정일준. 「안보국가에서 발전국가로」, 『경제와 사회』 제42호(1999 여름).

정진성. 『전시 하 여성침해의 보편성과 역사적 특수성: 일본군 위안부 문제에 대한 국제사회의 인식」, 『한국여성학』 제19권 2호(2003).

조성환. 「세계화시대의 동아시아 민족주의」, 『세계지역연구논총』 제23집 2호(2005).

조항래. 「전쟁기념관은 국립중앙박물관으로 활용해야」, 『근현대사강좌』 제3호(1993).

조홍식. 「기억의 정치: 종군위안부 문제의 세계화」, 『정세와 정책』(2007년 12월).

주성산. 「역사와 평화를 연결하는 가교 놓기 – 남경대학살 반성 중에서 동북아 평화의 길을 모색하다」 한·중·일의 전쟁유적을 평화의 초석으로. 동북 아평화벨트 국제학술대회 발표논문. 2008년 12월 22일.

주성산·천준봉. 「중국 남경평화기념 사업 추진 방법 및 특징」 제주 4·3기념 국제심포지움. 2004년 3월 27일.

지영임. 「한국 국립묘지의 전사자 제사에 관한 일고찰」, 『비교민속학』 제27집(2004).

_____. 「현충일의 창출과정」, 『비교민속학』 제25집(2003).

진용주. 「6월, 전쟁은 어떻게 기억되는가?」, 『중등 우리교육』(2003년 7월호).

진태하. 「'전쟁기념관'은 왜 개칭되어야 하나?」, 『새국어교육』 제50호(1993).

최연식. 「탈냉전기 중국의 민족주의와 동북아질서」, 『21세기 정치학회보』 제14 집 1호(2005).

_____. 「경제발전, 정치안정, 그리고 이념적 조정: 신권위주의로부터 신보수주의 로의 연속성과 불연속성」, 『국제정치논총』 제41집 1호(2001).

_____. 「중국적 사회주의의 모색: '강국몽'의 실현을 향한 문명변증의 여로」, 『동 양정치사상사』 제1권 1호(2002).

최호근. 「비대칭의 전쟁기억? – 독일과 일본의 이차대전 기억비교」, 『역사비평』 제76호(2006년 가을호).

한광덕. 「제주 4·3사건 보고서는 빨리 다시 써야한다」, 『한국논단』 2008년 4월호.

한석정. 「대동아공영권과 세계체제론의 적용에 대한 시론」, 『한국사회학』 제33 집(1999 겨울호).

한석희. 「탈냉전기 중 – 미관계에 있어서 중국 민족주의의 역할」, 『중소연구』 제 95호(2002).

_____. 「중국의 부상과 책임대국론: 서구와 중국의 인식적 차이를 중심으로」, 『국 제정치논총』 제44집 1호(2004).

한성훈. 「거창사건의 정치사회학적 분석: 기억의 정치와 학살의 승인」, 『사회와 역사』 제69집(2006).

허호준. 「태평양전쟁과 제주도」, 『사회와 역사』 제72집(2006).

호사카 히로시. 「오키나와전의 기억과 기록」 제56주기 제주 4·3 기념 국제심포 지움 발표논문. 2004년 3월 27일.

히구치 유이치. 「징병과 조선민중 동원체제」, 일제강점하강제동원진상규명위원회 출범 1주년 기념 국제심포지엄 발표논문. 2005년 11월 10일.

영문서

Ashplant, Timothy G., Graham Dawson, Michael Roper, eds. *Commemorating War: The Politics of Memory*. New Brunswick: Transaction Publishers, 2006.

Bessho, Koro. *Identities and Security in East Asia*. Adelphi Paper 325. Oxford: Oxford University Press, 1999.

Bloom, William. *Personal Identity, National Identity and International Relations*. Cambridge: Cambridge University Press, 1990.

Boswell, David and Jessica Evans. *Representing the Nation: A Reader*. London: Routledge, 1999.

Brown, Michael E. eds. *East Asian Security*. Cambridge: The MIT Press, 1996.

Buzan, Barry. *The United States and the Great Powers: World Politics in Twenty − First Century*. Cambridge: Polity Press, 2004.

Buzan, Barry and Waever, Ole. *Regions and Powers: The Structure of International Security*. Cambridge: Cambridge University Press, 2003.

Buzan, Barry and Rosemary Foot. *Does China Matter? A Reassessment*. London: Routledge, 2004.

Deung, Yong and Fei − Ling Wang. *China Rising: Power and Motivation in Chinese Foreign Policy*. Oxford: Rowman & Littlefield Publishers, Inc., 2004.

Dittmer, Lowell and Samuel S. Kim. *China's Quest for National Identity*. Ithaca: Cornell University Press, 1993.

Evans, Martin and Ken Lunn. *War and Memory in the Twentieth Century*. Oxford: Berg, 1997.

Fogel, Joshua A. ed. *The Nanjing Massacre in History and Historiography*. Berkeley: University of California Press, 2000.

Freedman, Lawrence. *On War*. Oxford: Oxford University Press, 1994.

Fujitani, T., Geoffrey M. White, and Lisa Yoneyama. eds. *Perilous Memories: The Asia −Pacific War(s)*. Durham: Duke University Press, 2001.

Funabashi, Yoichi. *Reconciliation in the Asia-Pacific*. Washington, D. C.: United States Institute of Peace Press, 2003.

Gallicchio, Marc. eds. *The Unpredictability of the Past: Memories of the Asia-Pacific War in U.S.-East Asian Relations*. Durham: Duke University Press, 2007.

Gillis, John R., ed. *Commemorations: The Politics of National Identity*. Princeton: Princeton University Press, 1994.

Gong, Gerrit W. ed. *Remembering and Forgetting: The Legacy of War and Peace in East Asia*. The Center for Strategic and International Studies : Washington D. C., 1996.

_____. *Memory and History in East and Southeast Asia: Issues of Identity in International Relations*. The Center for Strategic and International Studies : Washington D. C., 2002.

Gordon, Andrew. ed. *Postwar Japan as History*. Berkely: University of California Press, 1993.

Gries, Peter Hays. *China's New Nationalism: Pride, Politics, and Diplomacy*. Berkeley: University of California Press, 2004.

Harrison, Tom. *Living Through the Blitz*. London: Collins, 1976.

Hartmann, Anja V. and Beatrice Heuser, ed., *War, Peace and World Orders in European History*. London: Routledge, 2001.

Hasegawa, Tsuyoshi and Kazuhiko Togo, eds. *East Asia's Haunted Present: Historical Memories and the Resurgence of Nationalism*. West Port, Conn.: Praeger Security International, 2008.

Hein, Laura and Mark Selden. eds. *Censoring History: Citizenship and Memory in Japan, Germany, and the United States*. New York: M. E. Sharpe, 2000.

Hicks, George. *Japan's War Memories*. Ashgate: Aldershot, 1998.

Hiroko, Okuda. *Memorializing World War II: Rhetoric of Japan's Public Memory, 1945-1995*. Northwestern University. Ph. D. Dissertation. 2001.

Hogan, Michael J. ed. *Hiroshima in History and Memory*. Cambridge: Cambridge University Press, 1996.

Hu, Weixing, Gerald Chan, Daojiong Zha. *China's International Relations in the 21st Century*. Lanham: University Press of America. 2000.

Hungtington, Samuel. *Who Are We?* London: The Free Press, 2005.

Igarashi, Yoshikuni. *Bodies of Memory: Narratives of War in Postwar Japanese Culture,*

1945 ─1970. Princeton: Princeton University Press, 2000.

Ikenberry, John and Michael Mastanduno. *International Relations Theory and the Asia ─Pacific*. New York: Columbia University Press, 2003.

Jager, Sheila Miyoshi and Rana Mitter. *Ruptured Histories: War, Memory, and the Post ─Cold War in Asia*. Cambridge: Havard University Press, 2007.

Jager, Sheila Miyoshi. *The Politics of Identity: History, Nationalism, And the Prospect For Peace in Post ─Cold War East Asia*. Monography, Strategic Studies Institute of Army War College, April 2007.

[http://www.strategicstudiesinstitute.army.mil/](2007년 10월 23일 검색)

Jonston, Alastair Iain. Cultural Realism: *Strategic Culture and Grand Strategy in Chinese History*. Princeton: Princeton University Press, 1995.

Katzenstein, Peter. ed. *The Culture of National Security: Norms and Identity in World Politics*. New York: Columbia University Press, 1996.

Kim, Samuel, S. *The Two Koreas and the Great Powers*. Cambridge: Cambridge University Press, 2006.

_____. The International Relations of Northeast Asia. Oxford: Rowman & Littlefield Publisher, Inc. 2004.

Krause, Jill and Neil Renwick. *Identities in International Relations*. London: St. Martin Press, 1997.

Lapid, Yosef and Friedrich Kratochwil. ed. *The Return of Culture and Identity in IR theory*. Boulder: Lynne Rienner, 1996.

Liew, Leong H. and Shaoguang Wang. *Nationalism, Democracy and National Integration in China*. London: Routledge Curzon, 2004.

McGrew, Anthony and Christopher Brook. *Asia ─Pacific in the New World Order*. London: The Open University, 1998.

McVeigh, Brian J. *Nationalisms of Japan: Managing and Mystfying Japan*. Lanham: Rowman and Littlefield Publishers, Inc., 2004.

Orr, James J. *The Victims as Hero: Ideologies of Peace and National Identity in Postwar Japan*. Honolulu: University of Hawaii Press, 2001.

Seaton, Philip. *Japan's Contested War Memories: The 'Memory Rifts' in Historical Consciousness of World War II*. London: Routledge, 2006.

Seraphim, Franziska. *War Memory and Social Politics in Japan, 1945 ─2005*. Massachusetts: Harvard University Press, 2006.

Shin, Gi–Wook. *Ethnic Nationalism in Korea: Genealogy, Politics, and Legacy*. Stanford: Stanford University Press, 2006.

              . eds. *Rethinking Historical Injustice in Northeast Asia*. London: Routledge, 2007.

Suh, J. J. and Peter Katzenstein. eds. *Rethinking Security in East Asia: Identity, Power and Efficiency*. Stanford: Stanford University Press, 2004.

Walkowitz, Daniel J. and Lisa Maya Kanuer. eds. *Memory and the Impact of Political Transformation in Public Space*. Durham: Duke University Press, 2004.

Wendt, Alexander. *Social Theory of International Politics*. Cambridge: Cambridge University Press, 1999.

Whiting, Allen S. *China Eyes Japan*. Berkeley: University of California Press, 1989.

Winter, Jay and Emmanuel Sivan, ed. *War and Remembrance in the Twentieth Century*. Cambridge: Cambridge University Press, 1999.

Yoneyama, Lisa. *Hiroshima Traces: Time, Space, and the Dialectics of Memory*. Berkely: University of California Press, 1999.

Yoshida, Takashi. *The Making of the 'Rape of Nanking': History and Memory in Japan, China, and the United States*. Oxford: Oxford University Press, 2006.

Zhao, Suisheng. *Nation–State by Construction: Dynamics of Modern Chinese Nationalism*. Stanford: Stanford University Press, 2004.

Zheng, Yongnian. *Discovering Chinese Nationalism in China*. Cambridge: Cambridge University Press, 1999.

Zong, Huaiwen. *Years of Trial, Turmoil and Triumph: China From 1949 to 1988*. Beijing: Foreign Language Press, 1989.

영문논문

Acharya, Amitav. "Will Asia's Past Be Its Future?" *International Security*. Vol.28. No.3(Winter 2003/04).

Barber, Bernard. "Place, Symbol, and Utilitarian Function in War Memorials." *Social Forces*. Vol.28, No.1(Oct., 1949).

Berger, Thomas. "The Construction of Antagonism: The History Problem in Japan's Foreign Relations." John Ikenberry and Takashi Inoguchi, ed., *Reinventing the Alliance: U.S. -Japan Security Partnership in an Era of Change*. New York: Palgrave Macmillan, 2003.

Buruma, Ian. "The Politics of Memory in China and Japan." Modern Asia Series. Harvard University Asia Center. September 30, 2005. [www.fas.harvard.edu/~asiactr/Archive%20Files/Buruma.pdf](2007년 4월 2일 검색)

Brady, Anne-Marie. "Who Friend, Who Enemy?: Rewi Alley and the Friends of China." *The China Quarterly*. No.1 Vol.151(September 1997).

Brook, Timothy. "The Tokyo Judgement and the Rape of Nanking." *The Journal of Asian Studies*. Vol.60, No.3(August 2001).

Buzan, Barry. "Japan's Future: Old History versus New Role." *International Affairs*. Vol.64, No.4(Autumn, 1988).

_____. "Security architecture in Asia: the interplay of regional and global levels." *The Pacific Review*. Vol.16. No.2(2003).

Callahan, William A. "History, Identity and Security: Producing and Consuming Nationalism in China." *Critical Asian Studies*. Vol.38, No.2(2006).

Cao, Q. "Chinese Political Discourse Towards the 21st Century: Victimhood, Identity and Political Power." *East Asia: An International Quarterly*. Vol.17, No.4(1999).

Cha, Victor D. "Bridging the Gap: The Strategic Context of the 1965 Korea-Japan Normalization Treaty." *Korea Studies*. Vol.20(1996).

Chan, Che-po and Brain Bridge. "China, Japan, and the Clash of Nationalisms." *Asian Perspective*. Vol.30, No.1(2006).

Chang, Maria Hsia and Robert P. Barker. "Victor's Justice and Japan's Amnesia:

The Tokyo War Crimes Trial Reconsidered." *East Asia*. Vol.19, No.4(Winter 2001).

Chen, Zhimin. "Nationalism, Internationalism and Chinese Foreign Policy." *Journal of Contemporary China*. Vol.14, No.42(Feb 2005).

Christensen, Thomas J. "Threats, Assurances and the Last Chance for Peace: The Lessons of Mao's Korea War Telegrams." *International Security*. Vol.17, No.1(Summer 1992).

_____. "China, the US－Japan Alliance and the Security Dilemma in East Asia." *International Security*. Vol.23, No.4(Spring 1999).

Coble, Parks. M. "China's New Remembering of the Anti－Japanese War of Resistance." *The China Quarterly*. Vol.190(June 2007).

Conrad, Sebastian. "Entangled Memories: Versions of the Past in Germany and Japan, 1945－2001." *Journal of Contemporary History*. Vol.38, No.1(2003).

Cruz, Consuelo. "Identity and Persuasion: How Nations Remember Their Pasts and Make Their Futures." *World Politics*. Vol.52(April 2000).

Denton, Kirk A. "Heroic Resistance and Victims of Atrocity: Negotiating the Memory of Japanese Imperialism in Chinese Museum." *Japan Focus*. October 17, 2007. [http://japanfocus.org/products/toppdf/2547]

Desch, Michael C. "Culture Clash: Assessing the Importance of Ideas in Security Studies." *International Security*. Vol.23, No.1(Summer 1998).

Dirlik, Arif. "Postmodernism and Chinese History." *boundary 2*, Vol.28, No.3(2001).

Flath, James A. "Setting Moon and Rising Nationalism: Lugou Bridge as Monument and Memory." *International Journal of Heritage Studies*. Vol.10, No.2(2004).

Friedberg, L. Aaron. "The Future of U.S.－China Relations: Is Conflict Inevitable?" *International Security*. Vol.30, No.2(Fall 2005).

Friedman, Edward. "Reconstructing China's National Identity: A Southern Alternative to Mao－Era Anti－Imperialist Nationalism." *The Journal of Asian Studies*. Vol.53, No.1(Feb 1994).

Giamo, Benedict. "The Myth of the Vanquished: The Hiroshima Peace Memorial Museum." *American Quarterly*. Vol.55, No.4(December 2003).

Gluck, Carol. "The 'End' of the Postwar: Japan at the Turn of the Millennium." *Public Culture*. Vol.10, No.1(1997).

Gong, Gerrit W. "The Beginning of History: Remembering and Forgetting as Strategic Issues." *The Washington Quarterly*. Vol.24, No.2(April 2001).

Gries, Peter Hays. "Social Psychology and the Identity–Conflict Debate: Is a 'China Threat' Inevitable?" *European Journal of International Relations*. Vol.11, No.2(2005).

_____. "China Eyes the Hegemon." *Orbis*. Vol.49, No.3(Summer 2005).

_____. "Chinese Nationalism: Challenging the State?" *Current History*. Vol.104, Issue. 683(September 2005).

_____. "China's New Thinking on Japan." *The China Quarterly*. No.184(2005).

_____. "Nationalism, Indignation and China's Foreign Policy." *SAIS Review*. Vol.25, No.2(Summer–Fall 2005).

Harootunian, Harry. "Memory, Mourning, and National Morality: Yasukini Shrine and the Reunion of State and Religion in Postwar Japan." in Peter van der Veer and Hartman Lehmann. *Nation and Religion*. Princeton: Princeton University Press, 1999.

He, Yinan. "History, Chinese Nationalism and the Emerging Sino–Japanese Conflict." *Journal of Contemporary China*. Vol.16, No.50(2007).

_____. "Remembering and Forgetting the War: Elite Mythmaking, Mass Reaction, and Sino–Japanese Relations, 1950–2006." *History & Memory*. Vol.9, No.2(Fall/Winter, 2007).

Hein, Laura and Akiko Takenka. "Exhibiting World War II in Japan and the United State." *Japan Focus*. July 20, 2007
[http://japanfocus.org/products/topdf/2477]

Hemmer, Chritopher and Peter J., Katzenstein. "Why is There No NATO in Asia? Collective Identity, Regionalism, and the Origins of Multilateralism." *International Organization*. Vol.56, No.3(Summer 2002).

Hunt, Michael. "Beijing and the Korean Crisis June 1950–June 1951." *Political

Science Quarterly. Vol.107, No.3(1992).

Huyseen, Andreas. "Present Pasts: Media, Politics, Amnesia." *Public Culture*. Vol.12, No.1(2000).

International Crisis Group. "North East Asia's Undercurrents of Conflict." *Asia Report* No.108(December 15, 2005).

Jager, Sheila Miyoshi. "Monumental Histories: Manliness, the Military, and the War Memorial." *Public Culture*. Vol.14 No.2(2002).

Jean, Roger B. "Victims or Victimizers? Museums, Textbooks, and the War Debate in Contemporary Japan." *The Journal of Military History*. Vol.69(January 2005).

Johnson, Chalmers. "The Patterns of Japanese Relations with China, 1952－1982." *Pacific Affairs*. Vol.59, No.3(Autumn, 1986).

Johnston, Alastair Iain. "Thinking about Strategic Culture." *International Security*. Vol.19, No.4(Spring 1995).

Kal, Hong. "The aesthetic construction of ethnic nationalism; War memorial museums in Korea and Japan." Gi－Wook Shin. eds. *Rethinking Historical Injustice in Northeast Asia*. London: Routledge, 2006.

Kim, Hyun Sook. "The Korea's Vietnam Question: War Atrocities, National Identity, and Reconciliation in Asia." *Positions*. Vol.9, No.3(2001).

Kowert, Paul A. "National Identity: Inside and Out." *Security Studies*. Vol.8, No.2/3(Winter 1998－Spring 1999).

Kwon, Myung A. "Transformation of Commemorative Narrative(1950's－2000's): Family story, the hi/story of national ordeal and the war commemoration." 20세기 전쟁기념의 비교문화사, 제1차 국제학술대회, 2006년 5월 30일.

Luo, Zhitian. "National Humiliation and National Assertion: The Chinese Response to the Twenty－One Demands." *Modern Asian Studies*. Vol.27, No.2(May, 1993).

Ma, Ying. "The Hate That Won't Go Away: Anti－Americanism in China." *Telos*. Vol.135(Summer 2006).

MacDonald, David B. "Forgetting and Denying: Iris Chang, the Holocaust and the Challenge of Nanking." *International Politics*. Volume 42, Number

4(December 2005).

Mayo, James M. "War Memorials as Political Memory." *Geographical Review*. Vol.78, No.1(Jan., 1988).

Mitter, Rana. "Behind the Scenes at the Museums: Nationalism, History and Memory in the Beijing War of Resistance Museum, 1987 − 1997." *The China Quarterly* No.161(Mar., 2000).

_____. "Old Ghosts, New Memories: China's Changing War History in the Era of Post − Mao Politics." *Journal of Contemporary History*. Vol.38, No.1(Jan., 2003).

Moon, Chung − in and Suh Seung − won. "Burdens of the Past: Overcoming History, the Politics of Identity and Nationalism in Asia." *Global Asia*. Vol.2, No.1(Spring 2007).

Preston, P. W. "Reading the Asian Crisis: History, Culture and Institutional Truths." *Contemporary Southeast Asia*. Vol.20, No.3(December 1998).

Pye, Lucian, W. "How China's Nationalism was Shanghaied." *The Australian Journal of Chinese Affairs*. No.29(Jan 1993).

Qui, Jin. "The Politics of History and Historical Memory in China − Japan Relations." *Journal of Chinese Political Science*. Vol.11, No.1(Spring 2006).

Reilly, James. "China's History Activists and the War of Resistance against Japan: History in the Making." *Asian Survey*. Vol.44, No.2(Mar. − Apr., 2004).

Rozman, Gilbert. "Northeast Asia: The Halting Path toward Regional Integration." 5th Europe Northeast Asia Forum, Berlin, 15 December 2005.

Rubinstein, Robert A. "Cultural Analysis and International Security." *Alternatives*. Vol.13(1988).

Scalapino, Robert. "Northeast Asia Today − An Overview." Seminar on Human Flows Across National Borders in Northeast Asia. United Nations University. Tokyo. Japan. November 20 − 21, 2002.

Segal, Gerald. "Does China Matter?" *Foreign Affairs*. Vol.78, No.5(Sep/Oct 1999).

Seldon, Mark. "Nationalism, Historical Memory and Contemporary Conflicts in the Asia Pacific: the Yasukuni Phenomenon, Japan and the United States." *Japan Focus*. August 25, 2006. [http://japanfocus.org]

_____. "A Forgotten Holocaust: US Bombing Strategy, the Destruction of Japanese Cities and the American Way of from the Pacific War to Iraq." *Japan Focus*. May 7, 2007. [http://japanfocus.org]

Shambaugh, David. "China Engages Asia: Reshaping the Regional Order?" *International Security*. Vol.29, No.3(Winter 2004/5).

Shen, Simon. "Nationalism or Nationalist Foreign Policy? Contemporary Chinese Nationalism and its Role in Shaping Chinese Foreign Policy in Response to the Belgrade Embassy Bombing." *Politics*. Vol.24, No.2(2004).

Speier, Hans. "Ludendorff: The German Concept of Total War." Edward Mead Earle, ed., *Makers of Modern Strategy: Military Thought from Machiavelli to Hitler*. Princeton: Princeton University Press, 1973.

Suzuki, Shogo. "The Importance of 'Othering' in China's national identity: Sino－Japanese relations as a stage of identity conflicts." *The Pacific Review*. Vol.20, No.1(March, 2007).

Ven, Hans J. van de "War in the Making of Modern China." *Modern Asian Studies*. Vol.30, No.4(Oct, 1996).

Vickers, Edward. "Museum and nationalism in contemporary China." *Compare: A journal of comparative education*. Vol.37, No.3(June 2007).

Waldon, Arthur. "China's New Remembering of World War II: The Case of Zhang Zizhong." *Modern Asian Studies*. Vol.30, No.4(Oct. 1996).

_____. "War and the Rise of Nationalism in Twentieth－Century China." *The Journal of Military History*. Vol.57, No.5(Oct. 1993).

Wendt, Alexander. "Constitution and Causation in International Relations." *Review of International Studies*. Vol.24, No.1(1998).

_____. "Anarchy is what states make of it: the social construction of power politics." *International Organization*. Vol.46, No.2(1992).

_____. "Collective Identity Formation and the International State." *The American Political Science Review*. Vol.88, Issue 2(June 1994).

Whiting, Allen, S. "Chinese Nationalism and Foreign Policy after Deng." *The China Quarterly*. No.142(Jun., 1995).

_____. "Assertive Nationalism in Chinese Foreign Policy." *Asian*

Survey. Vol.23, No.8(Aug., 1983).

Xu, Ben. "Chinese Populist Nationalism: Its Intellectual Politics and Moral Dilemma." *Representations*. No.76(Autumn, 2001).

Xu, Guangqiu. "Anti－Western Nationalism in China, 1989－99." *World Affairs*. Vol.163, No.4(Spring, 2001).

Yang, Daqing. "Convergence or Divergence? Recent Historical Writings on the Rape of Nanjing." *The American Historical Review*. Vol.104, No.3(June 1999).

Yoshida, Takashi. "Revising the Past, Complicating the Future: The Yushukan War Museum in Modern Japanese History." *Japan Focus*. December 2, 2007. [http://japanfocus.org/products/details/2594]

Yu Jie, Nanyan Guo. trans. "The Anti－Japanese Resistance War, Chinese Patriotism and Free Speech. How can We Forgive Japan?" *Japan Focus*. February 4, 2008.

[http://japanfocus.org/products/details/2654]

Yufan, Hao and Zhai Zihai. "China's Decision to Enter the Korean War: History Revisited." *China Quarterly*. No.121(March 1990).

Zhang, Xudong. "Nationalism, Mass Culture, and Intellectual Strategies in Post－Tiananmen China." *Social Text*. No.55(Summer 1998).

Zhao, Suisheng. "A State－Led Nationalism: The Patriotic Education Campaign in Post－Tiananmen China." *Communist and Post－Communist Studies*. Vol.31, No.3(1998).

_____. "Chinese Nationalism and Its International Organization." Political *Science Quarterly*. Vol.115, No.1(Spring, 2000).

_____. "China's Pragmatic Nationalism: Is It Manageable?" *The Washington Quarterly*. Vol.29, No.1(Winter 2005－6).

Zolberg, Vera L. "Contested remembrance: The Hiroshima exhibit controversy." *Theory and Society*. Vol.27(1998).

여문환

서강대학교 학부와 대학원을 졸업했으며 영국 외무성 장학생으로 King's College London에서 전쟁학으로 두 번째 석사학위를 취득하였다. 경기대학교 정치전문대학원에서 「동아시아 전쟁기억의 정치와 국가정체성」이라는 논문으로 박사학위(With First Class Honor)를 취득하였다. 통일연구원과 국가경영전략연구원에서 근무했으며 숙명여대와 상명대학교에서 ‘전쟁과 평화’와 ‘세계화와 국제관계’ 등을 강의하고 있다. 1994년부터 영어로 진행하는 민간외교포럼인 ‘AhRin(我隣)’ 포럼을 이끌고 있으며 현재 JA Korea의 사무국장을 맡고 있다. 역서로 『영화 속의 국제정치』(2007)가 있으며 ‘통일’(2005), ‘히로시마’(2006), ‘전쟁과 평화’(2007)를 주제로 미술전시회에 참여한 바 있다.

동아시아 전쟁기억의 국제정치

한 · 중 · 일 전쟁기념관을 가다!

초판인쇄 | 2009년 4월 20일
초판발행 | 2009년 4월 20일

지은이 | 여문환
펴낸이 | 채종준
펴낸곳 | 한국학술정보㈜
주 소 | 경기도 파주시 교하읍 문발리 513-5 파주출판문화정보산업단지
전 화 | 031) 908-3181(대표)
팩 스 | 031) 908-3189
홈페이지 | http://www.kstudy.com
E-mail | 출판사업부 publish@kstudy.com

등 록 | 제일산-115호(2000. 6. 19)
가 격 | 23,000원

ISBN 978-89-534-1795-3 93340 (Paper Book)
     978-89-534-1856-1 98340 (e-Book)